Histoire de l'école primaire en France

JEAN COMBES

Histoire de l'école primaire en France

De Borée

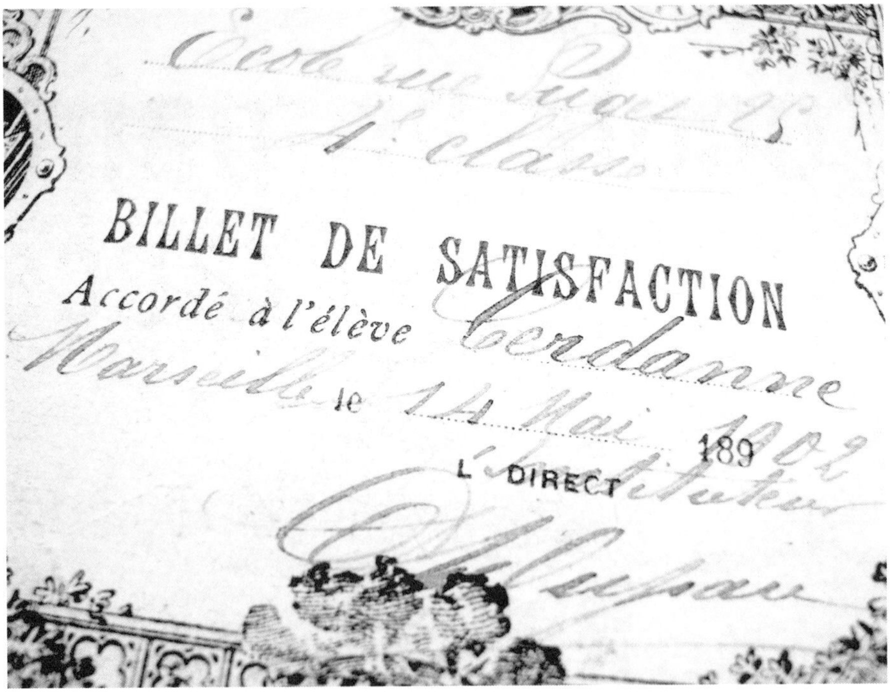
BILLET DE SATISFACTION
Accordé à l'élève
le
189
L' DIRECT

À ma mère, Louise,
institutrice de la IIIe République.

Deux écoliers, à Casteljaloux (Lot-et-Garonne), en 1936.

Introduction

CHEZ LES CELTES, à l'époque de La Tène du Vᵉ siècle au Iᵉʳ siècle avant J.-C., l'enseignement et l'éducation reposent sur trois grands principes : l'existence d'une caste spéciale d'enseignants, l'entraînement à la guerre et la paternité adoptive.

La pratique de la nourrice jusqu'à l'âge de trois ans existe fréquemment. L'enfant est placé dès sa naissance chez un père et une mère nourriciers. Le père nourricier accueille également des orphelins ou des enfants trouvés. Dans ces différents cas, il assure la nourriture de ces enfants et leur donne une première formation pratique. Cet usage de l'adoption existe chez tous les hommes libres, et particulièrement chez les nobles. L'adoption doit se faire avant l'âge de sept ans.

L'enseignement druidique est, semble-t-il, réservé principalement à la caste des guerriers. L'éducation à la violence guerrière est essentielle dès que l'enfant devient adolescent.

L'école primaire ne voit réellement le jour qu'après la conquête romaine. Au début du Iᵉʳ siècle après J.-C., l'empereur Tibère proclame la suppression de l'enseignement druidique. C'est alors qu'apparaissent, dans la Gaule romaine, les premières écoles primaires organisées sur le modèle des écoles hellénistiques.

L'école gallo-romaine se maintient jusqu'au début du Moyen Âge. Au cours des VIᵉ et VIIᵉ siècles, les écoles ecclésiastiques l'emportent désormais sur les écoles gallo-romaines. Trois types d'écoles chrétiennes apparaissent : les écoles monastiques, les écoles épiscopales ou cathédrales et les écoles presbytériales ou paroissiales.

Du XIe siècle au XIIIe siècle, l'on assiste à un recul des écoles monastiques et à un développement important des écoles urbaines. À la fin du Moyen Âge (XIVe-XVe siècles) se généralisent les petites écoles et les collèges qui reçoivent des élèves de tous âges. Le plus souvent cependant, les enfants, à partir de six ans, fréquentent les écoles dirigées par des curés à la campagne ou par des clercs en ville.

Au début des temps modernes (XVIe siècle), l'enseignement primaire est confié à des écoles héritières des écoles épiscopales ou monastiques de la fin du Moyen Âge. La diffusion de l'imprimerie et la Contre-Réforme encouragent la création d'un réseau plus dense d'écoles primaires.

Les révolutionnaires qui veulent transformer la société élaborent de nombreux projets qui restent lettre morte. Napoléon crée plus tard un monopole impérial de l'Éducation où l'école primaire reste marginale. En fait, les petites écoles restent toujours sous la surveillance étroite de l'Église.

Au cours du XIXe siècle, l'école primaire se transforme profondément. François Guizot, par sa loi du 28 juin 1833, contraint toutes les communes de plus de 500 habitants à avoir une école primaire. Chaque département doit en outre entretenir une École normale. Les maîtres sont nommés désormais par le ministre de l'Instruction publique. L'instituteur devient un fonctionnaire d'État. Certes, la loi Falloux (15 mars 1850) accentue l'influence de l'Église sur l'école primaire, mais le Second Empire, avec Victor Duruy, réagit et s'efforce de limiter le monopole ecclésiastique dans l'enseignement primaire. La loi du 10 avril 1867 développe par ailleurs la gratuité de l'école primaire pour les pauvres et la scolarisation des filles.

La IIIe République et les lois de Jules Ferry (16 juin 1881, 28 mars 1882) créent l'école primaire gratuite, laïque et l'enseignement obligatoire.

Malgré l'épisode tragique de l'occupation hitlérienne et l'action répressive du gouvernement de Vichy (suppression des Écoles normales en septembre 1940), l'école primaire survit et retrouve un nouvel élan après la guerre. Le plan Langevin-Wallon (juin 1947) n'est pas appliqué mais l'école devient mixte (1962-1963). L'aide à l'enseignement privé (loi Barangé, 1951 ; loi Débré, 1959 ; loi Guermeur, 1977) divise la France en deux camps.

Olivier Guichard (1969-1972) procède à la mise en place du tiers-temps pédagogique, à l'aménagement de la semaine scolaire, à l'introduction des mathématiques modernes et à la formation continue des instituteurs. René Haby (1974-1978) facilite la scolarisation des enfants handicapés et des enfants de deux ans à l'école maternelle. Il introduit une pédagogie différenciée avec l'organisation d'un soutien pédagogique. Tout élève ayant terminé sa scolarité primaire entre de droit au collège.

Alain Savary (1981-1984) crée des zones d'éducation prioritaire. Il propose par ailleurs la création d'un « *service public unique et laïc* » avec insertion du secteur privé au sein du service public d'enseignement. Il échoue et doit démissionner en juillet 1984.

L'abandon du projet Savary rétablit la paix scolaire. Jean-Pierre Chevènement redéfinit les missions de l'école. Douze ministres de l'Éducation nationale se succèdent de 1984 à 2012 pendant vingt-huit ans. René Monory assouplit la carte scolaire. Les dérogations pour l'inscription des élèves hors des secteurs scolaires de leur école primaire sont accordées plus fréquemment. Le calendrier des congés scolaires est modifié. Les vacances intermédiaires sont plus courtes. Mais René Monory ne parvient pas à modifier le fonctionnement habituel des écoles primaires. Les directeurs d'école, maîtres-directeurs, exercent leurs fonctions comme par le passé. La loi d'orientation de Lionel Jospin (10 juillet 1989) organise la scolarité à l'école primaire en cycles pour lesquels sont définis des objectifs et des programmes nationaux.

La loi d'orientation du 10 juillet 1989 crée en outre dans chaque académie, à partir du 1er septembre 1990, un Institut universitaire de formation des maîtres (IUFM) rattaché à une ou plusieurs universités de l'académie.

Après le départ de Lionel Jospin, Jack Lang devient ministre de l'Éducation nationale le 2 avril 1992. Il conclut un accord avec l'enseignement catholique qui établit une parité, enseignement public et enseignement privé, concernant les personnels, pour le recrutement, la formation, la promotion et les retraites. La paix scolaire est rétablie.

François Bayrou, nommé ministre de l'Éducation nationale le 29 mars 1993, dans une allocution prononcée le 16 juin 1994 à la Sorbonne, à Paris, précise les points essentiels de son « *nouveau contrat pour l'école* ». Des objectifs simples sont fixés pour l'école primaire, indiquant le niveau qui doit être atteint par chaque élève à la sortie de l'école primaire. Les élèves de l'école primaire n'ont plus de devoirs écrits à faire chez eux mais des leçons à apprendre. L'apprentissage des langues vivantes est encouragé. Une aide quotidienne aux devoirs de 30 minutes doit être assurée par les enseignants en fin de journée lors de chaque jour de classe.

Lorsqu'il prend ses fonctions de ministre de l'Éducation nationale le 3 juin 1997, Claude Allègre annonce que le « *ministère ne sera plus cogéré avec les syndicats* ».

Une forte tension se fait jour lorsqu'il dénonce le 4 septembre 1997 le fort absentéisme des enseignants, qu'il évalue à 12 %. En revanche, la création de 30 000 postes d'emplois-jeunes dans les écoles, le 6 juillet 1997, est bien accueillie. Il favorise la modernisation rapide des supports pédagogiques en dotant les établissements scolaires d'ordinateurs mis en réseau internet. Le 23 janvier 1998, il présente une « Charte pour bâtir l'école du XXIe siècle » en vue de réformer en profondeur l'école primaire.

Ségolène Royal, ministre déléguée à l'enseignement scolaire, se préoccupe essentiellement de l'aménagement des rythmes scolaires et crée en 1998 les contrats éducatifs locaux pour mieux articuler les temps scolaire, préscolaire et extrascolaire. Claude Allègre, contraint de démissionner le 28 mars 2000, est remplacé par Jack Lang. Il donne un nouvel élan à l'enseignement des disciplines artistiques à l'école (éducation musicale ; arts plastiques). Mais la « Charte pour bâtir l'école du XXIe siècle » n'est plus d'actualité.

Luc Ferry, philosophe, succède à Jack Lang le 7 mai 2002. Il adresse aux 800 000 enseignants une « lettre à tous ceux qui aiment l'école ». Luc Ferry, en ce qui concerne l'enseignement primaire, souhaite « centrer l'enseignement sur l'exercice de la lecture et de l'écriture ». Un temps important doit être accordé chaque jour à l'enseignement du français. Un plan de prévention de l'illettrisme est mis en place.

François Fillon, nommé ministre de l'Éducation nationale le 31 mars 2004, présente le 23 avril 2005 une « loi d'orientation et de programme pour l'avenir de l'école » s'appuyant sur le rapport de la commission Thélot, issu de 20 000 débats organisés en 2003 dans les écoles.

Un socle commun de connaissances et de compétences est précisé. Un programme personnalisé de réussite éducative est proposé aux élèves en difficulté. L'apprentissage d'une première langue vivante est prévu dès le CE1 de même que la connaissance de l'hymne national.

Gilles de Robien succède à François Fillon le 2 juin 2005. Il réaffirme la priorité de préserver un socle commun de connaissances en français et en mathématiques mais évite de proposer toute nouvelle réforme.

Xavier Darcos, ministre de l'Éducation nationale de 2007 à 2009, réorganise les rythmes scolaires (suppression de l'école le samedi matin) et prévoit d'instituer une aide personnalisée pour chaque élève en difficulté, sur un temps spécifique de deux heures hebdomadaires. Ce temps est inclus dans les horaires de service des professeurs des écoles.

Luc Chatel, ministre de l'Éducation nationale depuis 2009, redéfinit les objectifs essentiels de chaque cycle d'enseignement à l'école primaire ainsi que les horaires prévus pour chaque discipline enseignée au cours des 24 heures hebdomadaires d'enseignement (soit 864 heures par an). Il met en place un dispositif d'aide personnalisée, en petits groupes, dans toutes les écoles. Une fois par semaine pendant les périodes de classe, chaque enseignant consacre deux heures de son temps aux élèves en difficulté. Des évaluations nationales des savoirs fondamentaux, identiques pour tous les élèves, sont organisées en CE1 et en CM2.

Vincent Peillon, ministre de l'Éducation nationale en 2012, souhaite procéder à la refondation de l'école primaire.

En deux mille ans, l'école primaire française a donc connu une profonde évolution. Longtemps confiée à l'initiative privée à l'époque gallo-romaine, l'école primaire est ensuite étroitement contrôlée par l'Église pendant tout le Moyen Âge et l'Ancien Régime. Pour l'essentiel, le pouvoir royal a abandonné à l'Église, aux villes ou aux communautés rurales l'organisation de l'enseignement primaire. Il faut attendre, au XIXe siècle, la monarchie de Juillet et Guizot, et, d'une manière plus décisive encore, la IIIe République et Jules Ferry pour que les écoles soient placées dans leur grande majorité sous la responsabilité de l'État. Seules les écoles confessionnelles ou privées gardent alors leur indépendance.

La laïcisation de l'école sera de même un long combat qui déchaînera de fortes passions. Plus de quatorze siècles seront nécessaires pour que la majorité des écoles aient un statut laïque perdu depuis le Ve siècle après J.-C.

L'installation matérielle des écoles reste longtemps d'une grande pauvreté. De même, le statut et la formation du personnel n'ont pas connu une réelle transformation avant le XIXe siècle. Dans tous ces domaines, François Guizot et Jules Ferry ont joué un rôle historique déterminant.

La guerre scolaire étant désormais apaisée, l'école publique gratuite et laïque reste le fondement essentiel de la démocratie française. L'école primaire accueille tous les enfants vivant en France sans distinction de sexe, de nationalité ou de race. Elle est le creuset où se forge quotidiennement l'avenir de notre pays, en ville comme à la campagne.

Lire, écrire, compter restent les priorités d'une école primaire qui s'ouvre sur un monde en pleine mutation et qui s'adapte rapidement aux nouvelles technologies. En quelques décennies, l'école est passée de la plume « sergent-major » à l'ordinateur. Mais sa mission reste toujours aussi importante : assurer l'instruction et l'éducation de tous les enfants se trouvant sur le sol français.

L'éducation de l'enfant pendant les siècles de la Gaule indépendante (Ve siècle avant J.-C. – Ier siècle avant J.-C.)

AVANT LA CONQUÊTE DE LA GAULE par les Romains, druides et bardes sont les maîtres du savoir. L'enseignement druidique est, semble-t-il, réservé aux adolescents de la noblesse guerrière, qui forme, selon César, la classe des chevaliers, c'est-à-dire les combattants qui possèdent un cheval. Les druides enseignent notamment l'astronomie. Les bardes sont une sous-caste de druides qui enseignent les sciences profanes. Ils sont classés en dix degrés selon leur capacité de mémorisation, depuis celui qui sait par cœur sept histoires jusqu'à celui qui en sait trois cent cinquante.

Ces enseignements sont oraux. Druides et bardes pensent qu'il est interdit par la religion de transmettre des connaissances par écrit, alors que l'on se sert, pour les affaires, les comptes publics et privés, de l'alphabet grec.

L'éducation de l'enfant précède l'enseignement confié aux druides ou aux bardes. Avant l'âge de trois ans, la mise en nourrice est fréquente. L'usage de confier les enfants, dans la société tribale gauloise, à un « père nourricier », véritable parent de remplacement, explique que l'éducation des enfants ne soit pas confiée au géniteur.

Une première éducation chez le père de remplacement

Les Romains pratiquent l'éducation de l'enfant dans le foyer familial, ou bien dans le foyer d'adoption dans l'aristocratie. Dans la société tribale gauloise, la pratique de la nourrice jusqu'à l'âge de trois ans est fréquente. Dans de nombreux cas, l'enfant est placé dès sa naissance chez un père et une mère nourriciers appartenant souvent à la branche maternelle de la famille naturelle.

Cet usage existe chez tous les hommes libres, et notamment chez les nobles. Ceux-ci sont en effet polygames et ont de nombreux enfants. Ils les placent chez des pères nourriciers qu'ils paient pour éviter les rivalités entre enfants. Le placement doit se faire avant l'âge de sept ans. Le père nourricier accueille également des orphelins et des enfants trouvés.

Les garçons de rang libre apprennent à garder les troupeaux, à peigner le chanvre ou à couper du bois. Ce savoir-faire est considéré comme essentiel pour la vie quotidienne des adultes. Les filles apprennent la couture et la broderie. Le jeune noble doit en outre pratiquer l'équitation, le jeu d'échecs, la chasse et la natation.

Les pères nourriciers peuvent ainsi élever ensemble plusieurs enfants. Plus tard, devenus adultes, ils restent fidèles à leur père nourricier et se battent pour lui. Ainsi, note César, l'un des chefs aquitains contre lequel combattent les Romains possède deux cents hommes qui lui sont entièrement dévoués, les soldures. Ils se considèrent comme les fils de celui qui a assuré leur éducation dans leur enfance.

Le but essentiel de l'éducation gauloise est la survie. Le jeune enfant doit apprendre les gestes de survie dans la vie quotidienne, souvent difficile, mais aussi de survie sur les champs de bataille.

De l'enfance à l'adolescence

Nous ignorons l'âge où finissait l'enfance et commençait l'adolescence. Une frontière est cependant franchie lorsque l'enfant devenu adolescent est jugé capable de recevoir une formation de guerrier. L'enseignement druidique paraît avoir été réservé aux adolescents de la noblesse guerrière, que César appelle les chevaliers, c'est-à-dire les combattants possédant un cheval. Druides et bardes apprennent aux jeunes aristocrates à ne pas craindre la mort. Les jeunes adolescents ont un entraînement important aux exercices physiques et militaires. La chasse prépare à la guerre. L'on chasse le sanglier avec des épieux et des coutelas. Le jeune adolescent apprend à utiliser, après dressage, les chiens pour chasser le gros gibier. L'on retrouve plus tard l'utilisation des chiens sur les champs de bataille, où ils sont lancés contre l'ennemi. De même, les jeunes apprennent à se servir d'un javelot pour la chasse à l'oiseau. Le javelot, lancé sans propulseur, va plus loin qu'une flèche et est utilisé également dans les combats.

Jules César et les premiers empereurs romains pourchassent les druides dépositaires de la culture celtique. Tibère (14-37 après J.-C.) proclame la suppression de l'enseignement druidique. Toutefois les traditions celtiques et la langue gauloise sont fortement enracinées dans les campagnes jusqu'à la fin du ve siècle après J.-C.

L'éducation des enfants dans la Gaule romanisée (Ier siècle avant J.-C. – Ve siècle après J.-C.)

LES ÉCOLES ROMAINES, qu'il s'agisse de leur cadre, de leur programme, de leurs méthodes, ne font qu'imiter les écoles hellénistiques. À Rome, comme en pays de langue grecque, il y a trois degrés successifs d'enseignement auxquels correspondent trois types d'écoles, confiées à trois maîtres spécialisés. À sept ans, l'enfant entre à l'école primaire où il a pour maître le *primus magister* ou *magister ludi*. À onze ou douze ans, il entre dans l'école du *grammaticus*. Dès quinze ans, il passe chez le rhéteur. Les études supérieures avec le rhéteur durent normalement jusqu'aux environs de vingt ans, mais peuvent éventuellement se prolonger au-delà.

À Rome, comme en Grèce, l'enseignement collectif au sein d'une école est la règle générale. Toutefois l'éducation privée subsiste, notamment dans les familles aristocratiques.

L'éducation privée

L'enseignement privé s'adresse essentiellement aux enfants des grandes familles de l'aristocratie gallo-romaine. Son prestige est grand aux Ier et IIe siècles après J.-C. Les confessions de Paulin de Pella, né en 376 après J.-C., petit-fils d'Ausone, évoquent cet enseignement dans les grandes familles de la fin du IVe siècle.

De même, dans les grandes familles aristocratiques, l'on forme les jeunes esclaves qui sont au service du maître. Les enfants des esclaves sont rassemblés pour leur éducation dans une école domestique ou *paedagogium*. La formation de ces jeunes esclaves est orientée vers les services de la vie quotidienne. Les plus doués cependant sont initiés aux choses de l'esprit. Toute grande maison possède des esclaves « lettrés » ou « érudits » qui remplissent les fonctions de lecteur ou de secrétaire, avec qui le maître aime souvent s'entretenir.

L'école primaire

Malgré l'existence d'une éducation privée dans les grandes familles, le plus grand nombre des enfants, surtout dans les villes, fréquente l'école gréco-latine. L'installation du pouvoir romain, d'abord en Narbonnaise en 121 avant J.-C., puis en 50 avant J.-C. jusqu'aux bords du Rhin, après les campagnes militaires de César, impose en effet une conception gréco-latine de l'éducation et de la culture. Elle réalise la synthèse d'une pédagogie conçue à la fois pour l'aristocratie et les paysans.

L'éducation, fondée sur les principes énoncés notamment par Platon et Isocrate, a pour objectif de former un homme complet, dont l'esprit ne débouche pas nécessairement sur la technique.

Persuadés de la supériorité de la langue grecque sur le latin, les Romains et les Gallo-romains trouvent normal d'enseigner les deux langues dans leurs écoles. Tout homme cultivé doit apprendre dès l'école primaire le latin et le grec. Une telle éducation entraîne chez les Gaulois un véritable trilinguisme. Les Romains ont, de plus, emprunté aux Grecs l'organisation de l'enseignement en trois cycles : primaire, secondaire et supérieur.

L'école primaire est le plus souvent installée dans une boutique, *pergula*, près des portiques du forum dans les villes. La salle de classe est isolée de la rue par une tenture ou *velum*. Les élèves sont assis sur des escabeaux sans dossier. Ils écrivent sur leurs genoux et sont regroupés autour du maître, *primus magister* ou *magister ludi*. Le mot « instituteur » est déjà en usage au temps de Dioclétien (245-313) dont l'édit (301) parle de « *magister institutor litterarum* ».

Le métier d'instituteur est réservé aux esclaves, aux affranchis ou aux personnes de condition modeste (« *obscura initia* », note Tacite). Le maître effectue un travail pénible et mal payé. L'édit de Dioclétien fixe le salaire de *primus magister* à 50 deniers par élève et par mois. Il faut une classe d'une trentaine d'élèves pour avoir des revenus comparables à ceux d'un maçon ou d'un charpentier. Très souvent, les maîtres des écoles primaires recherchent des revenus annexes.

Le plus grand nombre des enfants, filles ou garçons, fréquente les écoles primaires malgré la présence de l'enseignement privé dans les familles. Dans les villes de la Gaule romaine, comme à Rome, les parents font appel à un esclave, *paedagogus*, qui accompagne le jeune élève à l'école. Il faut en effet protéger les enfants des dangers de la rue. Le *paedagogus* peut d'ailleurs devenir un véritable répétiteur et assurer parfois la formation morale de l'enfant.

Les programmes de l'école primaire et les méthodes pédagogiques

Le programme de l'école primaire est toujours d'une ambition très limitée. On y apprend à lire et à écrire. Au-delà, l'enseignement relève des écoles d'enseignement secondaire.

L'on commence par l'étude de l'alphabet et par le nom des lettres. Des lettres, on passe aux syllabes dont on étudie toutes les combinaisons, puis à des noms isolés. Ces différentes étapes de la connaissance des lettres, des syllabes et des noms sont franchies lentement. L'on distingue d'ailleurs parmi les petits écoliers les *abecedarii*, les *syllabarii* et les *nominarii*.

Avant d'aborder la lecture de textes suivis, l'on s'exerce à écrire et mémoriser de petites phrases, des maximes morales d'un ou deux vers. L'enseignement de l'écriture est mené de front avec celui de la lecture.

L'enfant écrit, sur sa tablette, les lettres, le mot ou le texte qu'il doit lire. L'on utilise deux méthodes. L'une remonte aux origines de l'école grecque ; elle consiste à guider la main de l'enfant pour lui apprendre à découvrir les formes de chaque lettre, de chaque syllabe et de chaque mot. L'autre, plus proche de la méthode latine, consiste à utiliser des lettres gravées en creux sur la tablette de l'enfant. L'enfant, avec un poinçon, retrace les lettres en suivant le sillon à travers la cire. L'enfant s'exerce tour à tour à écrire au poinçon et à l'encre.

À la lecture et à l'écriture est associée, d'une manière étroite, la récitation. L'enfant apprend par cœur les petits textes sur lesquels il s'est exercé, pour conforter la mémorisation des lettres et des mots appris au cours des exercices de lecture et d'écriture.

Quand il commence à écrire à l'encre sur un papyrus, l'enfant doit apprendre à faire des pleins et des déliés. Il existe en fait deux types d'écriture. Les lettres capitales sont réservées aux inscriptions et aux livres. Sur les tablettes ou sur les papyrus, on utilise une écriture cursive avec des lettres penchées à droite. Pour écrire à l'encre, les enfants disposent d'un encrier *(atramentarium)* et de roseaux qu'il faut tailler en pointe *(calamus)* avec un canif pour obtenir l'équivalent d'une plume. Avant de parvenir à ce stade, l'enfant doit tracer pendant de nombreuses semaines des lettres sur la couche de cire molle de sa tablette.

Pour le calcul, les enfants utilisent de petits cailloux ou des jetons en os *(calculi)*, d'où le nom de calcul donné à l'apprentissage des techniques opératoires. Une autre méthode, le comput digital, est également utilisée. Les trois derniers doigts de la main gauche permettent de compter les unités, le pouce et l'index les dizaines. À l'aide de la main droite, l'on compte les centaines (pouce et index), et les milliers avec les trois derniers doigts. L'on peut ainsi compter jusqu'à 9 999 et, à l'aide d'autres conventions (main touchant la poitrine ou le nombril), jusqu'au million.

Il faut environ cinq ans, en moyenne, à un enfant pour parvenir à une maîtrise satisfaisante du programme de l'école primaire.

Les méthodes de la pédagogie romaine sont également proches des méthodes grecques. La mémoire et l'imitation sont les qualités essentielles appréciées chez l'enfant. L'on fait appel fréquemment aux réprimandes et aux châtiments pour tenter d'obtenir les meilleurs résultats. La férule, palette de bois ou de cuir avec laquelle on frappe la main de l'écolier que l'on veut réprimander, appuie à chaque instant l'autorité du maître. Ausone, au IVe siècle après J.-C., encourage son petit-fils à supporter les épreuves des châtiments infligés par son maître aux écoliers. Cependant, saint Augustin condamne ces méthodes brutales à la même époque. L'on finit, dès la fin du Ier siècle après J.-C., par douter de l'efficacité des méthodes brutales. Des maîtres de plus en plus nombreux s'appuient sur l'émulation et les récompenses. L'on donne aux enfants des jouets, des lettres d'ivoire ou de buis, et des gâteaux pour les récompenser.

Les moralistes austères ou les auteurs satiriques comme Pétrone (Ier siècle après J.-C.) ne manquent pas d'ironiser en observant : « *Maintenant les enfants étudient en jouant !* » (Pétrone).

Toutefois, l'école latine d'Ausone, de saint Jérôme ou de saint Augustin reste dans l'ensemble assez semblable à celle d'Horace, ami de Virgile et protégé d'Auguste au Ier siècle avant J.-C.

Les méthodes d'enseignement finissent néanmoins par évoluer. Le nombre des élèves par classe devenant très important, les enfants sont répartis en plusieurs divisions suivant leur niveau scolaire. L'auteur des *Hermeneumata Pseudodositheana* met l'accent sur le soin que l'on apporte à tenir compte de la « force » des élèves, de leur âge, de leur tempérament et du zèle qu'ils montrent dans leurs exercices. L'on observe même une sorte d'« enseignement mutuel ». Les plus grands aident les petits dans leur découverte des lettres et des syllabes. De plus, le tableau qu'ignorait l'école grecque fait son apparition.

La journée de l'écolier

Le calendrier romain comporte, sans nul doute, de nombreuses fêtes, mais l'on ne sait pas aujourd'hui celles que les écoles chômaient. En revanche, les historiens s'accordent à dire qu'il existait des vacances d'été de la fin juillet à la mi-octobre.

Comme en Grèce, la journée du petit écolier commence très tôt le matin, dès l'aube. Henri-Irénée Marrou la retrace à partir des *Hermeneumata Pseudodositheana*, ces manuels de conversation gréco-latins qui mettent en scène un jeune écolier romain et lui font raconter sa journée vers 200-210 après J.-C.

L'enfant s'éveille au point du jour. Il appelle son esclave qui ouvre la fenêtre de sa chambre. Il chausse en hiver chaussons et souliers parce qu'il fait froid, sinon il chausse directement ses sandales. Puis, c'est le moment de la toilette. L'enfant verse de l'eau sur ses mains, nettoie son visage et sa bouche. Il frotte dents et gencives puis se mouche.

Ensuite, il ôte sa chemise de nuit, prend une tunique de corps et met une ceinture. Il se parfume la tête et se peigne. Enfin, il met un foulard autour du cou en hiver et enfile sa pèlerine blanche.

Les écoles municipales et les limites de la romanisation

Les premières écoles s'ouvrent d'abord pour les enfants de l'aristocratie, surtout dans les villes. Les classes populaires et les milieux ruraux fréquentent plus rarement les écoles primaires des villages. La langue celtique est encore solidement enracinée dans les campagnes de la Gaule aux IIIe et IVe siècles. Ce n'est qu'avec la diffusion du christianisme que l'usage du latin deviendra plus fréquent. C'est en effet en latin que la religion catholique est prêchée auprès des masses populaires.

Accompagné de son pédagogue et de sa nourrice, il va saluer son père et sa mère puis les embrasse.

Il prend son écritoire et son cahier, qu'il donne à son esclave (pédagogue) qui l'accompagne à l'école. Le petit déjeuner n'est pas évoqué. Sans doute, l'enfant se contente d'un petit gâteau ou d'un pâté, acheté sur la route de l'école dans la boutique d'un boulanger.

Ses camarades le saluent à son arrivée à l'école. Il entre ensuite en classe. Dans le vestibule, il dépose son manteau et se coiffe rapidement.

L'enfant salue son maître qui l'embrasse et lui rend son salut. L'esclave lui tend alors tablettes, écritoire et règle. Après avoir trouvé sa place, il se met au travail.

C'est essentiellement la matinée qui est consacrée au travail scolaire. Mais le travail se prolonge souvent l'après-midi. L'élève rentre chez lui à la maison pour déjeuner ; le repas est rapide, il se compose de pain blanc, d'olives, de fromage, de figues sèches, de noix et d'eau fraîche.

Revenu à l'école, l'élève termine son travail commencé dans la matinée. Il n'y a pas de temps prévu pour les exercices physiques comme au début de la période hellénistique. L'enfant ne semble pas aller au gymnase mais seulement aux thermes, où la journée s'achève par un bain avant le souper.

Dans les villes importantes, les écoles primaires publiques sont nombreuses. Elles sont installées, entretenues et surveillées par la municipalité. La présence de ces écoles en Gaule est attestée par Ausone à Lyon, à Besançon et à Toulouse.

Il subsiste cependant un enseignement privé, qui est encore organisé dans les familles aristocratiques, où l'on apprend à parler très tôt le latin et le grec.

La langue gauloise ne fut jamais interdite. Elle est parlée dans la vie quotidienne dans toutes les campagnes gauloises. Le gaulois survit durant le Iᵉʳ siècle après J.-C. dans les dédicaces ou les textes religieux, comme le calendrier de Coligny, et surtout dans des tablettes de recettes. Cependant, dès les premières années du IIe siècle après J.-C., les potiers du Rouergue gravent leurs formules en latin à la Graufesenque.

Pendant les grandes invasions du IIIe siècle, le gaulois retrouve une place importante. Mais cela ne dure pas. À la fin de l'Empire romain, la langue celtique ne domine plus qu'en Armorique. Ailleurs, les paysans ne parlent le gaulois que dans certains territoires comme le Poitou ou l'Auvergne. Il reste une langue maternelle rapidement oubliée par les enfants de l'aristocratie, qui parlent le latin à partir de sept ans. Au Ve siècle, l'on rédige un glossaire gaulois-latin qui démontre la nécessité de traduire les mots essentiels de la langue gauloise en latin.

En fait, la prédominance du latin écrit et parlé est complète dès le Ier siècle après J.-C. dans les villes et les classes sociales les plus aisées. Seules les campagnes furent longtemps réfractaires à la romanisation.

L'enfance et le passage à l'adolescence

La vie du bébé et de l'enfant se déroule d'abord à la maison. Aussitôt né, dans les familles riches, il est confié à une nourrice esclave qui reste toujours près de lui, même après le sevrage qui s'effectue en général autour de trois ans lorsqu'il a échappé aux épidémies. Cette nourrice appartient rapidement à la famille. Elle est le plus souvent affranchie par celui qu'elle a nourri dans sa plus petite enfance. Ces femmes sont les premières éducatrices des enfants, auxquels elles apprennent la langue grecque lorsqu'elles sont d'origine hellénique.

La nourrice enferme le bébé dans un véritable maillot fait de bandelettes étroitement serrées. Seule la tête dépasse de ce carcan très contraignant. Cette technique du maillot, qui enserre le bébé jusqu'à ce qu'il sache marcher, a été utilisée jusqu'au XVIIIe siècle.

Une fois debout, l'enfant, même si sa mère ne l'a pas allaité, passe sous son autorité. Jusqu'à sept ans, la direction confiée à la mère est totale. Elle enseigne les vertus fondamentales fondatrices de la société romaine : dévouement à la communauté, à la *respublica* et sens du sacrifice. Chez le jeune noble s'y ajoute le culte des dieux et des ancêtres familiaux, car il en sera plus tard le prêtre domestique.

L'enfant (en latin *in-fans*, celui qui ne parle pas) doit être reconnu officiellement par son père, le huitième jour après la naissance pour une fille, le neuvième jour pour un garçon, que son père doit soulever de terre devant toute la famille. Ainsi, légitimé officiellement, le petit garçon reçoit une bulle, sorte d'amulette porte-bonheur en or ou en cuir, qu'il porte autour du cou pendant toute son enfance. Cette pratique existe surtout dans le sud de la Gaule, fortement romanisé. Si le bébé n'est pas soulevé de terre par son père, il est jeté sur un tas d'ordures aux portes de la ville, où il ne tarde pas à périr faute de soins. Cet abandon se fait surtout aux dépens des filles, ce qui explique en partie la mortalité infantile.

Une grande tendresse envers l'enfant existe cependant dans la famille, au moins jusqu'à sept ans, avant qu'intervienne la scolarisation. Entre sept et dix-sept ans, l'enfant est désigné sous le terme de *puer*, état où il se trouve en situation de dépendance et d'apprentissage. Le mariage est cependant possible dès douze ans pour les filles et dès quatorze ans pour les garçons.

L'enfant *(puer)* entre dans l'adolescence à dix-sept ans, au cours d'une cérémonie surtout pratiquée dans les familles de l'aristocratie. Il abandonne la toge prétexte qui est bordée de pourpre pour la toge virile. De même, il abandonne la bulle qu'il porte au cou depuis sa naissance. Parfois, le passage à l'adolescence prend la forme plus simple de la *barbatoria*. Le jeune adolescent, après avoir rasé sa première barbe, l'offre au dieu local dans un temple. Il peut dès lors entrer dans les collèges de jeunes pour y recevoir une éducation physique prémilitaire, ou bien commencer des études de rhétorique, ce qui est moins fréquent.

Pour les Romains, l'adolescence se termine à trente ans. On est ensuite *juvenis* (jeune homme) jusqu'à quarante-six ans, pour passer ensuite au stade de *senior* (âgé) jusqu'à soixante ans, et de vieillard au-delà de soixante ans *(senex)*.

Les filles, à partir de sept ans, sont qualifiées de *puella* (jeune fille) ou de *virgo* (vierge), puis après le mariage d'*uxor* ou *matrona* (mère de famille). Elles abandonnent alors la bulle qu'elles portaient autour du cou.

Pendant l'enfance, les garçons et les filles pratiquent de nombreux jeux dans le cadre familial, souvent avec les esclaves de la famille. L'on joue aux dés, aux osselets ou à une sorte de jacquet (tric-trac). Les filles ont leurs jeux spécifiques (cerceau, poupée). Les garçons jouent à la balle ou au ballon. Les animaux de compagnie sont partout présents, chiens et chats notamment mais aussi oiseaux.

L'éducation chrétienne

La famille chrétienne est le milieu naturel où doit se former l'âme de l'enfant. Un traité de saint Jean Chrysostome donna de précieux conseils sur la manière d'élever les enfants dans les familles chrétiennes.

C'est aux parents, au père pour les garçons et à la mère pour les filles, que revient la formation chrétienne. Il faut que le jeune chrétien apprenne tout d'abord l'histoire sainte. Mais si l'éducation chrétienne ne relève pas du domaine de l'école primaire, l'Église ne peut se désintéresser de l'école, qui assure les apprentissages fondamentaux. Cependant les premiers chrétiens n'ont pas créé d'école chrétienne.

Le christianisme méditerranéen a cohabité sans difficulté avec l'école romaine. Même après l'empereur Constantin et, plus tard, la transformation du christianisme en religion d'État, en 392 après J.-C., les chrétiens ne créent pas leurs propres écoles. Les maîtres du IVe siècle après J.-C. sont aussi bien des païens que des chrétiens, qui donnent un enseignement d'une réelle neutralité. Une profonde symbiose existait avant que l'empereur Julien l'Apostat, par une loi du 17 juin 362, interdise l'enseignement aux chrétiens. La loi soumet l'exercice de la profession d'enseignant à l'autorisation préalable des municipalités et à la sanction impériale, sous prétexte d'effectuer le contrôle de la compétence et de la moralité des maîtres. L'empereur Julien montre une forte virulence contre les chrétiens, qui, pour lui, sont des barbares qu'il appelle « *Galiléens* ». L'école est avec lui le lieu qui doit devenir le point de départ d'une reconquête païenne.

Les chrétiens réagissent avec force contre cette loi qu'ils considèrent comme humiliante. Une véritable « guerre scolaire » se développe alors. Mais, dès 364 après J.-C., l'édit de l'empereur Julien est supprimé. Les maîtres chrétiens reprennent leur place dans les écoles.

L'enseignement et l'éducation à l'époque mérovingienne (Ve – VIIIe siècle après J.-C.)

Les invasions barbares retardent la diffusion de la culture chrétienne définie par l'évêque d'Hippone (Algérie), Augustin (354-430). La Gaule, occupée par les Wisigoths (418-507), les Burgondes (453-531) et les Francs, reste romanisée au sud de la Loire. En revanche, l'influence des Francs est présente au nord d'une ligne Nantes-Besançon. Bientôt cependant, les écoles ecclésiastiques l'emportent sur les écoles gallo-romaines dans toute la Gaule. Trois types d'écoles chrétiennes apparaissent : les écoles monastiques ou claustrales, les écoles épiscopales ou cathédrales, et les écoles presbytériales ou paroissiales.

La survie de l'école antique gallo-romaine

L'école gallo-romaine survit aux invasions germaniques. Il n'y a pas de rupture brutale entre l'école gallo-romaine, où est élevé Sidoine Apollinaire au début du ve siècle après J.-C., et celles de la fin du siècle dans les territoires sous domination des Wisigoths, des Ostrogoths ou des Burgondes. Toutefois, la culture romaine classique se maintient surtout au sud de la Gaule mérovingienne.

Les rois wisigoths, burgondes ou francs laissent subsister les écoles de culture classique. Ils abandonnent rapidement les écritures runiques (« rune », caractère de l'alphabet utilisé par les peuples germaniques du nord de l'Europe) pour le latin. En 511, Clovis fait rédiger la loi des Francs saliens intégralement en latin, à l'exception de quelques textes qui restent en vieil haut-allemand.

Les écoles municipales existent encore dans le dernier tiers du ve siècle. La génération d'Ausone (310-394) connaît la structure habituelle des écoles romaines, avec leurs trois degrés où enseignent successivement le *primus magister* (école primaire), le grammairien et le rhéteur.

Lorsque les écoles officielles organisées par les municipalités disparaissent, l'éducation classique parvient néanmoins à survivre. Des maîtres ouvrent des écoles privées réunissant quelques élèves à leur domicile ou dans un local modeste en ville. C'est ainsi que Sidoine Apollinaire, né à Lyon vers 430, rappelle dans ses *Lettres* à son ami Probus leurs études communes à Arles dans la maison de leur maître Eusebius *(inter Eusebianos Lares)*.

Le recul de la culture antique prend sa source dans la disparition progressive des écoles primaires scolarisant les enfants de 7 à 12 ans. La progression de la langue germanique aux dépens du latin s'est cependant très tôt stabilisée, sur un front allant de la Picardie jusqu'à Maastricht en longeant la Sambre et la Meuse.

Le concile de Vaison (529) et la nouvelle école

Quatre hommes marquent profondément les contenus de l'enseignement médiéval : Boèce (480-524), Cassiodore (v. 480-v. 575), Grégoire le Grand (v. 540-604) et Isidore de Séville (v. 570-636).

Ainsi, Cassiodore, dans son monastère de Vivarium (Calabre, en Italie), fondé en 555 après J.-C., décide de définir une véritable culture chrétienne. Dans ses *Institutiones divinarum et saecularium litterarum*, il vulgarise les notions élémentaires de la culture sacrée et de la culture profane.

Une nouvelle école se fait jour dès le VIe siècle. Les initiatives de l'Église se généralisent et sont acceptées officiellement au concile de Vaison (529). Les prêtres établis dans les paroisses sont encouragés à apprendre aux jeunes enfants ou aux adolescents les psaumes et la loi du Seigneur. Le concile de Vaison est le véritable acte de naissance des écoles presbytériales ou paroissiales. Désormais, le corps enseignant est composé dans sa grande majorité par des clercs. Le savoir, dès l'école primaire, est contrôlé par les hommes d'Église.

Seul le préceptorat privé permet encore aux grandes familles d'avoir accès à l'éducation antique classique. Les laïcs sont désormais, le plus souvent, enseignés par les clercs. Toutes les bases de l'enseignement médiéval sont posées pendant ces siècles du haut Moyen Âge. Instruction littéraire et instruction religieuse sont à partir de cette époque étroitement liées.

Les écoles monastiques, épiscopales et presbytériales

Dès le IVe siècle, l'on voit apparaître les écoles monastiques, entièrement contrôlées par les moines dans les monastères de la Gaule. Quand le déclin de la culture latine se généralise après les invasions germaniques, les écoles gallo-romaines disparaissent progressivement. Or, il y a nécessité pour tout moine ou toute moniale de savoir lire et écrire. La *Règle* de saint Césaire d'Arles, qu'il rédige vers 507-512 pour les moniales dirigées par sa sœur Césarie, précise qu'elles doivent apprendre à lire et y consacrer deux heures chaque jour.

Saint Martin, né en Pannonie (plaine du Danube) vers 316, évêque de Tours (370 ou 371), crée plusieurs monastères dont celui de Marmoutier en Touraine et celui de Ligugé près de Poitiers ; il apporte la tradition monastique égyptienne en Gaule.

À partir de 575, les moines irlandais arrivent en Gaule du Nord avec saint Colomban, pour l'évangéliser. Ils créent des écoles dans leurs monastères.

Saint Benoît (480-543) crée également des écoles où l'on apprend le « *service du Seigneur* ». Les enfants entrent dès 7 ans dans le monastère, et même parfois plus jeunes. Ils doivent apprendre à lire et à écrire, regroupés par dix sous la direction d'un moine lettré qui enseigne trois heures par jour. Dès qu'il sait lire, le jeune novice apprend par cœur les 150 psaumes. Le psautier, recueil des 150 psaumes, est l'instrument essentiel de l'enseignement monastique. Selon saint Benoît, trois heures sont encore consacrées à l'étude des psaumes par le jeune novice ayant appris à lire.

Les écoles épiscopales ou cathédrales sont situées surtout au sud de la Loire. Elles regroupent, dans les bâtiments de l'évêché, de jeunes clercs. Entrés à l'école vers 10 ans, ils sont encadrés par l'archidiacre, le chef des lecteurs, le chantre et le notaire. Chaque élève commence à lire les psaumes et à chanter les hymnes. Les évêques qui dirigent ces écoles ont abandonné le latin scolaire classique et adopté le latin parlé où se confondent déjà l'accusatif et le datif.

Les écoles presbytériales ou paroissiales sont instituées au VIe siècle après le concile de Vaison (529). Le programme de ces écoles est semblable à celui des écoles épiscopales. Mais, ici, le prêtre s'occupe de tout, comme par exemple à l'école d'Issoire.

Dans ces trois types d'écoles, le matériel pédagogique utilisé par les élèves n'évolue guère. Tablettes recouvertes de cire et stylets en os ou en argent sont toujours présents. Le parchemin, peau tannée de mouton ou de chèvre, a remplacé le papyrus (feuille obtenue à partir de l'écorce de papyrus). Poncé, le parchemin est récupéré pour en faire un palimpseste, manuscrit dont on a effacé l'écriture primitive pour écrire un nouveau texte.

Au niveau élémentaire, la connaissance de l'alphabet reste le fondement de l'apprentissage de la lecture. L'élève apprend ensuite les syllabes et les mots. Le maître exige de chaque enfant l'étude du psautier. Il faut cependant au moins deux ou trois ans pour apprendre par cœur les 150 psaumes. La mémoire reste donc essentielle dans les apprentissages de l'école primaire. Le maître n'enseigne qu'un élève à la fois. Mais les élèves s'entraînent mutuellement en apportant une aide aux plus jeunes. Le calcul, enfin, est toujours enseigné comme dans l'école gallo-romaine, à l'aide du comput digital.

La culture religieuse en Gaule mérovingienne

Les centres d'enseignement monastique proposent une éducation à la vie spirituelle et mystique que l'Antiquité gallo-romaine ne connaissait pas. La morale enseignée est proche de celle des stoïciens et prend sa source dans l'Ancien Testament. L'enseignement recherche la « *pureté du cœur* ». Il y a désormais opposition entre la culture monastique et la culture antique classique. L'on refuse maintenant la confusion entre textes sacrés et profanes. Grégoire le Grand indique à Didier, évêque de Vienne, en 601, que l'on ne peut mêler les louanges adressées à Dieu et à Jupiter. L'élève doit abandonner le culte des Muses pour celui de Dieu. L'évêque lui-même ne doit pas lire les livres païens. Un laïc ne peut devenir clerc qu'après une réelle conversion intellectuelle.

Cette éducation et cette culture religieuses reposent sur des livres liturgiques. Le *scriptorium* épiscopal doit les recopier car ils s'usent rapidement. Les *scriptoria* de Saint-Denis, de Meaux ou de Saint-Martin-de-Tours sont célèbres. Désormais, l'éducation est confiée exclusivement à des clercs qui ont le monopole de la culture à tous les niveaux d'enseignement.

Une majorité d'illetrés dans les campagnes

À partir du VIIe siècle, le peuple devient de plus en plus rude et fruste. Les illettrés sont nombreux. Les prédicateurs abandonnent la Bible pour commenter plus simplement la vie des saints. Ils insistent sur les principes d'une morale quotidienne concrète : ne pas voler, ne pas tuer et vivre chastement. Les clercs s'efforcent d'obtenir de tous la connaissance par cœur du *Credo* et du *Pater*.

Clercs et moines utilisent le sermon et la liturgie pour l'instruction religieuse des laïcs. Césaire d'Arles se consacre à l'évangélisation du peuple par le sermon. L'homélie, allocution à partir d'un texte biblique, remplace le discours oratoire classique de l'époque gallo-romaine.

Césaire demande aux lettrés d'accepter les personnes « *rustiques* » dans les homélies « *pour que le troupeau du Seigneur puisse recevoir la nourriture céleste dans un langage simple et terre à terre. Puisque les ignorants et les simples ne peuvent s'élever à la hauteur des lettrés, que les lettrés daignent s'abaisser à leur ignorance* » (Césaire d'Arles, Sermon LXXXVI dans P. Riché, *Éducation et culture dans l'Occident barbare*, Paris, 1972).

La disparition des écoles gallo-romaines

Les invasions barbares parviennent progressivement à détruire les écoles antiques gallo-romaines. Les raids barbares ravageant la Gaule entière font naître l'insécurité. Les villes se resserrent et s'enferment à l'intérieur de leurs remparts ; les riches propriétaires à la campagne fortifient leurs villas qui deviennent des *burgi*. Or, dans la mesure où les écoles, et avec elles toute l'éducation classique, étaient de plus en plus passées du secteur privé au domaine public, elles dépendaient pour leur fonctionnement des subventions de l'État ou des municipalités. Elles n'ont pas pu survivre à l'affaiblissement du pouvoir municipal. La génération élevée par Ausone (IVe siècle après J.-C.) est la dernière qui a pu connaître les écoles romaines avec leurs trois degrés. À la génération suivante, le petit-fils d'Ausone, qui s'est réfugié à Marseille (vers 422), témoigne de la suppression de ces écoles romaines. Pendant quelques décennies, l'éducation romaine subsiste, avec un enseignement privé chez un maître qui réunit quelques élèves chez lui. Ainsi, Sidoine Apollinaire, né à Lyon vers 430, rappelle à son ancien condisciple Probus leurs études communes à Arles, dans la maison de leur maître Eusebius. De même, des précepteurs sont toujours présents dans les grandes familles. La vie romaine se maintient plus longtemps dans certaines régions, notamment en Aquitaine. Mais, peu à peu, les derniers foyers de culture antique s'éteignent. Au VIe siècle après J.-C., il n'y a plus d'autre enseignement que celui donné par l'Église.

La renaissance carolingienne (VIIIe – Xe siècle)

La vie culturelle à l'époque carolingienne est marquée par un renouveau qui s'oppose à la barbarie de l'époque de Charles Martel et de Pépin le Bref, où les laïcs étaient devenus illettrés, et où seuls les moines dans les monastères avaient reçu un minimum de formation intellectuelle leur assurant la maîtrise de la lecture et de l'écriture. En reconstituant l'empire d'Occident, Charlemagne réalise pour quelques décennies l'unité politique du monde chrétien et favorise l'œuvre éducative de l'Église, en prescrivant l'ouverture d'écoles dans ses capitulaires et en modifiant les programmes. La Gaule connaît alors une véritable « renaissance ».

L'éducation de l'aristocratie

À l'époque de Charles Martel, les jeunes nobles reçoivent une éducation presque exclusivement guerrière. Chaque noble entre dans la *familia* du prince par le rite de l'adoubement à l'âge de 14 ans. L'on passe ainsi sans transition de l'enfance à l'âge adulte. Il n'y a pas d'adolescence. Louis le Pieux et Charles le Chauve ont été adoubés au même âge. Très tôt, avant 14 ans, le jeune noble est initié à la chasse, à l'équitation, à l'escrime et aux joutes organisées lors des grandes fêtes traditionnelles.

L'éducation des enfants valorise la violence, la vengeance et la force. Le clergé s'efforce cependant d'adoucir les mœurs de la noblesse. Mais cette éducation primaire effectuée dans les familles nobles n'assure pas la maîtrise de l'écriture. De nombreux nobles signent les diplômes ou les actes officiels d'une simple croix.

L'influence maternelle reste forte dans l'éducation des jeunes nobles carolingiens. Par ailleurs, le préceptorat privé continue à être pratiqué. Le jeune Guibert de Nogent, vers 1063, est instruit par un clerc qui lui impose une discipline très stricte. Les enfants apprennent ainsi à lire, mais plus rarement à écrire. Quelques-uns parviennent toutefois à une bonne connaissance du latin. Les familles nobles possèdent parfois une véritable bibliothèque. Ainsi, Eccard, comte de Mâcon, partage, vers 876, ses livres entre ses enfants. Eberhard en distribue une cinquantaine entre ses filles et ses fils.

Mais ces lettrés nobles représentent une infime minorité face aux illettrés *(illitterati)*, qui ne connaissent pas le latin et ne savent pas écrire. De nombreux enfants nobles ne parlent que la langue d'oc, la langue l'oïl ou le vieil haut-allemand. Les bardes celtiques diffusent encore des légendes ancestrales en Bretagne. La *Chanson de Roland*, composée après la défaite de Roncevaux (15 août 778), était connue de tous, si l'on en croit la biographie de Louis le Pieux.

Dans les châteaux, à la veillée, les milieux sociaux se mêlaient pour écouter les hauts faits de guerre des nobles carolingiens. Une éducation des enfants du peuple se faisait alors par simple audition aux côtés d'un public noble.

La réforme scolaire

Charlemagne a l'ambition d'assurer un niveau culturel minimum dans les 400 comtés, les 1 254 abbayes et les 312 cathédrales de l'empire.

Le célèbre capitulaire de 789, *Admonitio generalis* (conseil général), est le premier acte important concernant l'enseignement primaire. Un chapitre entier est consacré à l'école : « *Que les prêtres attirent vers eux*

La formation intellectuelle de Charlemagne

Eginhard, le biographe de Charlemagne, qui a bien connu l'empereur, indique que celui-ci a appris les langues étrangères. Il s'exprime par ailleurs indifféremment en latin et dans sa langue maternelle. En revanche, s'il comprenait le grec, il ne le parlait pas couramment. Il apprit la grammaire auprès du diacre Pierre de Pise. Mais son vrai maître fut Alcuin, diacre originaire de Grande-Bretagne, un des hommes les plus savants de son temps. Il fut formé dans la prestigieuse école d'York, où il a recueilli l'héritage de Bède le Vénérable, savant bénédictin. C'est à l'occasion d'un voyage en Italie qu'il rencontre Charlemagne. Celui-ci lui demande de l'aider à définir sa politique ecclésiastique et à organiser l'enseignement. En remerciement, il le met à la tête de plusieurs monastères. Pendant les années qu'il passe à la cour, Alcuin se met au service de tous. Il devient le « précepteur de la Gaule ».

Un des premiers objectifs de la politique scolaire de Charlemagne est l'épuration de la langue latine et des textes sacrés. Ceux-ci sont encombrés de barbarismes depuis l'époque mérovingienne, sous l'influence du latin parlé. Ce retour au latin classique explique l'appel à des hommes instruits venant de pays où la culture antique est encore vivante, comme l'Italie, ou de pays où cette culture avait été soigneusement conservée dans les monastères, comme en Grande-Bretagne ou en Irlande.

Charlemagne.

non seulement les enfants de condition servile mais aussi les fils d'hommes libres. Nous voulons que les écoles soient créées pour apprendre à lire aux enfants. Dans tous les monastères et les évêchés, enseignez les psaumes, les notes, le chant, le comput (calcul déterminant le calendrier des fêtes religieuses mobiles, notamment la date de Pâques)… ». La grammaire doit faire l'objet d'un soin particulier. Il s'agit d'un véritable programme d'alphabétisation : lire, écrire, chanter et calculer les dates des fêtes de l'année.

Ce souci d'assurer un enseignement élémentaire est présent dans de nombreuses lettres et capitulaires (actes législatifs des souverains carolingiens). Jusqu'à la fin de son règne, Charlemagne fait diffuser ses ordres par les conciles. Celui de Chalon, en 813, ordonne aux évêques d'établir « *des écoles où l'on puisse étudier l'écriture et les lettres profanes* ». Le bilan reste néanmoins modeste. L'école palatine à Aix-la-Chapelle n'est pas l'école primaire légendaire décrite dans les manuels d'Histoire de la IIIe République. Elle est en réalité un établissement d'enseignement secondaire et supérieur.

Les écoles monastiques et épiscopales se développent cependant au fil des années dans tout l'empire. Ainsi, Théodulfe, évêque d'Orléans, encourage l'éducation des enfants. Dans le nouveau royaume de Francie occidentale, dont Charles le Chauve est le premier roi de 840 à 877, les évêques ordonnent au concile de Savonnières, en 859, « *d'établir partout des écoles publiques* », c'est-à-dire protégées par le roi et où l'on enseigne à la fois la sainte Écriture et les lettres.

Sous les règnes de Louis le Pieux et de Charles le Chauve, les résultats obtenus dans le domaine de l'enseignement élémentaire commencent à être sensibles. Au nord de la Loire, les écoles des monastères sont actives. Hincmar, archevêque de Reims, applique le programme du concile de Savonnières (859) et développe une culture à la fois religieuse et humaniste. Les écoles épiscopales, presbytériales et monastiques prennent leur essor au nord de la Francie occidentale. Les *scriptoria* se multiplient. Les ateliers de copistes adoptent une nouvelle écriture, la minuscule caroline, mise au point à l'abbaye de Corbie, sur la Somme. Sobre et élégante, dépouillée des arabesques et des boucles décoratives, la caroline est le résultat d'années d'efforts pour obtenir une graphie régulière. Elle simplifie l'écriture et la lecture. Les lettres se tracent plus rapidement et les mots, qui sont détachés les uns des autres, sont plus faciles à déchiffrer.

La première génération des instituteurs carolingiens est marquée par la culture anglo-saxonne, essentiellement religieuse. La deuxième génération est formée sous l'influence des maîtres irlandais, qui ont su prendre en compte également la culture classique profane.

Les maîtres au Xe siècle

Les derniers rois carolingiens et les premiers rois capétiens montrent peu d'intérêt pour l'enseignement et la culture. Les liens entre le pouvoir politique et le monde savant de l'Église s'affaiblissent. L'Église elle-même tombe aux mains des laïcs. Les monastères connaissent d'importantes difficultés. Les moines fuient devant les invasions des Danois, des Sarrasins ou des Hongrois. À partir du début du Xe siècle, la Normandie puis la Bretagne perdent pratiquement toute trace de culture. Mais, malgré ces désordres, l'enseignement reste présent autour des cathédrales, des monastères et des églises rurales. Au Xe siècle, on assiste même à un nouvel essor de l'enseignement à tous les niveaux.

Après les pillages et les ravages consécutifs à chaque invasion, les évêques et les abbés s'efforcent de réunir maîtres et scribes pour préserver le niveau culturel des clercs et des laïcs. Un mouvement de réforme monastique met fin aux abus entraînés par la mainmise des laïcs sur l'Église. La fondation de l'abbaye de Cluny par Guillaume le Pieux, duc d'Aquitaine (910), pour des moines bénédictins, devient sous la direction de ses premiers abbés (Odon, Odilon, Hugues et Pierre le Vénérable) un centre de culture et de spiritualité dont l'influence s'étend sur toute la chrétienté.

Saint-Benoît-sur-Loire observe, à partir de 930, les mêmes grands principes. En Lorraine, en Flandre et en Normandie, l'esprit réformateur se développe. Des moines irlandais s'installent à partir de 940 dans les monastères et les évêchés de Lorraine et du nord du royaume. Au sud de la Loire, les centres d'enseignement sont moins nombreux. Cependant, l'école monastique de Saint-Martial de Limoges connaît un grand rayonnement dès 950.

Avant d'entreprendre les « études secondaires » du *trivium* (grammaire, rhétorique et dialectique) et du *quadrivium* (arithmétique, géométrie, astronomie, musique), les élèves doivent apprendre à lire, à écrire et à compter à l'école primaire. Partout, le latin d'église constitue la langue universelle européenne qui permet aux écolâtres (ecclésiastiques chargés d'une école) de communiquer et de se comprendre. Alors que l'école d'Alcuin (735-804), l'un des maîtres de l'école palatine de Charlemagne, est encore marquée du sceau de la culture religieuse et liturgique, l'école du xe siècle s'ouvre à la culture profane.

Les programmes scolaires

Depuis l'époque carolingienne, la langue enseignée n'est plus celle que parle le peuple. L'enseignement se fait en latin dès l'école primaire. Maîtres et élèves parlent latin alors que les homélies dans les églises se font dans la langue romane régionale (langue d'oïl ou langue d'oc) ou dans la langue germanique, pour que le peuple puisse comprendre le message des prêtres. Les souverains prennent soin également de s'exprimer en langue vulgaire dans leurs traités. Ainsi, les serments de Strasbourg, en 842, sont écrits en roman, en germanique et en latin.

Les enfants, dès leur plus jeune âge, deviennent bilingues lorsqu'ils fréquentent une école. Ils parlent, lisent et écrivent le latin, mais continuent à s'exprimer dans leur langue régionale dans la vie quotidienne. Dès l'âge de 7 ans, ils apprennent à lire dans les psaumes.

Du IXe au XIe siècle, les manuels de l'école primaire antique sont à nouveau très appréciés et utilisés : fables du fabuliste grec Ésope (VIe siècle avant J.-C.) ou du fabuliste latin Phèdre (Ier siècle après J.-C.), textes du géographe latin Avienus (IVe siècle après J.-C.), proverbes attribués à Sénèque (4 avant J.-C. - 65 après J.-C.), distiques (ensembles de deux vers formant une unité de sens) de Caton…

Le contenu des programmes de l'enseignement primaire (lire, écrire, compter, chanter) n'a pas réellement changé depuis l'époque gallo-romaine. La redécouverte de la culture antique suppose l'existence de manuscrits faciles à lire. Le haut Moyen Âge utilisait des lettres complexes, soit la capitale et l'onciale (lettres capitales d'assez grandes dimensions), avec pleins et déliés lents à tracer et difficiles à lire, soit des cursives très variées et illisibles. C'est en Gaule qu'ont lieu, à partir du VIIIe siècle, les recherches qui aboutissent à la mise au point de l'écriture caroline, une minuscule rapide et régulière basée sur l'alphabet latin, séparant nettement les mots et les groupes de mots. Le coûteux papyrus a été abandonné depuis longtemps au profit du parchemin, que l'on gratte souvent en vue de le réutiliser.

Les rudiments du calcul, sans notation écrite, sont acquis seulement à l'aide du comput digital. Ils permettent de résoudre les problèmes les plus simples de la vie quotidienne.

Les écoles juives

Depuis l'époque romaine, il y avait en Gaule des juifs qui jouissaient de tous les droits. L'installation du christianisme les leur retira. Le règne de Charlemagne connaît une accalmie, mais la mise en place de la féodalité restreint peu à peu leur liberté. Ils n'ont plus désormais le droit de posséder des terres ni d'exercer des professions sujettes à la tutelle des corporations. Ils ne peuvent vivre que du prêt à intérêt, entraînant la jalousie et souvent la haine de leurs débiteurs. Sous l'influence de l'Église, il se crée dans l'esprit du peuple une image négative du juif, considéré comme un usurier diabolique.

La première diaspora avait créé des communautés en Gaule narbonnaise. Les juifs méditerranéens étaient appelés Sefardhim par opposition au groupe des Ashkenazim de la deuxième diaspora qui s'étaient installée en Bourgogne, en Champagne et sur les bords du Rhin.

Le niveau intellectuel est très élevé dans les communautés israélites. Aucun juif ne peut être analphabète. L'enfant juif commence à étudier l'alphabet dès l'âge de 5 ans. L'année suivante, l'éducation élémentaire se fait à raison de dix heures par jour pendant environ deux cent soixante jours par an jusqu'à l'âge de 13 ans. Les élèves étudient la Torah, nom donné par les Israélites au Pentateuque et, plus spécialement, à la loi de Moïse, ainsi que le Talmud, livre saint des juifs qui contient les enseignements des anciens docteurs de la loi. Ces textes sont écrits en hébreu ou en araméen, langues mortes pour les juifs qui parlent le ladino dans le sud de la Gaule et l'ancêtre du yiddish (judéo-allemand) dans le nord. Ainsi, les enfants juifs sont bilingues dès leur plus jeune âge, comme les enfants chrétiens.

Les méthodes d'enseignement sont très proches de celles utilisées dans les écoles chrétiennes. L'élève doit apprendre par cœur les versets de la loi et les commentaires du maître. La rareté des livres explique la sollicitation permanente de la mémoire. Grâce à cet enseignement essentiellement oral, le peuple juif maintient sa culture et sa civilisation.

L'enfant, qui est proche de ses parents, est marié très jeune, dès sept ans. Le mariage est un contrat social. La jeune fille qui n'a pas reçu d'éducation intellectuelle ne peut se marier que si elle reçoit une dot confortable, la *ketubah*. Beaucoup de jeunes mariés mineurs apprennent à la fois un métier et la loi juive.

L'essor de l'enseignement médiéval (XIe – XIIIe siècle)

Du XIe au XIIIe siècle, l'enseignement médiéval connaît un profond bouleversement et un réel essor. L'on assiste à un recul des écoles monastiques et à un développement sans précédent des écoles urbaines, qui se multiplient au voisinage des chapitres cathédraux. Le déplacement des écoles depuis les cloîtres isolés dans les campagnes vers les cités épiscopales, lié au développement urbain, libère et stimule l'enseignement.

L'éducation familiale

À partir du XIe siècle, un net intérêt pour l'enfant se fait jour. L'on prend soin de l'enfant dès sa naissance. Sa vie sociale commence avec le baptême. Il est plongé nu, par son parrain, dans les fonts baptismaux. On lui fait baiser l'autel avant d'être revêtu d'une robe blanche. Souvent, le nom qui est donné à l'enfant est celui du parrain ou de la marraine. Dans les familles nobles, on désigne deux parrains et une marraine pour les garçons, mais deux marraines et un parrain pour les filles. Le bébé a souvent trois nourrices. Toutefois, dans les familles des artisans et des paysans, l'allaitement maternel est la règle jusqu'à trois ans.

Jusqu'à sept ans, qu'il ait ou non une nourrice, l'enfant joue librement sous la surveillance étroite des servantes ou de sa mère. Il faut toujours éviter deux dangers permanents : le feu et l'eau.

Philippe de Novare, dans son recueil de conseils écrit en 1265, *Les quatre âges de l'homme*, recommande tout particulièrement aux mères de ne pas écraser sous elles les enfants qu'elles couchent la nuit dans leur lit. Il est fréquent en effet que toute la famille dorme nue dans le lit avec l'enfant qui, lui, est emmailloté. Philippe de Novare montre de la tendresse envers les petits enfants. Cependant, il lui paraît nécessaire de les réprimander quand ils sont très jeunes. Les corrections doivent avoir pour but de bloquer les tendances au vol, à la violence et au blasphème. Mais les verges ne sont plus utilisées.

Le petit garçon et la petite fille jouent à tous les jeux de leur âge, qui sont les mêmes depuis l'Antiquité : osselets, pirouette (toupie), cache-cache, colin-maillard, poupée, etc.

Les enfants restent sales, ennuyeux, braillards et capricieux. Pierre Abélard (XIIe siècle) dénonce la malpropreté des enfants en bas âge.

À partir de sept ans, un net intérêt pour l'enfant se manifeste. Si le jeune garçon ne va pas à l'école, ce qui est le cas le plus fréquent chez les paysans et même dans les familles nobles, le père apprend à l'enfant son métier ; la mère assure une première instruction chrétienne (*Credo, Pater* et *Ave Maria* qui n'apparaît qu'au milieu du XIIe siècle).

Philippe de Novare conseille les deux métiers les plus honorables : le clergé et la chevalerie, qui sont les seuls à assurer une réelle ascension sociale. Celui qui est déjà noble monte très tôt à cheval, parfois dès cinq ans. Il joue aux jeux traditionnels : échasses, volant, pelote, balançoire, tables (jacquet ou tric-trac) et échecs, jeu connu déjà des Celtes.

La mère s'occupe de la formation morale et sociale. Le jeune enfant apprend à préférer la mort à la honte.

Certains fils de nobles vont temporairement à l'école, uniquement pour apprendre le psautier, savoir lire et écrire une lettre. D'autres ont un précepteur. Cependant, comme le note Philippe de Novare, le préceptorat a surtout pour but de socialiser le jeune enfant, de lui apprendre à bien parler, de connaître les belles manières pour accueillir hôtes et amis. L'objectif intellectuel est absent de ce type d'éducation familiale.

À partir du XIIe siècle, les monastères s'occupent surtout de l'éducation des jeunes moines, bien que leur nombre soit moins important qu'auparavant. Cependant, les clunisiens, les « moines noirs », ont encore dans leurs écoles de jeunes enfants qui deviendront de futurs novices.

L'enfance désormais n'est plus seulement un état transitoire qui conduit à l'âge adulte mais un monde en soi. L'enfant mérite les soins les plus attentifs des parents. De nombreux conseils leur sont donnés pour assurer la bonne santé de leurs enfants. Ainsi, Vincent de Beauvais (vers 1190-1264), dominicain, précepteur et bibliothécaire à la cour de saint Louis, écrit dans son *Speculum majus* (1256-1259) en faisant référence au *Protagoras* de Platon : « *La journée d'un jeune enfant doit commencer par un bain, continuer par le jeu jusqu'au petit déjeuner et se terminer par un autre bain. L'école doit débuter à 6 ans, mais on ne poussera pas l'enfant à y aller tous les jours.* »

L'éducation familiale reste donc encore essentielle pour les jeunes enfants.

Le déclin des écoles monastiques

Au XIIe siècle, la plupart des écoles monastiques entrent en décadence. Étant situées à la campagne, elles n'attirent plus les élèves qui se dirigent désormais vers les villes devenues les principaux centres d'activités.

Certains abbés, comme Bernard (1091-1153), premier abbé de Clairvaux, ne tiennent pas à ce que leurs disciples s'intéressent trop aux choses de l'esprit, au risque d'oublier leur idéal religieux. Peu à peu, au fil des années, ils ferment les monastères à tous ceux qui ne sont pas moines. Ainsi, les écoles monastiques ont moins d'importance que par le passé. Désormais, les foyers les plus actifs sont séculiers et se trouvent près des chapitres cathédraux. Le déplacement des écoles depuis les cloîtres isolés des campagnes vers les cités épiscopales rend les écoles plus ouvertes et plus libres.

L'éducation populaire

Les paysans, qui représentent la majorité de la population, et le petit peuple des villes demeurent le plus souvent analphabètes. Rares sont les pauvres qui peuvent fréquenter une école primaire urbaine ou rurale. Il y a cependant quelques exceptions. Ainsi, à Angers, le comte d'Anjou et sa femme font une donation au monastère suburbain de Notre-Dame-de-Ronceray pour scolariser douze enfants pauvres. Ceux-ci sont nourris par le monastère. Chaque enfant dispose de 600 g de pain environ et de 50 g de pois chiches ou de lentilles par jour.

L'éducation populaire s'effectue, dans la plupart des cas, dans la famille et dans son environnement immédiat. C'est l'école de la vie. Le jeune enfant s'initie dès son plus jeune âge aux travaux de la vie quotidienne.

Chaque mère apprend à sa fille à entretenir le foyer, à broyer les aliments, à les cuire. De même, les filles doivent savoir filer le lin, le chanvre ou la laine, à l'aide de quenouilles ou de fuseaux en bois, et manier le métier à tisser. Les futures épouses sauront ainsi confectionner à domicile les vêtements de la famille. À la campagne, les garçons découvrent très tôt, aux côtés de leur père et de leurs voisins, les subtilités de la chasse : chasse au gros ou au

Dans le sud de la France, les centres d'enseignement sont encore rares, aussi bien en Languedoc qu'en Aquitaine. En revanche, les monastères sont plus nombreux et plus prospères en Bourgogne. Cluny, Cîteaux, Clairvaux et la Grande Chartreuse ont un grand rayonnement. L'école revient à une stricte tradition ascétique. L'on s'efforce de réduire l'enseignement à l'étude de la grammaire latine pour en arriver rapidement à l'étude de la Bible.

Les écoles monastiques sont encore nombreuses au nord de la Loire, notamment en Normandie, en Île-de-France et en Flandre. Les écoles de l'Île-de-France reçoivent le plus souvent des élèves qui n'ont pas petit gibier (lapin, lièvre, gibier à plume). Ils s'initient également à la pêche en rivière et en mer. Ce savoir-faire leur sera très utile au cours de leur vie pour assurer un complément de nourriture à leur famille. Ainsi, l'éducation populaire reste toujours très concrète. Elle se transmet par voie orale. Les enfants du petit peuple des villes ou des paysans savent rarement lire, écrire et compter, n'ayant jamais eu la possibilité de fréquenter une école.

Le monde paysan et le petit peuple des villes ignorent le latin, langue toujours réservée à l'élite qui fréquente les écoles. Chaque enfant parle la langue de la région qui l'a vu naître. La France est divisée en deux grandes zones linguistiques : au nord de la Loire, les pays de langue d'oïl ; au sud, ceux de langue d'oc, ainsi nommées d'après le terme que chacune utilise pour dire « oui ». La limite entre ces deux zones va de la pointe de Grave, en Gironde, à Grenoble, en passant par Bordeaux, Bellac et Clermont-Ferrand. Il y a autant de dialectes, de spécificités phonétiques, lexicales ou syntaxiques, qu'il y a de régions. Au nord, on parle le normand, le picard, le champenois, le lorrain, le franc-comtois, le bourguignon, l'angevin, le francien, le poitevin et le saintongeais. Au sud, on parle le gascon, le catalan, le provençal, le limousin, l'auvergnat, le dauphinois et le franco-provençal dans le Lyonnais, la Savoie et la Suisse romande. On commence à se moquer des accents et des parlers provinciaux.

trouvé de place dans une école urbaine ou ont subi un échec dans une école cathédrale en ville. Elles se replient rapidement sur elles-mêmes et ne sont plus tournées vers l'extérieur.

Dans les vallées de la Meuse et de la Sambre, les écoles monastiques restent longtemps ouvertes au monde, mais l'on observe bientôt partout la même tendance au repli. À la fin du XIe siècle, à l'exception de quelques couvents, les écoles monastiques reviennent à leur vocation première : l'éducation ascétique par l'étude des textes sacrés. Ce refus de contact avec les laïcs caractérise la réforme grégorienne, impulsée par le pape Grégoire VII (1073-1085) qui fut moine à Cluny sous le nom d'Hildebrand. Partout, l'ancienne pratique des oblats nourris (laïcs accueillis dans un monastère sans prononcer de vœux) tend à disparaître sous l'influence de Cluny. Désormais, tout enfant reçu dans un monastère doit devenir moine. L'abbaye de Cîteaux accentue cette tendance. Bruno (1030-1101), après avoir dirigé les écoles de Reims, abandonne l'enseignement pour se retirer à la Grande Chartreuse en 1084, lieu désert et vide d'hommes.

L'essor des écoles urbaines

Sous l'impulsion de la renaissance du commerce, les villes se développent. Des agglomérations nouvelles *(burgus)* ou des faubourgs *(suburbium)* apparaissent auprès de centres urbains plus anciens. Elles sont protégées par une enceinte fortifiée dès la première moitié du XIIe siècle, comme à Amiens (1135), à Dijon (1137), à Rouen (1150) ou à Paris (avant 1150).

Dans ces villes désormais prospères et plus libres, les écoles deviennent de plus en plus nombreuses. Partout où se trouve un chapitre de chanoines, soit dans une cathédrale, soit dans une collégiale, existe une école avec un enseignement à la fois élémentaire et secondaire (*trivium* et *quadrivium*). Quelques écoles comme celles de Paris, de Chartres, d'Orléans, de Reims ou de Laon acquièrent une grande notoriété. Dans le sud de la France, Montpellier brille de tout son éclat. En Aquitaine, chaque cité épiscopale a son école. À Angers, l'écolâtre de la cathédrale dirige plusieurs écoles. On y encourage la scolarisation d'écoliers pauvres.

Les écoles de cathédrales et de collégiales sont nombreuses dans le nord et l'est du royaume. L'importance de l'école épiscopale de Chartres est si grande que les sculpteurs de la cathédrale lui rendent hommage. La réputation des maîtres parisiens l'emporte à la fin du XIIe siècle sous l'épiscopat de Maurice de Sully (1161-1196).

Dès leur plus jeune âge, les enfants acquièrent les bases du savoir et, avant toute chose, la maîtrise du latin, qui permet d'accéder à l'enseignement secondaire et supérieur, à la pratique de la dialectique dans le cycle des arts, et aux études de théologie. L'enseignement est destiné aux clercs, instruits pour les postes qui leur sont réservés dans les chancelleries, les tribunaux ou les administrations, mais aussi aux enfants de bourgeois qui veulent avoir accès au grand commerce, aux fonctions administratives ou à la médecine.

Selon Guibert de Nogent, vers 1060, on ne rencontre pratiquement pas de maîtres de grammaire dans les bourgs. En revanche, au début du XIIe siècle, la majorité des écoles, qui assurent tous les niveaux d'enseignement, depuis l'enseignement primaire à l'enseignement supérieur, mettent la grammaire à la portée des enfants les plus jeunes. Selon son témoignage il y avait des écoles même dans les villages et les bourgs les plus modestes.

De nouvelles connaissances

L'influence des textes venus d'Italie ou d'Espagne, mais aussi des communautés juives, contribue à enrichir les connaissances de tous les niveaux d'enseignement.

Par leurs relations humaines ou économiques, les juifs ont des liens permanents avec le monde musulman ou byzantin. Les bibliothèques israélites, comme à Lunel, près de Montpellier, sont importantes au XIIe siècle. Tout parchemin sur lequel est écrit le nom de Dieu doit être conservé. Le médecin Juda ibn Tibbon dit à son fils : « *Examine les livres hébreux à chaque nouvelle lune, les volumes arabes tous les deux mois et les rouleaux chaque trimestre.* » Les ouvrages sont prêtés. Le prêt gratuit est une obligation morale. Les connaissances circulent donc très tôt chez les écoliers, dès qu'ils sont en mesure de maîtriser la lecture. La diffusion de textes antiques traduits de l'arabe élargit l'horizon des connaissances. Les juifs espagnols, chassés par les Almohades, apportent les œuvres de Moïse Maïmonide, le philosophe de Cordoue. Deux de ses livres, la *Michnè Torah*, abrégé des lois juives et des dogmes, ainsi que le *Guide des égarés* (1190), contribuent à l'évolution de l'enseignement dès l'école primaire. Juda ibn Tibbon conseille à son fils d'étudier les livres profanes.

L'enseignement des mathématiques est profondément transformé. Léonard de Pise introduit les chiffres arabes, en réalité indiens. L'utilisation du zéro facilite désormais le calcul. Les enfants peuvent résoudre les quatre opérations très rapidement alors que l'usage des chiffres romains est très lent.

Malgré ces progrès importants, la fabrication des livres limite la circulation des connaissances. La production de parchemin est insuffisante. La profession de parcheminier est surveillée. L'apparition du papier constitue une véritable révolution. Les moulins à papier apparaissent en France au XIIIe siècle dans la région d'Ambert, en Auvergne. Mais la diffusion du papier reste lente. La corporation des tabletiers continue à fabriquer des tablettes enduites de cire que l'on utilise notamment à l'école primaire.

Les programmes et les méthodes d'enseignement

Les programmes et les méthodes pédagogiques n'ont pas varié à l'école primaire depuis le début du Moyen Âge. Les objectifs essentiels sont toujours d'apprendre à lire, à écrire et à compter. L'étude de la grammaire latine reste prioritaire. Au XIIe siècle, Jean de Beauvais rédige une grammaire mnémotechnique qu'il appelle *Livre des pauvres* et qui est utilisée par les enfants dès qu'ils savent lire. Les auteurs latins sont inscrits au programme dès le plus jeune âge des enfants. L'enseignement fondamental commence le plus souvent par les auteurs latins : Virgile, Martial, Sénèque, Ovide ou Cicéron. Les distiques de Caton sont mémorisés avant d'aborder l'enseignement secondaire (*trivium* et *quadrivium*).

La méthode essentielle de l'enseignement à tous les niveaux reste alors la *lectio* (lecture), qui n'a pas connu de réelle évolution depuis l'Antiquité. L'élève connaît un livre par la lecture à haute voix. L'enfant écoute le maître qui lit le livre chapitre par chapitre. Chaque élève doit rendre compte de ce qu'il a entendu la veille au cours de la leçon. Les recettes mnémotechniques sont toujours utilisées par les maîtres et les élèves.

Le grec n'est plus enseigné au XIIe siècle. Néanmoins, on utilise encore des glossaires, véritables dictionnaires gréco-latins. La transcription des lettres est souvent mal faite.

Le franciscain Roger Bacon rédige deux grammaires : l'une en grec, l'autre en hébreu. Mais malgré les efforts des maîtres, les langues étrangères, hébreu, arabe, chaldéen et grec, sont peu connues.

La rareté des livres freine la diffusion des connaissances. Les livres restent des objets précieux. Ils sont consultés sur place dans les bibliothèques. Pour les protéger, on les enchaîne. La minuscule gothique calligraphiée est alors de plus en plus utilisée. Elle est plus facile à écrire que la caroline, à l'aide d'une plume. Le calame (roseau servant à écrire) est peu à peu abandonné. Le format des livres diminue pour qu'ils soient plus faciles à transporter. Malgré tous les progrès réalisés, la culture reste le privilège de l'élite.

Les études à l'école sont réglementées par un calendrier précis. Depuis 1231, Grégoire IX a ordonné que les vacances ne dépasseraient pas un mois. Cependant, les enfants, comme tous les élèves, disposent de plusieurs jours de repos à Noël, à Pâques, les jours de fête et les dimanches. Il reste environ cent quarante jours ouvrables divisés en deux parties : le grand ordinaire, de la Saint-Denis (9 octobre) à Pâques, et le petit ordinaire, de Pâques à juin. Le rythme de travail n'a guère évolué depuis l'Antiquité.

Une nouvelle école
(XIVe – XVe siècle)

Les petites écoles et les collèges se généralisent au cours des XIVe et XVe siècles. Les enfants, entre 6 et 8 ans, suivent les leçons des écoles dirigées par les curés des villages ou les clercs des villes. Toutefois, parallèlement, les écoles des cathédrales et des collégiales restent actives. Ces écoles sont caractérisées par le mélange des âges et l'absence de gradation dans les programmes.

La naissance des petites écoles

Les petites écoles et les collèges reçoivent des élèves de tous âges. À Paris, au collège de l'Ave Maria, en 1339, les élèves les plus jeunes ont 8 à 9 ans. Dans la majorité des cas, ils ont 9 à 12 ans. Ainsi, on entre à l'école assez tard. Aux XIIe et XIIIe siècles, après l'école primaire qui se termine à 13 ou 14 ans, les élèves suivent un cycle long universitaire jusqu'à 20 ans. Plus tard, à la fin du Moyen Âge, le cycle des études se raccourcit et se termine à environ 15 ans. En fait, le Moyen Âge ignore la correspondance des âges aux études. Il est très rare que l'on trouve dans les textes des références à l'âge des écoliers.

Le maître se contente fréquemment d'une salle modeste *(schola)* pour recevoir ses élèves. À Paris, les écoles se regroupent dans une même rue, la rue du Fouarre *(vicus Straminis)*. Dans la même salle, on rencontre des élèves de 10 à 20 ans et plus. Dès le XIIe siècle, Robert de Salisbury indique qu'il reçoit dans son école des élèves d'âges très différents : *pueros*, *adolescentes*, *juvenes*, *senes*. Quel que soit leur âge, les élèves s'assoient sur le sol recouvert de paille ou sur quelques rares bancs.

Le besoin d'instruction à l'usage exclusif des laïcs favorise la création des petites écoles. Les autorités municipales rencontrent parfois des difficultés pour recruter des enseignants. Ainsi, à Lyon, les consuls engagent un maître originaire de Dijon, vers 1402. De même, à Aix-en-Provence, le maître vient de l'extérieur. Il est payé à la fois par les magistrats municipaux et par les élèves. À Reims, au XIVe siècle, chaque paroisse a sa petite école, y compris la plus modeste, comme celle de Saint-Nicaise. Elle ne doit pas recevoir plus de 15 enfants. Il y a aussi deux maîtresses qui scolarisent les filles.

Pierre Desportes souligne dans ses travaux que 12 % au moins de la population de Reims a reçu la tonsure. Or, pour l'obtenir, il faut savoir lire. Le pourcentage est encore plus important dans les bourgs ruraux (30 %). Ainsi, l'instruction élémentaire est présente dans de nombreuses paroisses en France à la fin du Moyen Âge. Cependant, de nombreux laïcs ou clercs ne connaissent pas le latin. À Reims, les petites écoles enseignent en français.

L'alphabétisation du nord du royaume

La scolarisation des enfants au nord de la Loire progresse rapidement au XIVe siècle. Une culture en langue d'oïl apparaît. À l'exception de quelques écoles, l'enseignement est donné en français, notamment dans la région de Reims et en Normandie, où les villages les plus modestes possèdent une petite école. Alors qu'à Paris, en 1380, une assemblée des écoles élémentaires ne réunit que 41 maîtres et 22 maîtresses pour une ville de près de 200 000 habitants, en Franche-Comté chaque paroisse possède une petite école.

Dans le collège de l'Ave Maria, fondé à Paris par Jean de Hubant en 1339 sur la montagne Sainte-Geneviève, six jeunes garçons pauvres

Une petite école à la fin du Moyen Âge : l'école de Carpentras

En Provence et dans le Comtat Venaissin, des écoles sont créées, dans la deuxième moitié du XIVe siècle, dans plusieurs petites villes comme Brignoles ou Sisteron, mais aussi à Aix-en-Provence et à Marseille.

L'école de Carpentras, présentée par Michel Rouche dans *L'Histoire générale de l'Enseignement et de l'Éducation en France*, permet d'avoir une idée assez précise de l'organisation matérielle et pédagogique d'une petite école à la fin du Moyen Âge.

Le maître est rétribué par les parents qui versent chaque année une somme convenue à l'avance. En 1399, la municipalité prend en charge le loyer de la maison où il enseigne et où il loge. La nourriture des pensionnaires est essentiellement composée de pain, de légumes secs, de viandes et de poissons salés, de fromage, d'huile et de vin. Pétrarque (1304-1374) fut l'élève de cette école de 1312 à 1316.

Dans cette école de grammaire, l'alphabétisation reste la priorité. Les élèves abordent ensuite l'étude de la grammaire et l'analyse logique. Ils utilisent les manuels de grammaire d'Evrard de Béthune et d'Alexandre de Villedieu, les distiques de Caton et des ouvrages de logique. La petite école est donc à la fois une école primaire assurant l'apprentissage de la lecture et de l'écriture, et une école d'enseignement secondaire abordant une partie du *trivium*, groupe des trois arts libéraux (grammaire, rhétorique, dialectique) dont l'étude précédait le *quadrivium*, groupe des quatre arts libéraux (arithmétique, géométrie, musique, astronomie). L'instruction religieuse est assurée par une personne désignée par l'évêque.

Les méthodes pédagogiques sont encore brutales. Le samedi, le maître fait un bilan du travail effectué au cours de la semaine. Il applique des coups de fouet aux élèves qui se sont distingués par leur désobéissance. Les élèves de Carpentras savent encore correctement le latin alors que ceux de Reims, au XIVe siècle, suivent un enseignement en français.

du Nivernais, âgés de 6 à 16 ans, sont accueillis. Ici, les principes pédagogiques sont souples. L'on cherche à encourager l'enfant et à mettre en évidence les résultats positifs qu'il obtient, au lieu de faire appel quotidiennement aux punitions et aux sanctions.

L'enseignement a d'abord pour objectif d'apprendre à lire et à écrire. Mais les élèves doivent aussi connaître trois prières essentielles : le *Credo*, le *Pater* et l'*Ave Maria*. Un alphabet est attaché à la ceinture de chaque enfant ainsi qu'un livre de prières. Dès qu'il a acquis une première maîtrise du latin, l'élève étudie le psautier, livre réunissant les 150 psaumes (chants liturgiques) de David, puis aborde l'enseignement de la grammaire.

Les distiques de Caton et les fables d'Avienus sont toujours proposés aux élèves. Parmi les autres manuels les plus usuels, on trouve la *Massa computi*, traduite en français, qui facilite l'apprentissage du calcul. La petite école et le collège apprennent enfin à écrire une lettre privée ou officielle.

Les petites écoles et les collèges, qui reçoivent des élèves de tous âges, progressent rapidement aux XIVe et XVe siècles, aux dépens de l'Université. L'alphabétisation reste cependant plus forte dans le nord de la France que dans le sud.

L'enseignement en français

Le nationalisme du XIVe siècle s'exprime désormais dans une langue commune. Les différentes populations du royaume tendent maintenant à utiliser un langage commun devant lequel reculent les dialectes locaux. Certes, on désigne encore le sud de la France par l'expression « *Patria lingue occitane* ». Mais, même dans ce pays de langue d'oc, le français de Paris, de plus en plus employé dans les actes de la chancellerie royale et utilisé pour la rédaction des communes, gagne chaque jour du terrain puisqu'il est le langage qui fait foi dans les actes publics. Aussi peut-on s'étonner du contraste qu'offre la Bretagne, dont les habitants, qui sont sujets du roi, parlent, selon le Héraut Berry, « *un langaige que nul que eulx n'entant, s'il ne l'aprant* ».

Le français est désormais utilisé dans les petites écoles et les collèges. Michel Rouche souligne, dans le premier tome de l'*Histoire générale de l'enseignement et de l'éducation*, que, dans les petites écoles de Reims au XIVe siècle, de nombreux laïcs et clercs rémois ne savent pas le latin, contrairement aux écoliers de Carpentras.

Le concile de Tours (813) avait déjà consacré l'existence d'une nouvelle langue différente du latin, et recommande l'utilisation de la « *langue courante* » à la place du latin, que les fidèles ne comprenaient plus. Les *Serments de Strasbourg* (14 février 842) nous ont offert le premier texte utilisant la nouvelle langue, Louis le Germanique jurant en roman alors que Charles le Chauve le fait en germanique.

Dès le XIe siècle, l'on peut observer la présence dominante de trois langues régionales : la langue d'oïl, la langue d'oc, désignées d'après la manière de dire « oui », et le franco-espagnol. L'accession au trône des Capétiens, seigneurs de l'Île-de-France, en 987, étend l'emploi progressif du français (langue d'oïl). Hugues Capet est le premier roi qui ignore le germanique.

Aux XIVe et XVe siècles, avec la conquête du sud de la France, on assiste à une progression générale du français aux dépens des autres dialectes d'oïl et de la langue d'oc. Le français commence à être utilisé parallèlement au latin dans les ordonnances et les actes de la chancellerie royale. Au XIVe siècle, peu d'auteurs connus écrivent encore dans un dialecte régional. Le picard Froissart (1337-1404), dans ses *Chroniques,* écrit ainsi en français, en introduisant dans ses textes un certain nombre de mots du dialecte picard.

Le moyen français ne cesse de progresser à la fin du Moyen Âge. Pendant la Renaissance, l'usage du français s'affirme contre la mode de l'italien et la prééminence du latin.

Les nouvelles relations de la femme et de l'enfant

L'attitude envers le nourrisson évolue profondément. Les parents, et notamment les femmes, acceptent mal la mort des enfants en bas âge. Les soins donnés aux nourrissons sont désormais plus importants. Les manuels d'éducation accordent une place privilégiée à l'enfance et au rôle primordial de la mère. Les curés, dans chaque paroisse, rappellent quelques principes essentiels de morale et d'hygiène.

Gerson (Jean Chartier, dit Jean de Gerson ; 1363-1429), chancelier de l'Université de Paris, présente un tableau assez sombre de l'éducation donnée par les familles. Il dénonce l'attitude inconsciente des parents. Il conseille d'abord aux femmes d'allaiter leurs enfants, bien que cet acte soit alors considéré comme une preuve de pauvreté et de régression sociale. Il recommande un lit par enfant, selon la coutume des Flandres. Les parents, dit-il, doivent faire respecter une stricte discipline dans la vie quotidienne. Mais il demande cependant de ne pas utiliser les verges, ou bien exceptionnellement avec modération. En revanche, il est prescrit d'éviter le laxisme en rappelant l'adage : « *Cheval que l'on n'a pas dressé, devient intraitable.* » (L'enfant laissé à lui-même n'en fait qu'à sa tête.)

Dans l'ensemble, les conceptions éducatives de cette époque varient entre le respect des passions et leur brutale répression. Les filles sont l'objet d'une attention toute particulière. La mixité est sévèrement interdite dans les écoles et, dans chaque foyer, garçons et filles ont une éducation différente ; ils ne partagent pas les mêmes jeux. Les éducateurs recommandent aux parents d'éviter de présenter aux enfants des spectacles cruels qui pourraient marquer leur mémoire. De même, l'on s'efforce de faire respecter dans la famille quelques principes simples de moralité.

Les relations entre les parents et les enfants évoluent donc à la fin du Moyen Âge. Les mères suivent de plus près l'éducation des enfants en bas âge. Il est admis désormais que l'enfant est à la fois un être faible et noble. Cette noblesse de l'enfant provient, pour l'Église et de nombreux parents, du fait que Jésus s'est incarné dans un enfant.

Les jeux et les sports

Les jeux et les sports occupent une place importante dans la vie quotidienne de la jeunesse à la fin du Moyen Âge. Froissart (1337-1404), dans ses *Chroniques*, évoque les jeux les plus pratiqués par les enfants. On joue alors « *aux barres, à l'agnelet, à l'esteuf, aux reculées, au mulet, au chasse-lièvre* ».

Le jeu de barre est un jeu de plein air où deux équipes placées chacune dans un camp essaient de se capturer mutuellement des joueurs. L'esteuf, fabriqué avec des poils d'animaux ou des lambeaux de vêtements recouverts de peaux de mouton, se passe à la main. Très jeunes, les enfants apprennent à jouer à la paume, surtout dans les villes. Les balles sont faites de pelotes de ficelles recouvertes de drap blanc. On y joue dans les rues à main nue. À la fin du XVe siècle, le filet et la raquette apparaissent. La courte paume se joue dans des édifices appelés « tripots », parce que les joueurs bondissent *(tripent)* en poursuivant la balle. Les joueurs crient avant de jouer : « *Tenets* » (vous tenez) ce qui conduit les Anglais à l'adopter sous le nom de tennis. Bien qu'interdite par Charles VI et le prévôt de Paris, en 1397, pendant les jours ouvrables, parce qu'elle détourne les artisans et le petit peuple du travail quotidien, la paume connaît un succès grandissant. Elle a une valeur éducative pour les enfants qui la pratiquent. Elle contraint le joueur au respect de règles précises.

La soule (*choulle* ou *cholle* en Artois et en Picardie) est en revanche un jeu peu réglementé. On y joue partout dans le royaume, notamment dans les campagnes. Chaque camp doit faire pénétrer un ballon, en bois ou en cuir, rempli de foin ou de mousse, dans le camp adverse. Les joueurs frappent le ballon à coups de pied ou de poing. Ce jeu, ancêtre du rugby, est violent ; il se termine néanmoins très souvent par une ronde que dansent les joueurs jeunes ou moins jeunes.

La crosse est pratiquée en toute saison. On y joue l'hiver sur les rivières et les lacs gelés. Elle est l'ancêtre du hockey sur glace. La crosse donne naissance au mail, jeu où l'on pousse une boule à l'aide d'une masse en bois, ferrée, munie d'un manche. Appelé aussi pile-mail, ce jeu est lui-même à l'origine du croquet.

Les jeux de détente deviennent fréquents au XVe siècle. Les enfants adorent les jeux de balle, pratiqués surtout par les garçons. La balle est parfois lancée en l'air à l'aide d'une courte raquette. Ce jeu annonce le badminton moderne. Parfois, le jeu de balle rappelle étrangement le cricket. Un joueur présente une balle sur la pointe des doigts à un coéquipier qui la frappe à l'aide d'une batte (bâton servant à frapper une balle) et l'envoie en l'air. Celui-ci doit faire le tour du terrain avant que les joueurs de l'équipe adverse ne rattrapent la balle.

Les jeux de dés, de billes, de quilles ou le palet ont aussi un grand succès. De même, les jeux de lancer sont appréciés, notamment dans les campagnes. On y lance bâtons (ancêtres du javelot) et pierres.

Les enfants jouent aussi à la fronde, chassent les oiseaux, tendent des pièges dans les prairies et les bois lorsqu'ils vivent à la campagne.

Les filles bercent leur poupée de chiffons. Leurs jeux sont distincts de ceux des garçons.

La jeunesse de la fin du Moyen Âge montre ainsi énergie et enthousiasme malgré les difficultés d'une période de grande détresse, de fléaux et de désastres, où sévit la peste noire (1348) et où le royaume est ravagé par les guerres et les exactions des gens d'armes.

La diffusion de l'imprimerie

L'imprimerie existait déjà en Chine sous la dynastie des Tang (618-907). On y imprimait des livres de magie et des manuels scolaires. La découverte dans les grottes du Dunhuang d'un exemplaire du *Soutra du diamant* imprimé en 868 fit connaître le nom de Nang Jié, l'un des premiers imprimeurs de l'histoire de l'humanité. En 1041, le chinois Bi Chang fabriquait des lettres mobiles en argile durcies par la cuisson. Sous la dynastie des Song (960-1279), l'imprimerie chinoise est active. On y publie en l'an 1000 une histoire des empereurs chinois. Les invasions mongoles et les relations entre les Khans et l'Europe facilitent l'introduction des techniques chinoises d'imprimerie en Occident.

Vers 1455, à Mayence, en Allemagne, Gutenberg imprime la *Biblia sacra latina,* appelée aussi *Bible à 42 lignes* (par page). C'est la première édition latine de la Bible en caractères mobiles. Le procédé de fonte des caractères d'imprimerie inventé par Gutenberg nous semble aujourd'hui très simple. Il s'agit d'une boîte rectangulaire à charnière ouverte aux deux extrémités. Une des extrémités est fermée par une matrice, lame de métal plate, portant, gravée par un pinçon métallique, l'empreinte d'une lettre. Le métal fondu est versé à l'autre extrémité de la boîte. En refroidissant, il prend la forme du relief de la lettre. Il ne reste plus alors qu'à récupérer la « barrette » typographique. En répétant l'opération, il est possible de produire autant de caractères interchangeables et identiques qu'il est nécessaire. Il restait à Gutenberg à inventer une presse pour maintenir ensemble tous les caractères de métal. Il fallait en outre une encre qui adhère uniformément aux caractères métalliques.

Les techniques mises au point par Gutenberg permettent de réaliser l'alliage du plomb, du zinc, de l'antimoine et du bismuth. L'on peut ainsi fondre plus de 100 caractères en une heure, tous identiques et interchangeables.

Les caractères romains perfectionnés par le graveur Nicolas Jenson (1420-1480), imprimeur à Venise, reprennent la minuscule caroline. Les caractères dits italiques, créés par l'imprimeur vénitien Alde Manuce (1449-1515), reprennent la minuscule humanistique utilisée par la chancellerie pontificale. Claude Garamond (1499-1561), graveur et fondeur français né à Paris, donne aux caractères romains et italiques une telle perfection qu'ils se répandent dans toute l'Europe. Les caractères romains sont droits (perpendiculaires à leur ligne de base) alors que les caractères italiques sont inclinés vers la droite.

La *Légende dorée*, histoire merveilleuse de la vie des saints par Jacques de Voragine, est le premier livre imprimé en français. Il sort de l'atelier de Barthélemy Buyer, imprimeur à Lyon, le 14 avril 1476. Le premier ouvrage imprimé en latin, en France, est sorti à Paris en 1470.

Dès la fin du xve siècle, une quarantaine d'années après les débuts de l'imprimerie en Europe, l'on estime que 237 centres possèdent des presses. 15 à 20 millions d'ouvrages sont diffusés. Le succès du livre imprimé est immédiat. Une véritable mutation culturelle est réalisée. Au xve siècle, les premiers textes imprimés sont des éditions de la Bible, des livres liturgiques (psautiers et missels) ou des grammaires latines élémentaires appelées « Donat », du nom du grammairien classique du IVe siècle après J.-C. Les livres imprimés contribuent à répandre la littérature de l'Antiquité. Le choix des caractères évolue rapidement. L'imprimerie cesse d'imiter les écritures manuelles des copistes médiévaux. Les caractères romains l'emportent bientôt définitivement.

Jusque-là, le livre consistait en un manuscrit patiemment recopié en un nombre restreint d'exemplaires. Il était destiné à une élite. Rapidement, on passe à une production de masse avec l'imprimerie. La liste des ouvrages imprimés avant 1500, appelés « incunables » (d'un mot latin signifiant « berceau »), comporte plus de 10 000 titres représentant 15 à 20 millions de volumes, dont 15 % environ sortis des presses françaises. C'est déjà beaucoup plus en cinquante ans que tous les ouvrages copiés par les scribes du Moyen Âge. Or, au cours du XVIe siècle, ce chiffre est encore multiplié par dix ou douze.

Le livre imprimé devient dès lors un objet de large consommation, qu'utilisent de plus en plus fréquemment les enfants des écoles primaires.

Johannes Gutenberg.

Les écoles de l'Ancien Régime au XVIe siècle et dans la première moitié du XVIIe siècle

Dès avant 1500, l'école est devenue une réalité sociale. C'est vers sept ans que se termine réellement l'enfance que des contemporains comme Antoine Furetière (1619-1688) définissent comme « *le bas âge de l'homme jusqu'à ce qu'il ait atteint l'âge de raison* ». C'est donc à cet âge-là que l'enfant doit recevoir une première instruction. Dans les familles aisées, l'instruction et l'éducation sont confiées à un précepteur. Il existe cependant un réseau important, dès le début du XVIe siècle, d'écoles primaires. Ces écoles sont les héritières des petites écoles épiscopales ou communales de l'Ancien Régime. En fait, on peut distinguer deux types de « petites écoles » à cette époque : un type ecclésiastique ou paroissial qui est fréquent au nord de la France et un type laïc ou communal surtout présent au sud de la France. Un besoin d'alphabétisation apparaît avec la diffusion de l'imprimerie, qui ouvre une ère nouvelle. Par ailleurs, la religion protestante encourage l'alphabétisation, qui permet la lecture de la Bible. Luther adresse un appel pressant depuis l'Allemagne pour le développement de l'enseignement élémentaire : « *Il nous faut,* dit-il, *en tous lieux, des écoles pour nos filles et nos garçons.* »

L'âge de raison, l'instruction et l'éducation

Sept ans est l'âge où le garçon passe des mains des femmes à celles des hommes dans les familles aristocratiques ou bourgeoises. Le gouverneur ou le précepteur succède à la gouvernante. C'est également à cet âge-là, et, même parfois plus tôt, à 5 ou 6 ans, que l'on commence à habiller les garçons différemment. Le garçon abandonne la robe de l'enfance pour porter la culotte et un habit. Les filles gardent en revanche la robe et restent aux mains des femmes.

À partir de sept ans, à la ville comme à la campagne, l'enfant, qu'il soit garçon ou fille, est employé à de menus travaux. On lui confie la garde d'animaux de la ferme et le ramassage du menu bois de chauffage. Dans l'artisanat, l'enfant aide son père très tôt.

Sept ans est l'âge où, aux yeux de l'Église, l'enfant a la faculté de discerner le bien du mal. La réception de deux sacrements devient obligatoire : la confession et la confirmation. Initié à la confession, qu'il doit pratiquer au moins une fois l'an, le garçon ou la fille doit surtout suivre régulièrement le catéchisme paroissial.

Mais, sept ans est aussi l'âge où les enfants sont capables de savoir et apprendre selon Aristote ; cinq ans selon Quintilien, rhéteur latin du Ier siècle après J.-C. Il faut donc commencer l'instruction des enfants. Ce devoir incombe normalement aux parents. Gerson, philosophe et théologien de la fin du Moyen Âge (1363-1429), Erasme, humaniste hollandais (1469-1536) et Luther (1483-1546), l'un des pères de la Réforme, ne cessent de le rappeler. Dans les familles aisées, l'on engage un précepteur. Ainsi, le père de Montaigne donne à son fils, l'auteur des *Essais*, un précepteur allemand qui ne parle pas le français, pour que l'enfant ne parle qu'en latin !

Par rapport aux formules d'éducation familiale, l'école reste cependant une nécessité acceptée dans la majorité des familles en ville et à la campagne.

École paroissiale ou école communale

Au nord de la Loire, les écoles sont placées dans les différents diocèses sous l'autorité d'un dignitaire ecclésiastique appartenant au chapitre de la cathédrale. À Amiens, à Orléans ou à Avranches, l'ecclésiastique qui dirige les écoles porte le nom d'écolâtre. À Paris et à Autun, on l'appelle le chancelier. À Rouen, depuis 1520, il est désigné sous le nom d'official. Ces écoles ont un statut paroissial. En ville, elles sont réparties selon la carte des paroisses. À la campagne, l'on n'en trouve pas dans toutes les paroisses mais lorsqu'elles existent, elles obéissent aux mêmes règles que les écoles paroissiales urbaines. Le statut ecclésiastique des écoles est très officiel et clair en Lorraine. Là, les maîtres sont payés par une partie de la dîme versée à l'Église. Cependant, en Normandie, ce sont les paroissiens de la fabrique qui doivent payer le maître.

Dans ces écoles paroissiales, les maîtres sont généralement des clercs, parfois même des diacres ou même des prêtres. Les clercs ont pour mission à la fois d'enseigner à l'école et d'aider au service des messes à l'église. L'Église veille à conserver le monopole de l'enseignement élémentaire. À Paris, un arrêt rendu par le Parlement poursuit les « écoles buissonnières » ouvertes par des maîtres privés sans autorisation.

Cependant, le régime clérical des écoles primaires est parfois contesté par les populations des paroisses. Ainsi, dans le pays de Caux, à Londinières, les paroissiens et leur curé revendiquent au début du XVIe siècle le droit de nommer eux-mêmes le maître d'école, droit qui est normalement dévolu aux chanoines de la cathédrale de Rouen. Un accord signé en 1522 stipule que le curé présentera aux chanoines des candidats pour occuper le poste de maître d'école.

Dans le sud de la France, en Provence, l'enseignement élémentaire est sous statut municipal. Le conseil municipal ou les conseils signent un bail avec un régent d'école. Michel Vovelle met en évidence le fonctionnement municipal de ces écoles au milieu du XVIe siècle. Ces écoles municipales existent depuis le début du XVe siècle dans le Comtat Venaissin et dans les Baronnies. L'on retrouve des écoles de statut municipal dans le Dauphiné au nord, comme dans le Languedoc à l'ouest. Ce sont les assemblées et les conseils communaux qui ont la responsabilité des écoles élémentaires. L'on y décide le salaire du maître d'école ; l'on établit le budget scolaire. Les objectifs à atteindre par le maître dans son enseignement sont également définis. Ainsi, dans les villes, les élus demandent souvent que l'on enseigne les premiers rudiments du latin aux enfants. Les maîtres sont recrutés par le conseil municipal après avis d'une commission composée des consuls et de quelques notables.

Les protestants et l'école primaire

Les réformateurs sont tous d'ardents partisans de l'école primaire. Luther (1483-1546) lance un vibrant appel à toutes les villes allemandes pour les inciter à ouvrir et entretenir des écoles protestantes (1524). Calvin (1509-1564) soutient à Genève la même action en faveur des écoles élémentaires. Dans les *Articles* qu'il présente en 1537 au conseil de la ville, il demanda que « *les enfants, dès leur jeune âge, soient tellement instruits qu'ils puissent rendre raison de la foi* ». À cette date, l'objectif essentiel est l'enseignement religieux. Dès 1541, après son exil à Strasbourg, Calvin étend son programme aux écoles de toutes les villes en demandant qu'il y ait « *des bacheliers pour apprendre les petits enfants* ». Une école séparée pour les filles est recommandée.

Nombreux sont les régents dans les paroisses qui se sont convertis au protestantisme. Ainsi, à Villefranche-de-Rouergue, en 1554, des poursuites sont engagées contre Jean Junius, maître d'école de la ville, soupçonné de s'être converti au protestantisme. Plus d'un maître termine sur le bûcher : ainsi Nicolas Castellain à Arras ou Nicolas Clinet en Saintonge.

Les Réformés réalisent l'impression et la diffusion d'abécédaires, petits livrets de quelques dizaines de pages, que les colporteurs vendent dans les campagnes. Conçus sur le modèle des ouvrages scolaires, ils comportent un alphabet et un syllabaire, ainsi que des formules de prières (*Pater* et *Credo*) et un abrégé du catéchisme. Dès 1543, la faculté de théologie de Paris les inscrit dans le catalogue des livres interdits.

Les réformés créent des écoles de leur confession dès qu'un temple protestant est édifié sur un territoire. Parfois, dans les régions où ils sont majoritaires, il leur suffit de convertir à la foi protestante le réseau des écoles en place. Ainsi, à Nyons (Drôme) ou à Courthézon (Vaucluse), les consuls huguenots nomment dans les écoles communales des maîtres d'école calvinistes. De même, autour de Metz, des maîtres calvinistes enseignent dans les écoles paroissiales.

Très attachés à leurs écoles, les huguenots les défendent avec énergie lorsqu'elles sont menacées. Ainsi, lorsqu'Henri III décide en 1582 de supprimer les écoles protestantes de la ville de Metz, le roi invoque le traité de paix de Fleix, qui précise que le culte protestant n'est plus autorisé que dans le village de Montoy.

L'Église catholique et l'enseignement élémentaire

L'édit royal de Châteaubriant, du 27 juin 1551, interdit aux gens qui ne sont pas catholiques de diriger une école primaire ou d'y enseigner. Le concile provincial de Narbonne exige que les maîtres et les recteurs d'école soient présentés par les consuls à l'évêque ou à son vicaire pour obtenir l'autorisation d'enseigner. L'Église demande que les maîtres d'école conduisent les enfants à l'église les dimanches et fêtes. De même, ils ont obligation d'enseigner aux enfants les prières catholiques. Enfin, il leur est défendu de commenter les livres de la sainte Écriture, ni en public ni en privé.

L'Église exerce donc une surveillance étroite sur les écoles primaires. En 1554, à Paris, le parlement charge le chantre de faire la chasse aux « écoles buissonnières » pour éviter que la doctrine protestante ne se répande dans le peuple. Les visiteurs ecclésiastiques, dans leur tournée des paroisses, contrôlent l'orthodoxie des maîtres d'école. Ainsi, dans les paroisses dépendant de l'abbaye de Montivilliers en Normandie, les maîtres doivent jurer d'enseigner les enfants « *en la foi et la religion catholique, apostolique et romaine* ».

Cette profession de foi exigée en 1586 en Normandie est celle que le pape Pie IV a publiée au lendemain du concile de Trente (1564) où l'Église réaffirme ses dogmes officiels. 78 maîtres d'école et pédagogues la prononcent entre 1576 et 1589 devant l'évêque de Carpentras ou le vicaire général.

L'édit de Nantes (13 avril 1598) permet aux protestants d'ouvrir des écoles primaires dans les lieux où leur culte est autorisé. Mais quelques années plus tard, Henri IV cède aux pressions de l'Église catholique et ordonne par un édit de décembre 1606 que « *les régents, précepteurs ou maîtres d'écoles des petites villes ou villages seront approuvés par les curés des paroisses ou personnes ecclésiastiques qui ont droit d'y nommer* ».

Les évêques, à la fin du XVIe siècle, prennent l'offensive. Il s'agit de veiller à ce que l'on inculque aux enfants l'instruction religieuse. Ainsi, en 1572, une ordonnance de l'archevêque de Reims, cardinal de Lorraine, précise : « *Nous ordonnons que désormais dans les bourgs et les villages de notre diocèse où la chose sera jugée utile et qui pourront supporter la dépense (...) il y aura un maître d'école dont on aura vérifié le savoir, qui devra être nommé et approuvé par nous ou par nos vicaires.* »

Toutefois, l'influence de l'Église catholique est plus contraignante dans le nord de la France que dans les provinces méridionales. Ainsi, dans les provinces d'Aix et de Toulouse, le catéchisme est mentionné comme un enseignement extérieur à l'école et parfois ignoré. La Réforme catholique a également provoqué une vague de fondations en faveur des écoles après le concile de Trente. Des seigneurs et parfois des curés, par testament, constituent un fonds pour payer un maître d'école.

Ainsi l'école primaire tire profit de la rivalité entre l'Église catholique et les protestants.

Les écoles primaires et le pouvoir royal – L'ordonnance d'Orléans (1560)

L'ordonnance royale d'Orléans (1560) consacre deux articles à l'instruction des enfants. L'article IX ordonne que chaque église cathédrale ou collégiale entretienne un précepteur qui devra instruire gratuitement, et sans autre salaire que celui versé par l'Église, les jeunes enfants de la ville. L'article X ordonne que les revenus de toutes les confréries, une fois payé le service religieux, soient consacrés à entretenir des écoles et aumônes dans les villes et villages les plus proches du siège de ces confréries.

Cependant, il semble que l'ordonnance d'Orléans n'ait pas eu de résultat important en matière scolaire. Mais les fidèles catholiques adressent de fréquentes doléances au roi pour qu'il intervienne dans la mise en place et le fonctionnement des écoles primaires. Ainsi, dans le cahier de doléances de la ville de Rouen pour les États généraux de 1614, il est demandé aux archevêques et évêques de faire établir des écoles dans toutes les villes et les bourgs du diocèse. En Champagne, les demandes sont identiques.

Ainsi les Français montrent leur volonté d'avoir des écoles pour l'instruction de leurs enfants. Il paraît naturel que ces écoles soient entretenues et payées sur les biens de l'Église. À Senan, près de Joigny (Yonne), les habitants se plaignent que leur prieur ne remplisse pas son obligation de rétribuer un maître d'école, de sorte que la jeunesse « *n'est pas enseignée* ».

Les cahiers de doléances des états de Normandie demandent également que l'on puise dans les ressources des fondations charitables comme les léproseries, dans la mesure où cette maladie a pratiquement disparu au XVIe siècle. En 1567, les cahiers de Normandie souhaitent que les revenus des léproseries et des hôpitaux « *où il n'y a plus aucun malade* » soient employés à l'entretien des écoles et au paiement des salaires versés aux maîtres d'école. Il est spécialement demandé que l'on affecte des ressources pour l'instruction des enfants du « *pauvre peuple* ». L'on voit clairement apparaître des préoccupations d'ordre social. Pour les habitants des villes et des campagnes, « *ouvrir une école, c'est fermer une prison* ».

À Strasbourg, où le pouvoir municipal récupère toutes les aumônes distribuées par les églises et les couvents à partir de 1529, l'on dote largement les écoles qui existent dans chacune des neuf paroisses de la ville. Le fonctionnement des écoles populaires est cité en exemple dans de nombreuses régions de France.

Mais c'est la ville de Lyon qui se montre la plus efficace dans l'assistance aux pauvres. Lors de la famine des années 1530, les habitants découvrent la misère extrême des enfants faméliques et errants. La création de l'Aumône générale par des notables lyonnais prévoit d'accueillir et de loger les enfants orphelins et vagabonds. Elle met en place également une école, avec un maître pour leur apprendre

« *à lire, à écrire et toutes les autres bonnes mœurs qu'on peut et doit enseigner aux jeunes enfants* ». En revanche, pour les filles, l'on prévoit seulement de leur apprendre à lire, à filer et à coudre. Seuls les plus doués des garçons pourront être admis au collège.

Le modèle lyonnais a été imité dans beaucoup de villes du royaume. Ainsi, à Rouen, où cependant l'on ne s'en tient pas à de simples orphelinats-écoles comme à Lyon, mais où l'on ouvre des écoles dans les quartiers populaires, qui sont de véritables écoles de charité où l'on apprend à lire et à écrire. Ces écoles ont souvent de réelles difficultés pour fonctionner, car l'on vient chercher les enfants pour les faire travailler dans les boutiques d'artisans ou les fabriques. Ainsi, à Lyon, le fabricant en soie Turquet recherche une main d'œuvre bon marché pour ses ateliers. Les maîtres d'école, souvent peu payés, remplissent mal leur mission d'enseignement et parfois désertent. À la fin du XVIe siècle, l'on ne peut que constater l'échec des écoles de charité dans les villes du royaume.

Le tissu scolaire dans le royaume – Le recul de la scolarisation à la fin du XVIe siècle

Il est difficile d'établir une carte scolaire de la France au XVIe siècle et au début du XVIIe siècle, par manque de données précises et fiables. L'on peut cependant observer une évolution réelle dans l'enseignement élémentaire en ville et à la campagne.

Dans la France du nord, de la Normandie à l'Alsace, jusqu'à la Loire au sud, le tissu scolaire apparaît comme assez dense dès le début du XVIe siècle. Ainsi, dans les campagnes qui entourent Paris, l'école villageoise paraît partout présente. L'absence de maître d'école est exceptionnelle. De même, en Normandie, près de Rouen, ou en Champagne, les habitants considèrent l'école comme un droit dû à la population par les autorités civiles et religieuses. L'on estime qu'il devrait y avoir une école dans toute localité de 20 feux (environ 100 habitants).

Au sud de la France, auquel l'on peut ajouter le Forez étudié par Claude Longeon, le tissu scolaire est peu dense. Dans le Forez, l'on ne recense au XVIe siècle que 12 localités qui ont une école, pour un territoire représentant environ le département de la Loire. En Provence, il semble que seules les localités de plus de 1 500 habitants possèdent une école. Rares sont les communautés de moins de 700 habitants qui possèdent une école primaire. La situation n'est pas meilleure dans les campagnes toulousaines où plus tard, au XVIIIe siècle, l'on ne recense qu'une école pour 5 ou 6 communes.

D'une manière générale, les écoles primaires sont plus nombreuses en ville qu'à la campagne. Cependant, compte tenu de l'importance de la population en ville, l'on peut affirmer que les habitants des villes ne sont pas mieux scolarisés que ceux de la campagne. De nombreux enfants de familles pauvres ou modestes ne fréquentent pas ou peu l'école.

Les filles sont scolarisées, au début du XVIe siècle, dans les mêmes écoles que les garçons. Mais les autorités religieuses s'opposent le plus souvent à la mixité des écoles. Ainsi, à Rouen, l'archevêque, dans un règlement de 1520, demande que « *les filles soient hors d'avec les garçons, dans une chambre ou un autre lieu à part* ». L'on retrouve les mêmes recommandations à Paris en 1570.

Le concile provincial de Bourges, en 1584, préconise des écoles particulières pour les filles. Ainsi, il y a une maîtresse d'école protestante à Courthézon, près d'Orange, pour les filles au début du XVIIe siècle et, également, à Wissous, au sud de Paris, en 1630.

Les protestants s'efforcent d'implanter des écoles primaires dans les territoires où ils sont nombreux. Dans le comté de Montbéliard, sous un souverain luthérien, chaque paroisse, outre la ville de Montbéliard, a une école.

Dans les provinces où se trouvent des populations calvinistes, les protestants n'enseignent, conformément aux édits royaux, que dans les localités où leur culte est autorisé. Mais dans le diocèse de Die (Drôme), alors que l'on compte 105 lieux de culte protestant, il n'y a, en 1644, que 24 écoles protestantes. Il n'y a de maître protestant que dans les localités où les protestants sont majoritaires. Dans certaines localités, comme à La Motte-Chalançon, il y a à la fois une école catholique et une école protestante.

Au cours de la seconde moitié du XVIe siècle, les écoles primaires connaissent de nombreuses difficultés qui entraînent un recul très net de l'enseignement élémentaire. Ainsi, l'on peut noter que les consuls de la ville d'Avignon proposent à l'unanimité de supprimer les crédits de fonctionnement de l'école primaire (1563). Celle-ci ne revoit le jour que plusieurs décennies plus tard.

Les huguenots cependant veillent à maintenir leurs écoles en bon état de fonctionnement. Ainsi, la ville de Nyons (Drôme) continue à voter le traitement de son maître d'école en 1563, en 1574 ou 1585, au moment où se déroulent de douloureuses guerres de religion.

Le recul de l'enseignement élémentaire est sensible en Normandie. L'évêque d'Évreux regrette en 1576 que l'on ait vendu des maisons d'école de sorte que l'on ne trouve plus ni école ni maître dans les villages, dans les bourgs et même dans les villes importantes.

Toutefois, le début du XVIIe siècle marque un renouveau de l'enseignement élémentaire. Protestants et catholiques s'efforcent de mettre en place des écoles primaires qui sont nécessaires pour le rayonnement de leurs religions.

La nomination des maîtres d'école : une grande diversité dans le recrutement

La nomination des maîtres d'école, au XVIe siècle et dans la première moitié du XVIIe siècle, dépend du statut des écoles. Plusieurs cas peuvent être distingués. Le premier cas concerne les écoles où le maître est nommé par le responsable de la paroisse, qui présente son candidat à l'autorité ecclésiastique compétente (l'écolâtre, le chantre, l'évêque ou ses vicaires et parfois l'abbé d'un monastère) pour confirmation de la nomination dans l'école paroissiale. Ainsi, dans le diocèse de Rouen en 1520, nul ne peut enseigner sans avoir reçu l'autorisation de l'archevêque ou de son représentant. Un deuxième cas se présente lorsque le maître d'école est élu par la communauté des habitants, qui choisit parmi des candidats sélectionnés par une « dispute » (un concours). Le maître est alors engagé après signature d'un contrat qui précise ses obligations et ses droits. Le contrat est valable pour un an. Ce régime est le plus fréquent dans les régions du sud de la France.

Dans un troisième cas, le maître est élu par l'assemblée des habitants, mais cette élection est soumise à l'approbation du seigneur ou du curé et parfois même de l'évêque. Cette formule, que l'on rencontre fréquemment en Champagne et dans l'est de la France, tend à se généraliser après l'édit royal de 1606. Ainsi, en 1609, à Jonquières, près d'Orange, l'évêque fait prêter serment au maître d'école qui a été choisi par la communauté des habitants.

Un quatrième cas existe lorsqu'une école primaire a été fondée par un bienfaiteur. Celui-ci se réserve alors le droit de nommer le maître d'école ; ce droit passe ensuite à ses héritiers. Mais l'autorité ecclésiastique possède néanmoins la possibilité de ne pas approuver cette nomination.

Un cinquième cas concerne les écoles protestantes. Lorsque la majorité du conseil municipal est de religion protestante, les conseils municipaux dans le sud de la France ont entière autorité pour la nomination d'un maître d'école. Le consistoire de l'Église réformée, composé du pasteur et des anciens, procède néanmoins, après examen, à la nomination ultime. Il surveille les mœurs et l'enseignement du maître d'école qui, par ailleurs, exerce des fonctions liturgiques lors des offices aux côtés du pasteur.

Ainsi, en dernière analyse, la nomination d'un maître d'école dépend à la fois de celui qui le paie (commune, consistoire, fondateur) et de celui qui détient le pouvoir politique ou religieux (seigneur, évêque, curé…).

Au cours du XVIe siècle, l'école primaire reste cependant, le plus souvent, soumise au pouvoir politique et religieux.

Les maîtres d'école : clercs et laïcs

Dans quelques grandes villes, notamment à Paris et à Rouen, les maîtres d'école sont organisés en corps professionnel, mais le plus souvent les maîtres sont des individus isolés, qu'ils soient clercs ou laïcs.

Le corps des maîtres-écrivains à Paris et à Rouen exerce plusieurs fonctions. À l'origine, les maîtres-écrivains sont copistes et calligraphes. Mais leur profession est ruinée par l'imprimerie. Par ailleurs, ils sont enseignants. L'entrée dans ce corps est soumise à la réalisation d'un chef-d'œuvre, à un examen d'orthographe et au paiement de droits élevés. Ils ont pour patron saint Cassien, maître d'école romain du IIIe siècle martyrisé, par ses élèves à coups de stylets. On recense 32 maîtres-écrivains à Rouen en 1618.

Ces maîtres revendiquent le monopole de l'enseignement de l'écriture et de l'arithmétique. En 1520, l'archevêque de Rouen interdit aux prêtres d'enseigner l'écriture et l'arithmétique dans les villes où il y a des maîtres-écrivains. Il en est de même à Paris. Une veuve de Rouen est condamnée en 1625 parce qu'elle enseigne à écrire à des enfants.

Dans les écoles paroissiales, les maîtres sont normalement des clercs. L'on demande à ces clercs, maîtres d'école, de chanter à l'église, d'aider le curé pour les offices et les sacrements, de sonner les cloches et de faire le catéchisme. L'on trouve aisément des clercs tonsurés, à une époque où ce rite est pratiqué sur de jeunes garçons, à condition qu'ils soient de naissance légitime et qu'ils sachent lire et écrire.

Les maîtres d'école clercs ne sont pas des prêtres. Ainsi le règlement des écoles de Rouen n'autorise les prêtres à enseigner que dans des cas particuliers. Mais la Réforme catholique va faciliter l'autorisation donnée aux prêtres d'enseigner. Dans de petites paroisses, le curé fait l'école lorsqu'il n'y a pas de maître d'école, ainsi dans le diocèse de Die (Drôme) vers 1644. Dans les villes plus importantes, l'on nomme parfois un prêtre pour seconder le curé, en lui demandant par ailleurs d'enseigner à l'école primaire. Parfois, le fondateur d'une école indique que le maître doit être un prêtre dont la mission essentielle est d'enseigner le catéchisme.

L'on recense 16 prêtres parmi les 27 maîtres d'école catholiques du diocèse de Die (Drôme) au milieu du XVIIe siècle. 35 % des maîtres employés par 5 communes de Provence au début du XVIIe siècle sont également des prêtres. Mais cette situation ne se généralisera pas à la fin du XVIIe siècle puisque Jean-Baptiste de La Salle (1651-1719) refuse que les Frères des Écoles chrétiennes soient des prêtres.

Dans les écoles protestantes, les maîtres d'école sont le plus souvent des diacres qui exercent un véritable ministère d'Église.

Les maîtres d'école laïques sont nombreux, surtout au sud de la Loire. Les conseils communaux préfèrent recruter des laïcs mariés. L'épouse du maître peut ainsi enseigner aux filles. Par ailleurs, l'on espère qu'ainsi les maîtres resteront plus longtemps dans leur poste.

Cependant la majorité des maîtres laïques sont célibataires. Ils sont généralement très jeunes et considèrent leur métier d'enseignant comme une simple étape dans leur carrière professionnelle.

Les maîtres n'ont aucune formation. Quelques-uns sont étudiants et enseignent pour payer leurs études. Ce sont des « bacheliers » chargés d'enseigner les premiers rudiments aux jeunes enfants.

Ce qui est essentiel pour l'autorité qui recrute un maître, c'est que celui-ci soit un homme de bonnes mœurs. L'on recrute donc surtout des jeunes connus des habitants. Toutefois, Michel Vovelle note que, sur 5 communes de l'actuel département du Var, 35 % des maîtres enseignant dans une localité de 1600-1650 ne sont pas nés dans la paroisse où ils enseignent.

En revanche, la plupart sont nés en Provence.

Ces jeunes maîtres restent peu de temps dans le même poste d'enseignant. Ainsi, à Vaison, de 1588 à 1610, en 22 ans, 17 maîtres différents se succèdent.

La scolarisation des élèves

Les parents qui souhaitent pour leurs enfants des études approfondies pour parvenir à de hautes fonctions font appel le plus souvent à un précepteur.

Ce sont les enfants des petits bourgeois des villes, des artisans, des boutiquiers et des villageois aisés qui fréquentent les écoles primaires pour apprendre à lire, écrire et compter. Les parents sont prêts à payer pour la scolarisation de leurs enfants.

De quoi vivent les maîtres d'école ?

Le maître d'école reçoit une rétribution fixe mais bénéficie également d'avantages en nature.

Ainsi, à Courthézon (Vaucluse), en 1570, le maître reçoit de la communauté des gages de 7 écus pistolets pour l'année, soit environ 18 livres tournois. Il dispose également d'une maison pour se loger. D'autre part, il est nourri toute l'année par les habitants aisés ; chacun d'eux prend le maître à sa charge pour un à quatre mois. Enfin, chaque élève contribue au traitement du maître (quelques sous par mois), à l'exception des enfants des familles les plus pauvres pour lesquels l'école est gratuite.

Le maître d'école a donc trois sources de revenus : un traitement fixe en argent, des prestations en nature et la contribution mensuelle des élèves. Il peut cependant s'y rajouter un casuel qui rémunère les fonctions liturgiques (sonner les cloches, chanter à l'église…) que remplissent de nombreux instituteurs-sacristains, surtout dans le nord de la France. Enfin, le maître d'école est parfois exempté de la taille (impôt direct loué sur les particuliers).

Les traitements fixes sont variables selon l'importance des villes et des localités. Ainsi les évêques de Vaison et d'Orange imposent aux paroisses un minimum de 6 écus de gages. Mais parfois le maître reçoit 10 ou 12 écus. Le traitement des maîtres est cependant revalorisé au fil des années. Ainsi,

La scolarisation de ces élèves n'est pas régulière. Lorsque les parents ont besoin de leurs enfants pour des travaux domestiques, ceux-ci restent à la maison. Cet absentéisme très fréquent est indiqué par le pédagogue Mathurin Cordier dans ses *Colloques scolaires*.

Les enfants des familles pauvres sont scolarisés gratuitement dans les écoles communales, même si parfois le nombre de places qui leur est réservé est limité. De même, la gratuité leur est acquise dans les écoles fondées par un bienfaiteur. Mais, très souvent, les enfants restent à Vaison, il est multiplié par cinq de 1540 à 1600. Au même moment, l'on estime que les prix ont seulement été multipliés par trois. La situation des maîtres observée à Vaison ne peut cependant pas être généralisée à toutes les provinces du royaume. L'on peut, en revanche, comparer le traitement d'un maître d'école à celui d'un ouvrier ou d'un artisan. Ainsi, à Courthézon (Vaucluse), en 1570, un maître reçoit 7 écus par an (18 livres), un manouvrier 36 livres par an, un artisan qualifié 72 livres par an. Il faut néanmoins prendre en compte les avantages en nature et les contributions des élèves qui s'ajoutent au traitement fixe.

Les contributions des élèves (droits d'écolage) sont plus élevées dans les villes qu'à la campagne. Ainsi, à Rouen, les maîtres-écrivains dans les écoles primaires demandent 10 sous par mois pour apprendre la lecture et le catéchisme, 20 sous par mois pour apprendre à lire, écrire et compter, et 30 sous par mois pour apprendre la grammaire latine et la doctrine chrétienne.

Les tarifs sont moins élevés dans les écoles primaires rurales. Ainsi, à Courthezon (Vaucluse), le maître demande, en 1570, 2 sous par mois pour apprendre à lire et 3 sous pour apprendre la grammaire latine.

Ainsi, le maître d'école n'est pas misérable. Si l'on compare le traitement d'un maître d'école à celui des curés fixé par les édits royaux de 1629-1634, le maître se situe entre le curé de paroisse et son vicaire. Le traitement minimum d'un curé est alors fixé à 200 livres, celui d'un maître d'école à 120-150 livres, alors que le traitement d'un vicaire est d'environ 100 livres.

à la maison pour aider leurs parents dans les travaux quotidiens et, de plus, les enfants ne peuvent s'habiller et se chausser correctement pour fréquenter une école. En 1565, dans les conciles provinciaux de Cambrai, l'on souligne que « *la pauvreté empêche de faire éduquer les enfants dans les écoles* ».

Toutefois, les enfants de familles pauvres ne sont pas condamnés à l'analphabétisme. L'on connaît de nombreux cas d'autodidactes qui ont acquis un bon niveau dans la maîtrise de la lecture et de l'écriture.

Ainsi, dans les hautes vallées alpestres de l'Ubaye et du Briançonnais, sans écoles, les montagnards reçoivent une instruction d'autodidacte en milieu familial. Les jeunes gens du diocèse d'Embrun (Hautes-Alpes) sont assez instruits, bien que n'ayant fréquenté aucune école, pour postuler à une fonction de maître d'école ou de prêtre.

Le fonctionnement des écoles – Les locaux – Les horaires

Les locaux où fonctionnent les écoles primaires sont le plus souvent modestes. Ce n'est parfois qu'une salle du presbytère. En Normandie, l'évêque note que les salles de classes, en 1576, sont mal entretenues. Dans le sud de la France, les consuls de Courthézon (Vaucluse) font réaliser quelques travaux en 1570 pour améliorer les conditions d'accueil des élèves à l'école.

Cependant, en règle générale, le confort des salles de classe est rudimentaire.

Les horaires d'ouverture des classes sont variables. En 1520, à Rouen, les élèves travaillent 3 heures le matin, de 8 heures à 11 heures et seulement 2 heures l'après-midi, de 14 heures à 16 heures. Les classes sont fermées le jeudi après-midi et le samedi. En Alsace, au début du XVIIe siècle à Turckheim, l'école fonctionne 3 heures le matin, de 7 à 10 heures, et 3 heures ensuite, de midi à 15 heures. On commence par chanter en allemand ou en latin le *Veni Sancte Spiritus* et réciter quelques prières, puis chaque élève prend place à sa table en silence. La classe se termine également l'après-midi par d'autres prières (*Pater*, *Ave Maria*, *Credo*). À la fin de la journée de classe, quelques enfants doués pour le chant restent pour préparer les offices.

Les méthodes pédagogiques

La méthode pédagogique utilisée par les maîtres est strictement individuelle. Pour chaque exercice, le maître s'adresse à chaque élève tandis que les autres écoutent ou ont une autre activité. Tous les pédagogues recommandent la patience et la douceur. Mais, en fait, l'on utilise souvent les verges et le martinet. Érasme (1469-1536) note que l'on peut parfois trouver du sadisme dans les méthodes utilisées par certains maîtres d'école.

Apprendre à lire est l'un des objectifs essentiels de l'école primaire. Traditionnellement, l'on apprend à lire en latin. Au premier stade, l'enfant apprend les lettres de l'alphabet. Le livret le plus utilisé est la *Croix-de-par-Dieu*, nommé ainsi parce qu'il commençait par une croix et une invocation pieuse. Ce livret, après la découverte de l'imprimerie, est diffusé à des milliers d'exemplaires. Il faut connaître ce livret qui permet une connaissance solide de l'alphabet.

Quand il connaît les lettres de l'alphabet, l'enfant aborde l'étude des syllabes et des mots dans le psautier latin. Il s'agit des « sept psaumes de la pénitence », que tous les chrétiens doivent connaître par cœur.

De là, l'élève passera au stade de la lecture continue dans l'*Office* ou *Heures de Notre-Dame*, qu'il lira souvent sans comprendre la signification de tout ce qu'il lit.

Cette méthode d'apprentissage de la lecture est critiquée au XVIe siècle. Les modernistes critiquent la manière de prononcer les lettres (« *enne* » pour n, « *ache* » pour h…), qui gêne les enfants quand ils doivent lire des syllabes. De plus, ils souhaitent que les enfants apprennent à lire dans une langue qu'ils comprennent et qu'ils parlent c'est-à-dire en français et non en latin. Ce souhait paraît irréaliste puisque la majorité des élèves s'expriment dans une langue régionale, différente d'une province à l'autre.

Les protestants critiquent l'abécédaire traditionnel. Ils demandent d'abord que l'on supprime la croix présente au début des livrets de lecture. L'abécédaire protestant type, imprimé à Genève à partir de 1533 sous le titre *A. B. C. ou l'instruction des enfants,* comprend l'alphabet et un abrégé de catéchisme, suivi également de quelques éléments d'arithmétique.

Les abécédaires protestants rencontrent un grand succès car ils sont rédigés en français. Le huguenot parle à Dieu en français. Le protestantisme ne reconnaît pas l'occitan, alors qu'il accepte le basque. Les écoles primaires protestantes contribuent fortement à la diffusion de la langue française dans les provinces du sud de la France.

De même, dans les abécédaires protestants, l'écriture est travaillée avec la lecture, ce qui est très novateur par rapport aux méthodes traditionnelles où les deux apprentissages sont dissociés.

L'apprentissage du calcul se fait à l'aide de jetons. L'on dit alors que l'on apprend à jeter. Le calcul est simple pour l'addition et la soustraction, mais plus complexe pour la multiplication et la division.

Enfin, l'enseignement élémentaire de la grammaire latine est parfois effectué, mais de nombreux maîtres n'ont pas la compétence requise pour l'enseigner.

La mission essentielle de l'école primaire, pour les catholiques comme pour les protestants, reste l'instruction religieuse. Dans les écoles paroissiales et les écoles protestantes de consistoires, l'instruction religieuse et les prières tiennent une place importante. Le maître enseigne le catéchisme à l'école. Dans le règlement de Rouen, en 1520, il est prévu deux moments par semaine réservés à l'instruction religieuse. L'on utilise le manuel de Gerson (1363-1429), philosophe et théologien français, ancien chancelier de l'Université de Paris, selon les instructions de l'évêque de Paris au début du XVIe siècle, ou le catéchisme de Calvin (1509-1564) dans les écoles protestantes françaises.

Dans les écoles communales et laïques, l'on demande seulement, comme le concile de Narbonne en 1551, d'apprendre aux enfants les formules de prières et de conduire les élèves à l'église les dimanches et jours de fêtes. En revanche, il est interdit aux maîtres de commenter la sainte Écriture, pour éviter de propager l'hérésie. Cependant, à la fin du XVIe siècle, les conciles de Bordeaux (1582) et d'Embrun (1583) demandent aux maîtres d'école d'enseigner le *Catéchisme* du concile de Trente en langue vulgaire (langue régionale). En revanche, les conciles d'Aix (1585), de Toulouse (1590) ou d'Avignon (1594) ne mentionnent pas l'instruction religieuse. Celle-ci est assurée le dimanche, dans la paroisse, sous la direction du clergé et de laïcs proches de l'Église. L'on demande seulement aux maîtres d'école de conduire les enfants à la messe et au catéchisme, et de faire réciter la prière par les élèves, à genoux, le soir à la fin de la journée de classe.

L'enseignement primaire au XVIe siècle et dans la première moitié du XVIIe siècle ne contribue pas encore à supprimer l'analphabétisme. Dans une étude réalisée pour Montpellier dans les années 1574-1576, l'on observe que 63 % des artisans savent signer. En revanche, parmi les laboureurs, il y a 72 % d'analphabètes. Au même moment, la situation est encore pire autour de Béziers et de Narbonne, où seulement 34 % des artisans sont capables de signer, et 10,4 % des laboureurs d'écrire leur nom.

Dans la clientèle des notaires, dans le sud de la France, l'analphabétisme reste important.

Toutefois la situation est meilleure dans la région parisienne. À Paris, chez les auteurs de testament, à la fin du XVIe siècle, 97 % des hommes et 54 % des femmes savent signer dans le quartier de l'Université, rive gauche de la Seine. Dans le faubourg Montmartre, rive droite, plus populaire, 84 % des hommes sont encore capables de signer ainsi que 36 % des femmes.

Comme le souligne Pierre Chaunu, c'est au début du XVIIe siècle que se situe une nette évolution dans l'aptitude à signer. Cela indique que l'effort de scolarisation dans les écoles primaires, dans la seconde moitié du XVIe siècle, commence à produire des effets. Les auteurs de testament à Paris ne sont pas cependant représentatifs de l'ensemble de la population du royaume. Il s'agit ici d'une élite.

Les écoles de l'Ancien Régime dans la seconde moitié du XVIIe siècle et au XVIIIe siècle

L'ENSEIGNEMENT ÉLÉMENTAIRE dans des écoles paroissiales ou communales se développe dans la seconde moitié du XVIIe siècle et pendant tout le XVIIIe siècle, malgré l'hostilité de quelques hommes politiques influents comme Richelieu, ou de quelques philosophes de grande notoriété comme Voltaire ou Rousseau. En 1766, Voltaire affirme : « *Ce n'est pas le manœuvre qu'il faut instruire, c'est le bon bourgeois.* » Rousseau écrit dans la *Nouvelle Héloïse* (1761) : « *N'instruisez pas l'enfant du villageois, car il ne lui convient pas d'être instruit.* » L'on reste aujourd'hui surpris de voir des philosophes des Lumières opposés à l'instruction du peuple. Malgré ces prises de position opposées à l'instruction, les écoles élémentaires se développent dans la seconde moitié du XVIIe siècle et plus tard au XVIIIe siècle. Le pouvoir royal, notamment Louis XIV, est favorable à l'école catholique pour lutter efficacement contre le protestantisme. Les écoles protestantes sont bientôt interdites par l'article 7 de l'édit de Fontainebleau. Les écoles des frères des Écoles chrétiennes fondées par Jean-Baptiste de La Salle scolarisent en 1777 plus de 33 000 élèves dans le royaume. À la veille de la Révolution de 1789, le taux d'alphabétisation reste encore faible. Cependant, l'on observe une opposition entre une France du Nord et de l'Est plus instruite que la France de l'Ouest et du Sud.

Les arguments contre l'instruction du peuple

D'importantes personnalités politiques s'opposent fermement à la diffusion générale de l'instruction dans les milieux populaires. Ainsi, Richelieu, dans son *Testament politique*, vers 1640, écrit : « *Ainsi qu'un corps, qui aurait des yeux en toutes ses parties, serait monstrueux, de même un État le serait-il si tous ses sujets étaient savants.* »

De même, plus tard, un mémoire de 1667, inspiré par Colbert, recommande de réduire à quelques rudiments élémentaires l'enseignement dans les petites écoles : « *Dans ces écoles, on enseignerait seulement à lire et à écrire, chiffrer et compter* », et l'on veillerait à contraindre les enfants qui sont d'une « *naissance basse et inapte pour les sciences* » à apprendre un métier. L'on recommande même « *d'exclure de l'écriture* » ceux que « *la Providence a fait naître d'une condition à labourer la terre* ». En revanche, l'on peut leur apprendre à lire seulement, à moins que l'on remarque chez un élève « *des semences de lumière* » et d'ouverture pour les sciences, « *ce qui mériterait de faire une exception !* ».

Plus tard encore, au XVIIIe siècle, les philosophes des Lumières sont divisés lorsqu'ils abordent le domaine de l'éducation et de l'instruction. L'hostilité de Voltaire (1694-1778) à l'instruction du peuple apparaît dans sa correspondance à plusieurs reprises. À La Chalotais (1701-1785), procureur général au parlement de Bretagne, qui dans son *Essai d'éducation nationale* affirmait que « *le bien de la société demande que les connaissances du peuple ne s'étendent pas plus que ses occupations* », Voltaire écrit en 1763 : « *Je vous remercie de proscrire l'étude chez les laboureurs.* » En 1766, il écrit : « *Il me paraît essentiel qu'il y ait des gueux ignorants… Ce n'est pas le manœuvre qu'il faut instruire, c'est le bon bourgeois.* »

L'opposition de Rousseau (1712-1778) à l'instruction du peuple est motivée par l'idée qu'il ne faut pas, à ses yeux, éloigner l'homme de l'état de nature. C'est pourquoi il écrit dans la *Nouvelle Héloïse* (1761) : « *N'instruisez pas l'enfant du villageois, car il ne lui convient pas d'être instruit.* » Ainsi, le programme éducatif de l'*Émile* (1762) n'est pas destiné aux enfants du peuple.

Toutefois, Diderot (1713-1784) dans ses entretiens avec Catherine II, se révèle un défenseur convaincu de l'instruction du peuple. Pour lui, un « *paysan qui sait lire et écrire est plus malaisé à opprimer qu'un autre* ». De même, Montesquieu (1689-1755) souhaite que le « *petit peuple soit éclairé* ».

Mais c'est le courant des physiocrates qui se montre le plus constant dans la défense de l'instruction du petit peuple. Du Pont de Nemours (1739-1817), disciple de Quesnay, dans son *Mémoire sur les municipalités,* insiste sur la nécessité de former tous les citoyens. Il promet au roi que, si l'instruction universelle est organisée, « *d'ici dix ans, sa nation ne sera pas reconnaissable* ».

Turgot (1727-1781), intendant de la généralité de Limoges, influencé par les physiocrates, adresse en 1761 une lettre à l'abbé Millot où il souhaite que l'on rédige un manuel à l'usage des écoles élémentaires et indique : « *Ce n'est pas à vous qu'il faut prouver qu'un paysan a les mêmes organes qu'un homme né dans une ville.* »

Le président Rolland d'Erceville, dans le plan de réforme de l'enseignement qu'il présente au parlement en 1768, s'exprime clairement en faveur de l'éducation de tous les habitants du royaume : « *La science de lire et d'écrire,* dit-il, *est la clé de toutes les autres sciences, et doit être universellement répandue.* »

Les philosophes, à la fin de l'Ancien Régime, soulignent l'importance de l'instruction. Diderot (1713-1784), mais aussi Helvétius (1715-1771), qui collabore à l'*Encyclopédie,* condamnent tous ceux qui veulent « *retenir le peuple dans les ténèbres de l'ignorance* ».

Le baron d'Holbach (1723-1789), lui aussi collaborateur de l'*Encyclopédie*, lutte en faveur de l'instruction du peuple. Pour lui, en effet, l'ignorance détruit tout esprit critique, favorise la superstition et les préjugés. Instruire le peuple, selon d'Holbach, est la meilleure voie pour l'amener à se libérer de la tyrannie des rois et des prêtres.

Toutefois, malgré ces prises de position très favorables à l'instruction du peuple, l'hostilité à la généralisation de l'éducation dans le royaume est clairement exprimée dans de nombreux ouvrages pédagogiques. Ainsi, Louis Philippon de La Madelaine dans ses *Vues patriotiques sur l'éducation du peuple tant des villes que des campagnes* (1783), écrit : « *Je le dis hardiment : il n'y aura jamais de bonne éducation pour le peuple si l'on ne commence à faire disparaître du milieu des bourgs et des campagnes ces recteurs d'école qui dépeuplent également nos champs et nos ateliers.* » Ainsi, l'on craint que l'instruction ne détourne les enfants des familles modestes des travaux des champs ou, en ville, des ateliers et des manufactures.

En 1760, l'intendant de Guyenne écrit : « *Je suis bien éloigné de penser qu'il faille multiplier dans les bourgs et les villages les maîtres d'école qui ne produisent souvent d'autre effet que de faire des paysans des demi-savants.* » Cette opinion est partagée par de nombreux intendants, même éclairés, comme d'Étigny, à Auch. Des conseils de ville se trouvent ainsi encouragés, comme à Apt, dans le comté de Provence, en 1784, à supprimer la subvention accordée auparavant aux Frères des Écoles chrétiennes en prétextant que « *les écoles gratuites tendent à enlever à l'agriculture un grand nombre de bras* ».

En fait, le bas clergé reste le plus souvent le meilleur défenseur de l'éducation du peuple, comme le montre une lettre des curés de Vézelay à leur évêque en 1769 : « *Il n'est pas possible,* écrivent-ils, *de former de vrais adorateurs de Dieu, de fidèles sujets du roi, de bons citoyens sans le secours de l'instruction.* »

Cependant, pour le clergé, l'enseignement pastoral doit l'emporter sur l'instruction proprement dite. Au début du règne de Louis XIV, l'Église et le pouvoir royal s'efforcent de développer l'enseignement élémentaire pour lutter contre le protestantisme. Il faut noter cependant qu'ils accordent une plus grande importance à l'instruction religieuse qu'à l'enseignement profane.

Lorsque le protestantisme sera affaibli, le pouvoir royal n'accordera plus un soutien aussi important aux écoles primaires. L'Église elle-même souligne les effets pernicieux de l'école comme, en 1773, le curé F.-L. Réguis soutenant que « *tout ce qu'il y a de plus simple, de plus innocent, de plus chrétien ne sait ni lire, ni écrire* ». Aux yeux de ce prêtre, l'école pervertit les paroissiens, qui fréquentent désormais plus souvent les cabarets et s'adonnent au libertinage !

Ainsi, le pouvoir royal a encouragé les « petites écoles » pour lutter contre le protestantisme pendant le Contre-Réforme. Mais, lorsque le danger de l'influence huguenote sera écarté, après la révocation de l'édit de Nantes le 18 octobre 1685, l'enseignement élémentaire n'est plus perçu comme une priorité. Le développement de l'enseignement élémentaire ne figure que très rarement dans les cahiers de doléances en 1789.

Le maître d'école : recrutement et salaire

Le recrutement des maîtres d'école revêt parfois des modalités pittoresques dans les campagnes. Ainsi, dans le Dauphiné, au début de l'automne, l'on voit des montagnards aller dans les foires de Provence ou dans la vallée du Rhône se louer comme maîtres d'école pendant la mauvaise saison. Ils mettent une plume d'oie au chapeau lorsqu'ils n'enseignent que la lecture, deux plumes pour la lecture et l'écriture, trois plumes lorsque s'y ajoute le calcul, limité aux quatre opérations !

Dans la seconde moitié du XVIIIe siècle avec le développement de la presse provinciale, l'on recrute parfois les maîtres d'école par petites annonces. Ainsi, dans le *Journal de Troyes* du 29 décembre 1784, un candidat recherchant un emploi de maître d'école vante ses mérites dans une petite annonce en ces termes : « *Un jeune homme d'une conduite régulière voudrait trouver dans quelque village du diocèse une place de maître d'école… Il possède assez bien le plain-chant et sait les premières règles de l'arithmétique… du reste, il a beaucoup d'intelligence, une bonne volonté et des dispositions qu'il est sage de mettre à profit car il n'a que dix-neuf ans.* »

Bien souvent, les responsables paroissiaux ou communaux sont contraints d'admettre le seul postulant qui se présente, malgré ses insuffisances.

Le curé joue souvent un rôle important dans le recrutement, compte tenu de sa compétence intellectuelle. L'édit royal de 1606, repris en 1695, déclare que les régents de village doivent être approuvés par le curé de la paroisse ainsi que par l'évêque qui, de plus, a le droit d'inspecter les maîtres d'école dans ses visites pastorales et de les destituer en cas de manquement aux bonnes mœurs ou d'insuffisance pédagogique.

Le recrutement d'un maître d'école dans un village est officialisé par un contrat, conclu parfois devant notaire et homologué par l'intendant. Ces contrats sont dans certains cas renouvelés de génération en génération. L'on rencontre ainsi de véritables dynasties de maîtres d'école dans des paroisses de Saintonge ou de Franche-Comté.

Dans les villes, le recrutement des maîtres d'école est réalisé selon des modalités très différentes de celles que l'on peut observer dans les campagnes. L'on trouve en effet au milieu du XVIIe siècle des écoles de différents types. Il y a encore, près des cathédrales, des écoles qui rappellent les écoles épiscopales du Moyen Âge. On y forme de petits groupes d'enfants qui ont un enseignement à la fois musical et traditionnel (écriture, lecture, calcul) préparant aux fonctions d'organiste.

Dans quelques grandes villes, comme à Rouen, l'on trouve encore une structure corporative de maîtres-écrivains (40 maîtres-écrivains encore au XVIIIe siècle). Ils revendiquent le monopole de l'enseignement de l'écriture.

Cependant, il arrive que l'enseignement élémentaire soit assuré par des maîtres privés qui dispensent un enseignement payant à de petits groupes d'élèves, soit chez eux, soit au domicile de leur clientèle. À Angers, vers 1770, ils sont 46. Toutefois, ils ne peuvent en principe enseigner sans la permission de l'évêque. Mais le contrôle est difficile à réaliser dans les grandes villes où de nombreux maîtres privés enseignent sans autorisation. En l'absence d'obligation scolaire, il n'y a pas d'âge pour commencer les premiers apprentissages de l'écriture, de la lecture et du calcul. Aussi, dans ces groupes d'élèves, l'on peut rencontrer à la fois des adultes et des enfants.

D'une manière générale, comme précédemment au XVIe siècle et dans la première moitié du XVIIe siècle, la nomination d'un maître d'école dépend à la fois de celui qui le paie (commune, fondateur d'une école, clergé, association de notables) et de celui qui détient le pouvoir politique ou moral (seigneur, évêque, curé…).

Au XVIIe siècle, les communautés villageoises demandent que les écoles soient prises en charge par l'Église. Les cahiers de doléances de la région de Troyes en 1614 souhaitent que l'entretien du maître soit assuré par un prélèvement sur les revenus des biens ecclésiastiques ou par un prélèvement sur la dîme.

Les déclarations royales de 1698 et de 1724 prévoient qu'en l'absence d'autres fonds une imposition de 150 livres par an pour les maîtres et de 100 livres pour les maîtresses sera levée sur les habitants.

Au XVIIIe siècle, en dernière analyse, il apparaît que la rémunération des maîtres est assurée par des modalités de nature très diverse. Dans l'est du royaume, le maître perçoit une partie de la dîme. Cependant, la plupart du temps, les ressources nécessaires pour rétribuer le maître proviennent d'un impôt perçu sur les habitants. Les parents les plus riches versent un droit d'écolage au maître dont le montant varie selon le niveau d'enseignement. La fabrique, qui gère les ressources de la paroisse, verse aussi une somme d'argent en raison des services que le maître rend à l'Église.

Lorsque le maître est célibataire, il est parfois nourri par les familles de ses élèves qui contribuent à tour de rôle à cette aide en nature. Par ailleurs, à la campagne, les maîtres exercent très souvent un second métier qui complète les ressources prévues par les communautés villageoises.

Écoles payantes et écoles gratuites

Dans les écoles payantes, le coût de la scolarisation pour les parents est variable selon les matières enseignées et la notoriété du maître.

En 1778, un maître d'école ouvrant une école à deux classes au Mans demande pour la « petite classe », destinée à la « pauvre jeunesse », 20 à 25 sols par élève et par mois, et pour la « grande classe », réservée à la bourgeoisie, 40 à 50 sols par élève et par mois. Or à la même époque, un manœuvre rouennais gagne 16 sols par jour. Certains compagnons qualifiés gagnent 30 sols par jour. Il est donc difficile dans ces familles d'envisager une scolarisation payante des enfants.

Les fonctions multiples d'un régent d'école villageoise

Les fonctions imposées au maître d'école dans les villages sont nombreuses. Ainsi, en 1788, dans un village proche de Melun, le régent doit « *apprendre aux enfants à servir la sainte messe, assister et chanter aux offices… et généralement à tout le culte religieux* ». Il doit aussi « *assister et accompagner le curé dans l'administration des sacrements…, faire les fonctions de clerc et de sacristain…, sonner l'Angelus…, prendre soin de l'horloge de la paroisse…, veiller à ce que l'on prépare les ornements nécessaires…, préparer l'autel…, apprendre à lire, écrire, compter aux enfants, leur faire le catéchisme* ».

Une étude portant sur 53 contrats signés en Franche-Comté, de 1712 à 1770, confirme que le maître d'école est d'abord un auxiliaire du curé avant d'être un enseignant. Le régent est, en fait, le factotum du curé. On lui demande aussi parfois de faire toutes les écritures nécessaires à l'administration de la commune.

L'enseignement payant des maîtres privés n'est donc possible que pour les couches sociales aisées de la bourgeoisie ou de la moyenne bourgeoisie. Il existe cependant, pour les pauvres, des écoles gratuites qui se développent au XVIIe siècle. Ainsi, la Compagnie du Saint-Sacrement (association de pieux notables à l'époque de Louis XIII), les congrégations de laïcs dévots liées aux jésuites, les jansénistes ainsi que des personnalités connues pour leur action charitable, comme Monsieur Vincent, Charles Démia, Pierre Fourrier ou Jean-Baptiste de La Salle fondent des congrégations ou des sociétés destinées à la formation des maîtres.

Charles Démia, prêtre séculier, joue un grand rôle à Lyon, à partir de 1666, dans le développement des écoles charitables. En 1672, Démia reçoit la direction de toutes les écoles gratuites du diocèse ainsi d'ailleurs que la direction des écoles payantes. À sa mort, en 1689, il laisse à Lyon 16 écoles gratuites de garçons et de filles.

La maîtresse d'école, de son côté, n'a pas pour fonction essentielle d'enseigner les rudiments de la lecture, de l'écriture et du calcul. Elle doit être en mesure d'apporter des soins aux malades. Un grand nombre de ces maîtresses dépendent de congrégations religieuses. En 1729, à Rouen, les sœurs d'Ernemont reçoivent pour mission « *d'élever et former des filles capables d'enseigner à lire, à écrire et à calculer, qui puissent faire aussi le catéchisme aux personnes de leur sexe, panser les plaies et avoir soin des pauvres malades* ». La maîtresse est non seulement enseignante mais aussi infirmière dans son village.

Il est rare qu'une formation professionnelle soit prévue pour les maîtresses d'école. Toutefois, en Normandie et en Lorraine, cette formation est organisée. Ainsi, à Rouen, les sœurs d'Ernemont, qui dirigent 106 écoles au début de la Révolution de 1789, assurent une formation pédagogique rudimentaire pour leurs maîtresses d'école. En Lorraine, de nombreuses maîtresses reçoivent également une formation. C'est d'ailleurs dans ces deux provinces que les taux d'alphabétisation sont les plus élevés à la fin de l'Ancien Régime.

En 1670, à Rouen, il existe 4 écoles gratuites fondées par Adrien Nyel.

Jean-Baptiste de La Salle (1651-1719) fonde en 1682 l'institut des frères des Écoles chrétiennes voué à l'éducation des enfants pauvres. L'institut est constitué de religieux non clercs, à vœux simples, qui obéissent à une règle. Jeune chanoine de Reims, Jean-Baptiste de La Salle abandonne canonicat et patrimoine pour vivre dans la pauvreté. Il est d'abord à la tête d'une communauté d'un millier de filles avant de créer les premières écoles de garçons. Il s'installe en 1688 à Paris, puis en province. Il rédige en 1717 un ouvrage, *Conduite des écoles,* qui restera une référence pour tous les frères de l'institut.

L'institut des frères n'a cependant aucune reconnaissance officielle avant 1724, soit cinq ans après la mort de Jean-Baptiste de La Salle. Les frères des Écoles chrétiennes rencontrent de farouches opposants, notamment certaines municipalités peu favorables à l'instruction du peuple, les maîtres privés et les maîtres-écrivains qui repprochent aux frères de scolariser non seulement les enfants pauvres mais aussi des enfants de parents riches ou aisés. Cette hostilité existe encore dans la seconde moitié du XVIIIe siècle.

Les écoles des frères rencontrent un grand succès, qui est dû à la qualité de l'enseignement dispensé par les maîtres spécialement formés. Jean-Baptiste de La Salle a créé en effet un noviciat où l'on forme les futurs enseignants. Il existe ainsi un noviciat à Rouen dès 1705 ; d'autres lieux de formation sont ouverts ainsi à Avignon en 1729, à Montauban en 1770.

À la fin de l'Ancien Régime, la carte scolaire où sont implantées les écoles des frères montre deux zones où ces écoles sont nombreuses : l'une au nord d'une ligne Avranches-Chartres-Dijon avec une forte densité dans le nord-est du Bassin parisien ; l'autre est localisée dans le sud-est avec une extension vers le Haut-Languedoc, le Rouergue et le Quercy. En revanche, il n'y a aucune école des frères dans la zone délimitée par le triangle Nantes-Moulins-Pau, à l'exception de la ville de Bordeaux. En 1777, les frères scolarisent 33 000 élèves dans 441 classes. En 1790, ils accueillent 35 700 élèves dans 520 classes.

L'enseignement charitable des filles

Dès les premières années du XVIIe siècle apparaissent des congrégations destinées à l'enseignement des filles. Ces écoles de filles s'adressent aux filles des villes ou des bourgs dont les familles n'ont pas les ressources nécessaires pour confier l'instruction de leurs enfants à des maîtres privés.

Ainsi, les ursulines ont 65 maisons en France en 1620 et plus de 300 vers 1670. La congrégation Notre-Dame, fondée en 1598, comprend en 1640 une cinquantaine d'établissements en France et en Allemagne. En 1789, l'on en recense 84 et plus de 4 000 religieuses. Les ursulines et la congrégation Notre-Dame ont en fait deux clientèles : d'une part, une clientèle d'externes issue de familles pauvres, qui reçoit un enseignement gratuit et élémentaire, d'autre part, une clientèle d'élèves pensionnaires issue de familles aisées avec un niveau d'enseignement plus élevé. En revanche, d'autres ordres comme les visitandines, créées en 1610 par François de Sales et Jeanne de Chantal, ne reçoivent que des pensionnaires.

Ces fondations coexistent avec des congrégations séculières, dont les enseignants n'appartiennent à aucun ordre religieux.

Parfois, une congrégation comme celle des filles de la Charité (sœurs de Saint-Vincent-de-Paul), fondée par Vincent de Paul et Louise de Marillac et confirmée par le pape en 1668, assure à la fois les soins aux malades, la catéchèse et l'enseignement des filles. Quelques congrégations, comme celle des dames de Saint-Maur, ont un grand rayonnement. Elles ont en 1789 plus de 50 maisons, notamment dans le sud de la France. Elles reçoivent le soutien de madame de Maintenon. De même, la congrégation de la Sagesse, fondée en 1719 à Saint-Laurent-sur-Sèvre par Grignion de Montfort, compte 66 maisons à la fin de l'Ancien Régime.

Les filles de la bourgeoisie ou de la noblesse sont soit accueillies comme pensionnaires par des congrégations de renom comme les visitandines ou les ursulines, soit scolarisées auprès de maîtresses laïques privées dont les cours sont payants, soit instruites dans leurs familles par des préceptrices.

L'alphabétisation en France – Les progrès de la langue française

À la fin du XVIIe siècle, l'on observe une opposition dans la carte d'alphabétisation entre une France du Nord et de l'Est plus instruite et une France du Sud et de l'Ouest où l'alphabétisation est plus faible. Toutefois, dans la France du Sud, les Hautes-Alpes ont un bon score d'alphabétisation ; 67 % des hommes y signent par leur nom à l'époque de Louis XIV. De même, quelques provinces comme l'Aunis, la Saintonge, le Béarn et la bordure orientale du Massif central ont un bon niveau de scolarisation.

Le rôle de l'Église catholique est donc important dans la scolarisation des enfants au cours des XVIIe et XVIIIe siècles. La Réforme catholique encourage la création des écoles primaires, notamment à la campagne. Mais le protestantisme joue également un rôle important. Les protestants souhaitent que tous les enfants des familles protestantes sachent lire et écrire. L'alphabétisation est forte dans les provinces où le protestantisme est implanté, ainsi dans le Poitou, l'Aunis et la Saintonge, le Béarn, la bordure orientale du Massif central, les Cévennes, le Vivarais, le Diois (Préalpes françaises) ou la Basse-Normandie. Toutefois, dans le Languedoc, les campagnes protestantes n'ont pas un taux d'alphabétisation supérieur à celui enregistré dans les zones rurales catholiques. L'interdiction totale, dès 1679, des écoles protestantes constitue un frein réel à la scolarisation en milieu rural.

Il semble par ailleurs que la scolarisation soit meilleure dans les régions d'habitat groupé où les écoles sont plus nombreuses. La dispersion de l'habitat rend plus aléatoire la fréquentation régulière des écoles. De même, les écoles sont plus rares dans les zones montagneuses. Mais il y a des exceptions remarquables, notamment les Hautes-Alpes, les Basses-Alpes ou le Dauphiné, qui ont un bon taux d'alphabétisation.

La langue française, langue des administrateurs, des hommes de loi, est la langue de l'écrit. Elle doit donc être apprise à l'école. De même, elle est la langue nécessaire dans les échanges inter-régionaux. Il faut noter cependant que la grande majorité des Français s'expriment habituellement dans les langues régionales (patois ou dialectes régionaux). Seule une minorité essentiellement urbaine s'exprime en français. À l'origine, le français est surtout parlé dans le Bassin parisien. Il progresse ensuite lorsque, en 1539, l'édit de Villers-Cotterêts ordonne que les arrêts et les procédures administratives soient rédigés en français.

Les langues régionales sont parlées mais rares sont ceux qui lisent un texte écrit en langue régionale. Le patois est la langue usuelle du peuple et du commerce. On parle en breton, en langue d'oc, en basque sans communiquer par écrit.

Le fonctionnement des écoles primaires – Les locaux et le mobilier

La salle de classe, dans une école primaire aux XVIIe et XVIIIe siècles, reste un lieu modeste et souvent peu confortable. Située dans une maison qui sert aussi de logement au maître, elle est peu adaptée à la scolarisation de jeunes enfants. Dans un cahier de doléances de l'Artois en 1789, les habitants d'un village soulignent que les élèves sont entassés dans un espace trop exigu où règne parfois une chaleur suffocante en hiver, lorsqu'un poêle est allumé en permanence tout près des élèves.

Le mobilier est toujours modeste. Quelques tables et des bancs suffisent pour accueillir les enfants. Parfois, la salle de classe est plus confortable comme dans l'école bourguignonne évoquée par Rétif de La Bretonne (1734-1806) dans son ouvrage *La vie de mon père* (1779). Les élèves sont placés sur deux bancs le long des grands côtés de la pièce, avec, à la droite du maître, les garçons assis autour d'une grande table ; à la gauche du maître, les filles ne disposent d'aucune table pour travailler.

Dans les écoles urbaines, l'organisation de la classe est conçue avec une plus grande précision. L'école, recommande Jacques de Batencour, prêtre de Saint-Nicolas-du-Chardonnet en 1654, doit être située dans un lieu tranquille à l'écart des rues les plus bruyantes. L'architecture de l'école est conçue par Jean-Baptiste de La Salle de telle sorte que les fenêtres ne soient pas situées au niveau de la rue, ce qui permettrait aux passants de regarder ce qui se passe dans la classe. La salle de classe est organisée pour que chaque élève ait une place en fonction de son niveau d'études. Les enfants qui lisent sans écrire sont assis sur de simples bancs ; ceux qui apprennent à écrire disposent d'une table. Dans une autre partie de la salle de classe, sont assis autour d'une table ceux qui apprennent le latin. Il y a ainsi trois niveaux aménagés dans la salle de classe en fonction de l'enseignement suivi par les enfants.

De plus, l'on veille à séparer les enfants issus de familles aisées et ceux appartenant à des familles pauvres, dont les habits sont sales et malodorants.

Les méthodes pédagogiques

L'apprentissage de la lecture

La méthode individuelle, la plus utilisée aux XVIIe et XVIIIe siècles, conduit à une importante perte de temps. Les enfants que le maître ne sollicite pas individuellement restent désœuvrés.

L'emploi de la méthode individuelle s'explique par la grande hétérogénéité des niveaux des élèves, qui fréquentent l'école d'une manière irrégulière. Les enfants les plus jeunes sont en général présents chaque jour car les parents ne peuvent leur confier des travaux à la maison. Dès le printemps, à la campagne, l'absentéisme est fréquent. Il arrive que des écoles ferment à Pâques pour ne rouvrir qu'en octobre ou novembre.

De plus, chaque enfant possède un livre différent de celui de son camarade de classe. Jusqu'à la fin du XVIIe siècle, l'on apprend d'abord à lire en latin.

Les librairies et, dans les campagnes, le colportage diffusent des abécédaires en latin. Parmi les plus connus, l'on peut noter, dès le début du XVIe siècle, *La Croix de Dieu* ou *Croix de par Dieu* évoquée par Molière dans *Monsieur de Pourceaugnac* et, à la fin du XVIIe siècle, le *Rôti Cochon* ou *Méthode très facile pour bien apprendre à lire en latin et en français*, qui présente des images accompagnés d'une double phrase en latin et en français. Le titre de cette méthode s'explique par l'image qui figure en titre, un cochon à la broche !

Le latin présente de réels avantages pour les pédagogues de cette époque. Toutes les lettres des mots écrits en latin se prononcent, contrairement au français. Les accents régionaux des dialectes souvent parlés par les élèves ne sont pas une gêne pour la prononciation des mots.

Il y a des stades successifs dans l'apprentissage de la lecture.

– L'enfant commence d'abord à apprendre les lettres en différents caractères. Chaque consonne est prononcée de la manière habituelle et conventionnelle (bé, cé, dé, erre, enne…) ce qui pose un réel problème lorsque l'on arrive à la prononciation des syllabes. Rétif de La Bretonne, dans son ouvrage *Monsieur Nicolas ou le cœur humain dévoilé*

(1794-1797), souligne ces difficultés de prononciation. Cette méthode est critiquée au milieu du XVIIe siècle par les pédagogues de Port-Royal.

– Après l'étude des lettres, l'on passe à la lecture des syllabes par assemblage des consonnes et des voyelles.

– Dès que l'on parvient à une bonne connaissance des syllabes, l'on peut procéder à la lecture des mots et des phrases.

Quelques pédagogues, peu nombreux, proposent une méthode inverse qui part du mot que l'on décompose en syllabes avant de reconnaître les lettres dans les syllabes.

L'apprentissage de la lecture se fait en latin. À Lyon, Charles Démia, dans ses écoles, n'autorise le français qu'au moment où les élèves parviennent à lire sans difficulté des phrases en latin. Cependant l'apprentissage en français tend à se généraliser. Chez les religieuses de Notre-Dame, les élèves lisent en latin le matin, en français l'après-midi. Plus tard, ces élèves ne lisent en latin qu'une fois par semaine. La méthode *Le Rôti-Cochon* facilite ce double apprentissage en latin et en français puisque chaque image présentée dans le livre de lecture est accompagnée d'une phrase en latin ainsi que d'une phrase en français.

Il faut attendre Jean-Baptiste de La Salle (1651-1719) pour que la priorité soit donnée au français dans l'apprentissage de la lecture. L'on considère désormais qu'un premier apprentissage en latin constitue une perte de temps.

Par ailleurs, Jean-Baptiste de La Salle introduit une nouvelle organisation des classes, qui conduit à une meilleure efficacité dans l'apprentissage. Les élèves sont répartis en groupes distincts en fonction de leur niveau. Cela permet d'abandonner la méthode individuelle génératrice d'une grande perte de temps. Cette méthode nouvelle, que l'on appelle « simultanée », s'était déjà développée au XVIIe siècle dans l'est de la France, où l'on distinguait dans les écoles de Pierre Fourier trois niveaux de lecture. Le premier niveau était celui de l'abécédaire ; le deuxième niveau celui du livre imprimé ; le troisième niveau, dit supérieur, était réservé aux élèves pouvant lire des registres manuscrits.

L'utilisation de la méthode simultanée entraîne une transformation du matériel pédagogique. L'on propose désormais aux élèves de lire à partir de textes écrits sur des tableaux suspendus aux murs de la classe. Les enfants manipulent sur des tables des lettres, puis des syllabes. Dès que le maître en juge la possibilité, l'on passe à la lecture de livres qui sont les mêmes pour tous les élèves.

La méthode simultanée occupe tous les élèves d'un même groupe en fonction de leur niveau. Le calme règne dans la classe où aucun élève n'est inoccupé.

L'émulation est fortement sollicitée. Chaque groupe d'élèves est structuré et hiérarchisé. Les meilleurs élèves encadrent leurs camarades et leur apportent un soutien pédagogique. Ainsi, la *Méthode des écoles charitables pour le diocèse de Poitiers* recommande au maître de choisir, pour le bon fonctionnement de la classe, des enfants parmi « *les plus sages et les plus savants* ». Cette aide est précieuse dans des classes dont les effectifs sont importants et atteignent parfois une centaine d'élèves. Cette organisation pédagogique sera utilisée plus tard dans les écoles mutualistes au XIXe siècle.

L'apprentissage de l'écriture

Après la lecture, l'on peut passer à l'apprentissage de l'écriture. Certains élèves cependant en restent à la lecture. Ceux qui apprennent à écrire franchissent une nouvelle étape qui coûte plus cher aux parents. L'élève doit se munir de papier et de deux plumes d'oies. Apprendre à tailler sa plume est essentiel pour maîtriser l'écriture dans les meilleures conditions.

La manière de tenir sa plume est très précise. Jean-Baptiste de La Salle recommande de donner aux élèves débutants un bâton où l'on indique la position des doigts.

L'apprentissage de l'écriture s'effectue essentiellement à partir d'un modèle que le maître trace en haut d'une feuille. L'élève recopie ce modèle jusqu'à ce qu'il parvienne à une copie correcte. Les frères des Écoles chrétiennes établissent une progression précise dans cet apprentissage en distinguant 12 degrés. L'on commence au premier degré par reproduire les lettres O et I ; puis le deuxième degré prévoit l'écriture des lettres C, F et M. L'on poursuit ainsi jusqu'à ce que l'ensemble des lettres de l'alphabet soient reproduites d'une manière satisfaisante.

L'écriture d'une même lettre est réalisée dans différents types d'écriture : écriture romaine, capitale, italique, minuscule et majuscule.

L'on enseigne les pleins et les déliés. L'élève doit en outre respecter la hauteur, la largeur et l'inclinaison de chaque lettre. L'objectif n'est pas cependant de parvenir à une écriture artistique telle que celle pratiquée par les maîtres-écrivains. Il s'agit avant tout d'écrire correctement, lisiblement et rapidement.

L'écriture est néanmoins peu maîtrisée par les élèves des écoles rurales ou dans les écoles charitables de la ville. De nombreux maîtres n'enseignent que la lecture.

Dans leurs écoles, les ursulines enseignent avant tout la lecture aux filles de familles pauvres. Elles préfèrent leur enseigner les moyens de gagner leur vie (couture, tricot, tapisserie), comme dans les écoles de Saint-Malo ou de Rouen, ou bien leur apprendre à effectuer les travaux domestiques essentiels (cuisine, hygiène).

Lorsque l'élève sait écrire, il peut aborder l'orthographe. Les ursulines et les religieuses de la congrégation Notre-Dame l'enseignent dans leurs écoles un jour par semaine. Chez les frères des Écoles chrétiennes, la correction du texte écrit s'effectue immédiatement après l'exercice de dictée. Il existe de petits traités d'orthographe pour débutants. Les adultes peuvent utiliser des manuels ou des dictionnaires d'orthographe, comme le *Traité d'orthographe* de Restaud.

L'enseignement du calcul

Les élèves ne commencent l'apprentissage du calcul que lorsqu'ils maîtrisent lecture et écriture. Tous les maîtres ne l'enseignent pas. Dans les écoles charitables, les congrégations féminines se limitent à l'enseignement de la lecture et de l'écriture.

L'arithmétique, peu enseignée au cours des siècles précédents, commence à être abordée. Charles Démia, dans ses *Règlements pour les écoles de la ville et diocèse de Lyon,* et Charles Batencour, dans son ouvrage *L'école paroissiale,* indiquent une méthode pédagogique à suivre pour cet enseignement. Les frères des Écoles chrétiennes consacrent deux séances d'une heure par semaine à l'arithmétique.

Au XVIe siècle, l'on utilise pour le calcul un système de jetons dérivé de l'abaque, table à calcul donnant par simple lecture la solution d'un problème numérique. Cette méthode reste cependant insuffisante. Les maîtres enseignent donc désormais la valeur des nombres (unités, dizaines, centaines…) et des chiffres ainsi que les 4 opérations, la règle de trois et la preuve par neuf. Des manuels apportent une aide précieuse aux maîtres et aux élèves, ainsi l'*Arithmétique en sa perfection*, publié en 1745.

Des progrès sensibles de l'alphabétisation au XVIIIe siècle

Des progrès sensibles ont été réalisés au XVIIIe siècle en France. L'étude effectuée par Louis Maggiolo, recteur de l'académie de Nancy, dans 78 départements, permet de mettre en lumière, dans une approche globale, l'opposition de deux France de part et d'autre d'une ligne allant de Saint-Malo à Nancy : la France du Nord où l'alphabétisation a progressé et la France du Sud où celle-ci est plus faible. Cette enquête, portant notamment sur deux périodes (1686-1690 et 1786-1790), est confirmée par les résultats des travaux récents de François Furet et de Jacques Ozouf, surtout lorsqu'il s'agit des écoles rurales.

Il faut cependant relativiser cette opposition de deux France en prenant en compte trois éléments qui sont souvent déterminants : domicile rural ou urbain, niveau social et sexe. Dans la plupart des cas, le taux d'alphabétisation est plus élevé dans les villes que dans les campagnes. À Paris, Pierre Chaunu recense, pour la période de 1750 à 1800, 91 % des hommes et 80 % des femmes sachant signer leur testament alors que, dans la deuxième moitié du XVIe siècle, ces taux étaient respectivement de 52,5 % pour les hommes et de 28,2 % pour les femmes.

On peut donc observer une importante évolution de l'alphabétisation à Paris pendant les Temps modernes. Il faut cependant souligner que ces actes ne concernent pas toute la population et laissent donc subsister une grande marge d'incertitude. Il faut noter par ailleurs qu'il est possible de réaliser une signature apprise par cœur pour une circonstance importante (mariage ou testament) sans être capable d'écrire un texte spontanément et correctement.

À Rennes, Jean Quéniart estime qu'à la fin du XVIIe siècle les hommes signent à 46 % les actes de mariage, les femmes à 32 %.

À Aix-en-Provence, selon Michel Vovelle, 34 % des hommes et 13 % des femmes seulement savent signer à la fin du XVIIe siècle. Cette faiblesse de l'alphabétisation dans le sud de la France reste difficile à expliquer, surtout si l'on prend en compte la place importante accordée par les protestants à l'enseignement élémentaire et l'action conduite par Louis XIV à partir de 1669 pour lutter contre les huguenots en développant les écoles catholiques. La Déclaration royale du 13 décembre 1698 avait en effet posé le principe d'une obligation scolaire sous l'égide de l'État et le contrôle de l'Église catholique.

L'enseignement élémentaire dans les écoles primaires au XVIIe siècle et au XVIIIe siècle progresse au fil des décennies. Les Églises protestante et catholique contribuent fortement à ce développement. Huguenots et catholiques rivalisent pour accroître leur influence sur la jeunesse rurale et urbaine. L'interdiction totale des écoles protestantes dès 1679 freine la scolarisation dans les provinces huguenotes. Mais la volonté de Louis XIV d'assurer l'influence de la religion catholique dans tout le royaume donne un nouvel élan au développement de l'enseignement élémentaire.

La Déclaration royale du 13 décembre 1698 impose en effet l'obligation scolaire sous l'égide de l'État et de l'Église. La scolarisation des filles progresse sous l'impulsion des congrégations religieuses. Les méthodes pédagogiques deviennent plus efficaces, notamment grâce à l'action de Jean-Baptiste de La Salle et de ses écoles. Les frères des Écoles chrétiennes jouent un rôle important dans l'amélioration de la qualité de l'enseignement primaire.

Malgré les insuffisances que l'on peut observer, malgré une fréquentation irrégulière de l'école, notamment à la campagne, l'alphabétisation fait de réels progrès. À la veille de la révolution de 1789,

27 % des femmes signent leur acte de mariage alors qu'un siècle plus tôt ce pourcentage était inférieur à 10 %. Chez les hommes, 47 % peuvent signer leur acte de mariage à la même date contre 29 % à la fin du XVIIe siècle. L'enseignement de la lecture en français contribue à développer le rayonnement de la langue française mais de nombreux élèves continuent à s'exprimer dans la vie quotidienne dans leur langue régionale ou le patois de leur village. Bien que les écoles primaires soient, au fil des années, de plus en plus nombreuses, leur création n'est pas toujours perçue comme une priorité. Elle ne figure pas parmi les principales doléances populaires en 1789.

Des projets révolutionnaires au monopole napoléonien (1789-1815)

Les Révolutionnaires souhaitent transformer profondément la société française. Ils accordent une attention toute particulière à l'enseignement élémentaire. L'objectif prioritaire est de libérer le citoyen, tout particulièrement par l'éducation. Cependant, lorsque l'on analyse les cahiers de doléances des États généraux, il apparaît clairement que les Français, à la veille de la Révolution de 1789, envisagent moins une transformation radicale du système éducatif qu'un aménagement des écoles de l'Ancien Régime.

Le tiers état réclame la participation des autorités civiles au contrôle des institutions scolaires. Les principes de l'obligation et de la gratuité scolaires sont évoqués dans les cahiers de doléances mais l'on ne perçoit pas une volonté de généraliser l'instruction publique.

La Révolution française et l'éducation

Les révolutionnaires manifestent très rapidement un grand intérêt pour l'éducation des enfants. Ils souhaitent créer une nouvelle société autour des grands principes révolutionnaires : Liberté, Égalité, Fraternité qui doivent être au centre même de l'éducation. La volonté de rompre avec l'éducation de l'Ancien Régime suscite la conception et la diffusion de nombreux plans de réforme du système éducatif. Mais le modèle proposé dans les plans de réforme des révolutionnaires n'est plus celui de l'Antiquité classique.

Désormais, la raison doit seule guider ceux qui ont la responsabilité d'enseigner. La Révolution veut à la fois donner à chacun l'accès au savoir et assurer son bonheur. Les révolutionnaires ont donc l'ambition de développer très tôt les connaissances de l'enfant mais aussi de lui faire acquérir les vertus civiques républicaines. En quelques années, de 1792 à 1795, les débats autour de l'éducation se multiplient. Pour certains comme Daunou (1761-1840), prêtre constitutionnel et député à la Convention, l'État ne doit prendre en charge que l'instruction primaire et l'instruction professionnelle. La liberté de l'éducation doit être en revanche, selon eux, préservée dans l'enseignement secondaire. Partout se retrouve cependant la volonté de faire triompher la République et l'égalité des citoyens.

La survie des « petites écoles »

La Révolution française a décidé la fermeture des couvents et des établissements religieux. Toutefois, les écoles élémentaires, villageoises ou urbaines ne disparaissent pas. Les maîtres d'école restent en place. En fait, le pouvoir central révolutionnaire manifeste peu d'intérêt envers les « petites écoles », qui restent toujours sous la surveillance de l'Église.

L'école primaire reste, dans la majorité des paroisses, dirigée par des congrégations, des ordres religieux, des particuliers ou des communautés locales. Malgré les décisions de principe des assemblées révolutionnaires, les prêtres, les religieux ou les religieuses restent en place.

Après l'interdiction du culte catholique, de nombreux religieux trouvent dans l'enseignement élémentaire un moyen de survivre dans une société en pleine mutation. Il faut d'ailleurs souligner que la majorité des révolutionnaires sont favorables à la liberté de l'enseignement.

Les régents laïques, prêtres constitutionnels ou réfractaires profitent de la possibilité offerte par la loi du 7 vendémiaire an IV d'ouvrir des établissements d'enseignement. M. Gontard évoque dans son ouvrage

L'enseignement primaire le témoignage d'un curé de Seine-et-Oise qui déclare : « *J'ai chaque jour de la semaine cinquante à soixante enfants à instruire le matin et le soir.* »

La Constitution du 3 septembre 1791 proclame qu'il « *sera créé une instruction publique commune à tous les citoyens, gratuite à l'égard des parties d'enseignement indispensables pour tous les hommes* ».

De même, les décrets de septembre et décembre 1789 transfèrent aux pouvoirs civils « *la surveillance de l'éducation publique et de l'enseignement* ». Mais le décret du 2 novembre prévoit que les biens des établissements tenus par les corporations enseignantes ne sont pas mis à la disposition de la nation comme c'est le cas par ailleurs pour l'ensemble des biens du clergé. Avant de se séparer, la Constituante décrète le 26 septembre 1791 que « *tous les établissements d'instruction et d'éducation existant à présent dans le royaume continueront d'exister sous le régime actuel et suivant les mêmes lois qui les régissent* ». Si les congrégations sont interdites, leurs membres ont toujours l'autorisation d'enseigner à titre individuel.

Les plans Talleyrand (1791), Condorcet (1792), Lepeletier de Saint-Fargeau (1793) et Lakanal (1794)

Le plan présenté par Talleyrand le 10 septembre 1791, au moment où la Constituante va se séparer, reprend les idées essentielles des encyclopédistes. Le but ultime de l'éducation des enfants reste à ses yeux d'apprendre à vivre heureux et d'acquérir les savoir-faire utiles pour la vie quotidienne. Talleyrand prévoit trois degrés dans le « *système d'éducation* » qu'il conçoit. Le premier degré concerne tous les enfants du royaume. Le second s'adresse à ceux qui recherchent l'acquisition d'une culture générale. Le troisième degré est organisé pour les élites : juristes, officiers, ministres du culte, médecins. Le premier degré est assuré dans des écoles de canton (écoles primaires). Le deuxième degré est organisé dans des écoles de district (anciens collèges). Le troisième degré est, quant à lui, dispensé dans des écoles départementales (anciennes facultés supérieures). L'ensemble du système éducatif est placé sous le contrôle d'un Institut national. L'administration de l'enseignement est assurée par une Commission générale de l'instruction publique dont les membres sont nommés par le roi.

La liberté d'enseigner est reconnue à tous les citoyens. La gratuité est souhaitée pour les écoles primaires. Toutefois, Talleyrand n'envisage à aucun moment de proposer la laïcité et l'obligation scolaire. La religion est encore inscrite dans les programmes des écoles. Par ailleurs, l'éducation des filles n'est pas encore prise en compte. Talleyrand prévoit seulement un enseignement domestique et l'apprentissage de certains métiers dans des « couvents laïques ».

L'Assemblée législative (1er octobre 1791-21 septembre 1792) ne donne pas suite au projet de Talleyrand. La période girondine de la Législative est marquée par le plan Condorcet (1743-1794) présenté le 20 avril 1792 devant l'Assemblée. Pour Condorcet, député à l'Assemblée législative qu'il présida, l'éducation doit avoir deux objectifs : développer les aptitudes individuelles et poursuivre le « *perfectionnement de l'espèce humaine* ». L'illustre mathématicien fonde tout le système éducatif sur la liberté et la raison : « *Former d'abord la raison, instruire à n'écouter qu'elle, tel est le principe sur lequel l'instruction publique doit être combinée.* »

Condorcet prévoit cinq catégories d'établissements scolaires : écoles primaires, écoles secondaires, instituts, lycées, Société nationale des sciences et des arts. L'école primaire doit assurer la formation civique et pratique des enfants. Les sexes sont égaux devant l'instruction. L'école publique doit être laïque et gratuite ; elle affrontera la concurrence privée. Le programme prévu est ambitieux : lecture, écriture, arithmétique, grammaire, arpentage, leçons de choses, morale substituée à la religion. Comme Talleyrand, Condorcet ne retient pas le principe de l'obligation scolaire. Ce plan ambitieux et novateur à bien des égards ne sera pas mis en application.

La Convention (21 septembre 1792-26 octobre 1795) montre à son tour un grand intérêt pour l'éducation et l'instruction. L'acte constitutionnel du 24 juin 1793 précise que « *la société doit mettre l'instruction publique à la portée de tous les citoyens* ».

Robespierre présente le plan élaboré par Michel Lepeletier de Saint-Fargeau (1760-1793) devant la Convention, le 13 juillet 1793. Ce plan prévoit, pour tous les enfants « *depuis l'âge de 5 ans jusqu'à 12 ans pour les garçons et jusqu'à 11 ans pour les filles* », une éducation identique. Dans les maisons d'éducation nationale, le travail manuel est la base de l'instruction. Des sanctions sont prévues pour les élèves qui n'ont pas des résultats satisfaisants. Après l'âge de 12 ans, les élèves les plus doués poursuivent leur cursus scolaire par concours : écoles secondaires, instituts, lycées. Le plan de Michel Lepeletier de Saint-Fargeau met l'accent sur le degré élémentaire de l'instruction publique et prévoit l'obligation scolaire pour tous les enfants. Le plan est voté le 13 août 1793. Quelques projets moins ambitieux comme celui de Bouquier sont également examinés par la Convention. Le décret du 19 décembre 1793 affirme les principes de l'obligation scolaire et de la liberté d'enseignement. Les maîtres d'école sont rétribués par l'État. Le décret est effectivement appliqué. Sur les 23 000 écoles primaires prévues, on n'en compte cependant que 7 000 environ qui correspondent aux directives de la Convention.

Après la chute de Robespierre, le nouveau Comité d'instruction publique confie à Lakanal (1762-1845), député à la Convention, le soin de préparer un nouveau plan pour remplacer les dispositions prévues par le décret du 19 décembre 1793. Ce projet est approuvé par un nouveau décret (17 novembre 1794) qui maintient les principes de la liberté d'enseignement et de la gratuité mais supprime l'obligation scolaire. Dans un autre rapport présenté à la Convention le 23 octobre 1794, Lakanal demande la création d'une École normale à Paris, qui deviendra l'École normale supérieure et ouvrira ses portes le 20 janvier 1795.

La Constitution de l'an III (22 août 1795) et la législation Daunou

La Constitution de l'An III, adoptée le 22 août 1795, présente un article rédigé par Daunou (1761-1840), oratorien, membre du clergé constitutionnel et député de la Convention, qui concerne l'organisation de l'enseignement. Trois degrés sont prévus : les écoles primaires, les écoles supérieures (écoles centrales), l'Institut national. Un directeur de l'Instruction publique, subordonné du ministre de l'Intérieur, est placé à la tête des écoles.

Dans l'enseignement primaire, l'on observe une nette régression par rapport au décret de novembre 1794. Daunou supprime l'obligation scolaire et la gratuité, sauf pour les indigents. En revanche, la liberté de l'enseignement est maintenue.

La législation Lakanal-Daunou reste en vigueur pendant le Directoire (1795-1799) et le Consulat (9-10 novembre 1799-18 mai 1804). Dans l'enseignement primaire les écoles privées accueillent un nombre d'élèves de plus en plus important. Les disciplines enseignées sont réduites : lecture, écriture, calcul et éléments de morale républicaine. Le traitement des instituteurs n'est plus fixé. Leur compétence pédagogique est faible malgré la présence d'un « jury d'instruction » chargé de les évaluer. En fait, il devient de plus en plus difficile de recruter des instituteurs publics.

La séparation entre garçons et filles dans la scolarisation apparaît dès la fin de la Convention montagnarde. Le décret Lakanal du 17 novembre 1794 précise : « *Chaque école primaire sera divisée en deux sections, l'une pour les garçons, l'autre pour les filles ; en conséquence, il y aura un instituteur et une institutrice.* »

Le bilan par département de l'enseignement élémentaire en France, après l'enquête prescrite par le ministre de l'Intérieur Chaptal en 1801, souligne la médiocrité de l'instruction publique primaire. Ainsi, l'on note que dans le Pas-de-Calais « *la jeunesse est livrée à l'ignorance la plus profonde… la plupart des instituteurs primaires sont ineptes et incapables* ». Dans le département de la Côte-d'Or, « *on regrette les frères de la doctrine chrétienne et les ursulines* ». L'œuvre révolutionnaire dans le domaine de l'enseignement primaire reste négative. Les moyens financiers et humains ont été largement insuffisants pour mettre en application des plans généreux et ambitieux. Les grandes idées révolutionnaires inspireront plus tard, à la fin du XIXe siècle, les fondateurs de l'école républicaine.

L'Empire napoléonien et l'école primaire – La réapparition des frères des Écoles chrétiennes

Le Directoire (26 octobre 1795-9 novembre 1799), le Consulat (10 novembre 1799-18 mai 1804) et l'Empire napoléonien (1804-1815) n'accordent pas une importance prioritaire à l'enseignement primaire. Toutefois, l'empereur veille à contrôler de près tous les établissements scolaires. La loi du 10 mai 1806 et le décret du 17 mars 1808 créent l'Université impériale. Le grand maître de l'Université est seul habilité à délivrer un diplôme à tout nouvel enseignant.

La loi du 3 brumaire an IV (25 octobre 1795) est toujours appliquée pendant le Directoire et les trois premières années du Consulat (1799-1802) dans l'enseignement primaire. Le ministre de l'Intérieur, Chaptal, propose en 1800 de laisser en vigueur le décret Lakanal du 17 novembre 1794. Mais bientôt le premier consul charge Fourcroy, directeur général de l'Instruction publique, de présenter un projet qui devient la loi du 1er mai 1802.

Quatre types d'établissements scolaires sont alors créés : écoles primaires, écoles secondaires, lycées et écoles spéciales. Les dispositions de la loi Daunou (1795) sont maintenues. L'enseignement primaire n'est ni obligatoire ni gratuit. Désormais, l'enseignement secondaire est nettement séparé de l'enseignement primaire. Les lycées reçoivent les élèves âgés de 9 ans au moins sachant lire et écrire.

Le Consulat remet aux communes en l'an X la charge des écoles primaires. N'ayant pas les moyens financiers de faire face au fonctionnement de l'enseignement primaire, il laisse toute liberté à l'initiative privée.

Les frères des Écoles chrétiennes font leur réapparition en France dès 1802 et sont officiellement reconnus en 1810. Ils sont protégés par le cardinal Fesch, oncle de l'empereur. En 1804, l'on recense 250 frères en France dont 28 à Lyon. La population demande leur retour. Napoléon les inclut dans l'Université pour mieux les contrôler, mais l'article 109 du décret de 1808 qui organise l'Université et prévoit l'intégration des frères au corps universitaire restera lettre morte. En réalité, les frères vivent et prospèrent en dehors de l'Université. En 1815, l'on compte 310 frères en France qui enseignent dans 89 écoles.

Mais les frères enseignaient surtout dans les villes et n'étaient pas assez nombreux pour répondre aux sollicitations de la population. D'autres congrégations enseignantes apparaissent alors, comme la Société de Marie dont la présence remonte à la période révolutionnaire. La Société de Marie lyonnaise et la Société de Marie de Bordeaux (marianistes) sont également actives.

Les congrégations féminines peuvent se développer sans difficulté. En Alsace, pays déjà fortement scolarisé, les sœurs de la Divine Providence de Ribeauvillé sont autorisées dès 1807.

Les communes, qui à la suite de la loi du 11 floréal an X doivent prendre en charge l'enseignement primaire, n'accordent pas aux écoles un budget de fonctionnement satisfaisant par manque de moyens financiers. Les maires se soucient peu en général de recruter des instituteurs qui seraient une source importante de dépenses pour la commune.

Le recrutement des maîtres d'école est aléatoire et difficile. Le salaire d'un instituteur est toujours faible. Dans la plupart des cas, le maître d'école doit exercer d'autres fonctions pour vivre correctement. Il est souvent secrétaire de mairie et sert d'auxiliaire et de bedeau au curé. La pauvreté du maître d'école explique le peu de considération que l'on a pour lui.

L'école primaire, qui manque de moyens pour fonctionner correctement, est cependant l'objet d'une surveillance étroite. Toute ouverture d'école est soumise à une autorisation enregistrée dans la mairie de la commune où se trouve l'école. À partir de la fondation de l'Université, de nombreuses poursuites sont exercées contre les institutrices et les instituteurs qui enseignent sans autorisation. Il y a en effet de nombreuses dénonciations.

Fontanes (1757-1821) assure la charge de grand maître de l'Université de 1808 à 1815. Le territoire est divisé en académies ; chaque académie recouvre le territoire d'une cour d'appel et est dirigée par un recteur, représentant de l'État, assisté d'inspecteurs d'académie.

Le décret de 1808 prévoit par ailleurs la création de classes normales d'instituteurs auprès de chaque académie. Mais, en fait, la seule école normale créée sous l'Empire fut, en 1810, celle du Bas-Rhin, grâce au préfet Lezay-Marnésia.

Les débuts de l'enseignement mutuel pendant les Cent-jours (mars 1815-22 juin 1815)

Pendant la Première Restauration des Bourbons (mai 1814-mars 1815), les échanges entre la France et l'Angleterre s'intensifient. Les membres de la Société d'encouragement pour l'industrie nationale, créée en 1801, s'intéressent au système éducatif anglais et, notamment, aux conceptions pédagogiques de deux Anglais, Bell et Lancaster, fondateurs de l'enseignement mutuel.

Pendant les Cent-Jours (mars 1815-22 juin 1815), ils arrivent à convaincre Lazare Carnot (1753-1823), le grand Carnot, organisateur de la victoire sous la Convention, alors ministre de l'Intérieur, de l'intérêt que représente l'enseignement mutuel. Par un décret du 27 avril 1815, Napoléon décide l'ouverture d'une classe d'essai à Paris et la création d'une commission compétente. Cette commission devient, le 17 juin 1815, à la veille de Waterloo, la Société pour l'instruction élémentaire. L'école d'essai fonctionne au faubourg Saint-Marceau à Paris sous la direction du pasteur Martin. L'enseignement mutuel prévoit la répartition des élèves par niveau, la désignation de moniteurs parmi les meilleurs élèves, le contrôle collectif et l'écriture sur le sable pour l'apprentissage de la lecture.

Napoléon Bonaparte.

Ainsi, pendant la Révolution et l'Empire napoléonien, l'école primaire ne reçut aucune impulsion décisive pour améliorer la scolarisation en ville et à la campagne. Les révolutionnaires en restèrent à des projets de réforme ambitieux qui ne furent jamais réellement appliqués. L'Empereur ne considéra pas l'école comme une priorité. Ils permit aux frères des Écoles chrétiennes et aux congrégations enseignantes d'assurer une large part de la scolarisation des enfants. Bien que l'État ait exercé une surveillance étroite sur l'enseignement, Napoléon abandonna aux communes et aux maires la responsabilité du fonctionnement des écoles et du recrutement des enseignants.

Les écoles primaires sous la Restauration (1814-1830) – Le conflit des mutuels et des frères ignorantins

PENDANT LA RESTAURATION, sous les règnes de Louis XVIII (1814-1815 ; 1815-1824) et de Charles X (1824-1830), sous la Première Restauration (avril 1814-mars 1815) comme sous la Seconde Restauration après les Cent-Jours (juillet 1815-juillet 1830, la vie politique en France est marquée par l'opposition entre les libéraux et les ultras, partisans d'un retour à l'Ancien Régime. L'ordonnance du 29 février 1816 jette les bases de l'enseignement public. L'instruction reste fondée sur les principes de la religion et de la morale. L'État, qui sous l'Empire napoléonien avait confié l'instruction primaire aux collectivités locales, place désormais l'enseignement élémentaire sous le contrôle des notables, du clergé, des préfets et des sous-préfets.

L'opposition entre ultras et libéraux

Pendant les quinze années de la Restauration, libéraux et ultras s'opposent fortement. Les ultras souhaitent un retour rapide à l'Ancien Régime alors que les libéraux, fidèles aux Bourbons, demandent que la royauté respecte désormais la charte de juin 1814. La charte assurait aux Français les libertés de pensée, de presse et de culte, bien que la religion catholique redevienne religion d'État. Elle proclamait l'égalité de tous devant la loi et ordonnait l'oubli du passé. Ce régime n'était pas démocratique mais, comme l'indiquait Chateaubriand, le principe de la Restauration était la liberté.

Dans le domaine de l'enseignement élémentaire, ce principe est au cœur de la politique suivie pendant les règnes de Louis XVIII et Charles X de 1815 à 1830. Au niveau de l'État, la Commission d'instruction publique (1815-1820) puis le Conseil royal de l'instruction publique (1820-1822) contrôlent tout le système éducatif.

Pendant toute cette période, l'un des obstacles majeurs qui freine le développement de l'enseignement primaire reste la faiblesse de la formation des instituteurs. Les libéraux, qui se méfient de toute surveillance étroite de l'État, ne montrent aucun enthousiasme pour la création des écoles normales. De même, l'Église est hostile à des établissements de formation où peut régner un esprit laïque.

Toutefois, une circulaire du 19 août 1828 demande aux recteurs de favoriser la création de « *classes normales primaires* ». 11 écoles normales se créent sur le modèle de l'école normale de Strasbourg, dont 6 dans l'est de la France. Le nombre des écoles normales reste donc encore insuffisant pour assurer une bonne formation de la majorité des instituteurs. Grâce à son école annexe, l'école normale de Strasbourg assure cependant la formation permanente de son académie.

L'ordonnance du 29 février 1816

Par son ordonnance du 29 février 1816, le roi Louis XVIII souligne sa volonté de développer l'enseignement primaire qui lui paraît très insuffisant. Le roi fait un constat qui semble devoir marquer le début d'une politique royale nouvelle dans le domaine de l'enseignement élémentaire : « *Nous étant fait rendre compte de l'état actuel de l'instruction du peuple des villes et des campagnes dans notre royaume,* déclare le roi, *nous avons reconnu qu'il manque, dans les uns et les autres, un très grand nombre d'écoles.* »

Pour le roi Louis XVIII, l'instruction primaire reste fondée sur la religion et la morale. Dans chaque canton est créé un « comité gratuit et de charité » composé de trois ou quatre notables, du curé du chef-lieu de canton, du juge de paix et parfois du principal du collège.

Ce comité est chargé de la surveillance des écoles et doit par ailleurs créer des écoles dans les communes qui en sont dépourvues. Le rôle essentiel du curé et du maire est réaffirmé. Ils délivrent à l'instituteur, libre ou communal, le certificat de bonne conduite nécessaire pour enseigner. Le recteur seul peut donner l'autorisation d'exercer la profession d'instituteur après avis du comité cantonal. C'est la commune qui doit fixer la rétribution à payer par les parents dont les enfants fréquentent l'école.

La distinction entre enseignement privé et enseignement public subsiste. L'enseignement privé doit assurer son fonctionnement sur le plan financier. Les écoles privées sont souvent administrées par des fondations ou des congrégations.

L'article 14 de l'ordonnance royale du 29 février 1816 précise que : « *Toute commune sera tenue de pourvoir à ce que les enfants qui l'habitent reçoivent l'instruction primaire et à ce que les enfants indigents la reçoivent gratuitement.* »

L'école privée comme l'école publique est soumise à l'inspection des recteurs, des inspecteurs d'académie et des comités cantonaux. L'instituteur doit posséder un brevet de capacité délivré par le recteur après examen passé devant un fonctionnaire de l'Instruction publique. Les brevets de capacité sont au nombre de trois selon le degré de connaissances. Le troisième degré est le plus faible. Il est accordé à ceux qui savent suffisamment lire, écrire et chiffrer pour donner des leçons. C'est un net progrès par rapport aux périodes antérieures, où il pouvait arriver que le maître rencontre des difficultés d'écriture ! Le deuxième degré correspond au niveau d'un « *enseignement satisfaisant* », correspondant au niveau des frères des Écoles chrétiennes. Le premier degré est un niveau supérieur permettant d'aborder les notions mathématiques plus complexes et une première initiation au latin.

Les directives royales n'ont pas cependant l'efficacité escomptée. Le financement des écoles primaires n'est pas indiqué avec précision par l'ordonnance royale. Il est seulement exigé qu'un logement gratuit soit mis à la disposition de l'instituteur. Aucune sanction n'est prévue pour les communes qui n'assurent pas un budget de fonctionnement pour l'école primaire. Au plan national cependant, un budget est désormais affecté à l'enseignement primaire pour l'édition « *d'ouvrages scolaires modèles* » indiquant les méthodes pédagogiques à suivre par les maîtres.

Par ailleurs, le recrutement des enseignants se révèle difficile. Les candidats ayant une réelle compétence sont peu nombreux, compte tenu de la modicité de la rémunération des enseignants.

La primauté des congrégations religieuses dans l'enseignement primaire

L'État conscient de l'incapacité où il se trouve de prendre en charge l'enseignement primaire au plan national donne entière liberté aux congrégations religieuses.

De nombreuses congrégations sont alors tolérées et souvent appréciées. Ainsi les frères lasalliens (autre appellation des frères des Écoles chrétiennes), dits de Saint-Yon, qui avaient été tolérés sous l'Empire napoléonien, reçoivent une autorisation officielle pour enseigner. Ambroise Rendu, chargé de l'enseignement primaire au Conseil royal, défend les frères lasalliens contre les ultras et les partisans de l'enseignement mutuel.

D'autres congrégations religieuses sont autorisées à enseigner sous la Restauration, notamment les frères de Lamennais en Bretagne et les frères de la doctrine chrétienne dans le diocèse de Nancy.

Certaines congrégations avaient obtenu une dispense du brevet de capacité. Mais Decazes, président du Conseil sous Louis XVIII, en 1819, veille à ce que les frères possèdent leur brevet attestant une réelle compétence pour enseigner. Cette exigence n'est pas maintenue par la suite. En 1828, sous Charles X, une ordonnance royale accorde une dispense du brevet de capacité sur présentation d'une simple lettre d'obédience.

Dès 1820, les instituteurs des écoles de filles appartenant à des congrégations religieuses sont assimilés aux frères. La lettre d'obédience leur donne le droit d'enseigner sans posséder un brevet de capacité. Les congrégations présentent de nombreux avantages pour les communes. Les religieux, célibataires, peuvent être logés dans des conditions moins onéreuses qu'un maître marié, père de plusieurs enfants. De plus les congrégations peuvent être bénéficiaires de dons qui facilitent le fonctionnement des écoles.

Le conflit des mutuels et des frères ignorantins

Après la chute de l'empire napoléonien, malgré le rétablissement en 1802 des frères des Écoles chrétiennes, le personnel enseignant et les fonds nécessaires pour un bon fonctionnement de l'enseignement primaires sont insuffisants. C'est pourquoi, dès le début de la Restauration, l'on encourage les méthodes d'enseignement mutuel. Mme de Maintenon à Saint-Cyr, l'abbé Démia à Lyon, le chevalier Paulet sous le règne de Louis XVI et Lancaster à Londres vers 1800 avaient tenté de mettre en place un enseignement mutuel.

Pendant la Première Restauration des Bourbons (avril 1814-mars 1815), les échanges avec la France s'intensifient. Pendant les Cent-jours (mars 1815-22 juin 1815), Lazare Carnot, le grand Carnot, soutient l'enseignement mutuel. Napoléon décide la création d'une école d'essai à Paris en avril 1815, qui fonctionne au faubourg Saint-Marceau.

Le 31 août 1815, dès le rétablissement de la Restauration, une circulaire du ministre l'Intérieur, Lainé, est adressée aux préfets des départements pour les inciter à favoriser la mise en place de l'enseignement mutuel. Des instructions précises sont publiées dont un tableau indiquant les fonds nécessaires pour créer des écoles mutuelles. La méthode d'enseignement est précisée avec minutie. Le théoricien pour la France en 1816 est Nyon, qui publie un *Manuel pratique ou précis de la méthode d'enseignement mutuel pour les nouvelles écoles élémentaires.*

La première partie de l'ouvrage est consacrée à la construction d'une classe et à sa disposition intérieure. Pour 500 élèves, par exemple, elle doit avoir 90 pieds (30 mètres) de long et 30 pieds de large. Les fenêtres doivent être larges, le plancher en pente douce. Les tables sont placées à 20 pouces (0,50 mètre) les unes des autres. Elles doivent être légèrement inclinées sauf celles où « *les commençants tracent des lettres dans le sable* ». Ces tables sont peintes en noir, afin que les lettres paraissent plus nettement sur le sable blanc.

La deuxième partie, consacrée à l'enseignement, indique d'abord un emploi du temps type. Le matin, de 9 heures à midi : appel, prière, écriture, lecture des moniteurs. L'après-midi, de 14 à 16 heures en hiver, 17 heures en été : appel, écriture, lecture, arithmétique, lecture des moniteurs, prière.

Tous les enfants d'une école élémentaire sont divisés en huit classes pour l'écriture et la lecture, et dix classes pour l'arithmétique. Chaque élève peut avancer à son rythme dans les trois matières. L'écriture s'apprend en écrivant des syllabes d'abord sur du sable, puis sur l'ardoise et, enfin, sur du papier avec un porte-plume et de l'encre.

La troisième partie de l'ouvrage de Nyon, intitulée *De l'instruction mutuelle,* définit la qualité et le rôle des moniteurs, « *enfants choisis par le maître parmi les plus instruits de l'école pour instruire leurs condisciples* ». Ils sont au nombre de vingt : deux moniteurs généraux pour l'ordre et l'écriture, un moniteur général pour l'arithmétique, un moniteur général pour la lecture et seize moniteurs qui encadrent par ailleurs toutes les activités. Chaque moniteur porte à la boutonnière une médaille qui le distingue des élèves. Cette médaille présente la tête du roi sur l'un de ses côtés.

Le déroulement d'une leçon a un aspect quasiment militaire : « *Au second coup de sonnette tous les enfants sont debout. Le moniteur général commande : "Entrez dans vos bancs". Au mot "entrez", les enfants posent avec bruit la main droite sur la table et, en même temps, ils passent la jambe droite dans le banc. Au mot "dans vos bancs", ils passent la jambe gauche et s'asseyent en face de leur ardoise.* »

Les consignes militaires se retrouvent dans chaque exercice. Ainsi, un exercice de lecture s'exécute dans un ordre strict, de la huitième classe aux classes suivantes. Le moniteur général annonce « *Huitième classe, commencez.* » Le moniteur de la huitième classe dicte un mot qu'il lit sur un tableau d'écriture suspendu au porte-tableau. Il épelle chaque lettre et forme des syllabes : m et a = ma, b et i = bi, etc.

Aussitôt que la huitième classe a terminé l'écriture d'un mot, la septième classe réalise un exercice du même type. Chaque classe travaille ainsi à son tour jusqu'à ce qu'il y ait six mots ou six syllabes écrits sur chaque ardoise.

Le travail des élèves ainsi encadré, sans aucun dialogue avec le maître, est intense. La discipline est sévère. « *Si un enfant est malpropre, paresseux, bavard ou joueur* », on lui met une marque au cou indiquant la nature du « *vice qu'on lui reproche* » !

Decazes, président du Conseil en 1819, soutient les écoles mutuelles. Dès 1820, il y a plus de 1 500 écoles mutuelles en France qui accueillent près de 170 000 élèves. Les frères des Écoles chrétiennes, appelés par dérision « frères ignorantins » dès le XVIIIe siècle, supportent difficilement la concurrence des écoles mutuelles.

Une véritable guerre scolaire oppose alors écoles mutuelles et écoles religieuses. Les libéraux soutiennent l'école mutuelle alors que les ultras défendent l'école des frères des Écoles chrétiennes. L'arrivée au pouvoir des ultras en 1820 avec Richelieu, puis Villèle (1821-1828), affaiblit considérablement l'enseignement mutuel, dont il ne reste plus que 250 écoles en 1828. La révolution de 1830 donne cependant un nouvel élan aux écoles mutuelles (1 500 écoles en 1832). Le conflit entre les frères des Écoles chrétiennes (frères ignorantins) et les enseignants des écoles mutuelles est surtout sensible dans les villes. Dans les campagnes, la situation scolaire est proche de celle de l'Ancien Régime. En 1829, 14 000 communes dans le royaume n'ont pas d'école. Dans la majorité des villages, on ne trouve qu'une classe unique, mixte, organisée dans des locaux modestes et peu confortables. Les méthodes pédagogiques sont traditionnelles. Elles reposent essentiellement sur la méthode individuelle.

Un département ardent défenseur de l'enseignement mutuel : la Charente-Inférieure

En Charente-Inférieure, l'enseignement mutuel rencontre dès le début un écho favorable auprès des autorités préfectorales et des élus. L'étude réalisée par Jean Flouret permet de mettre en évidence l'attrait exercé par l'enseignement mutuel dans les villes de la province française.

Plusieurs écoles mutuelles sont créées en Charente-Inférieure dès les premières années de la Restauration. À Rochefort, une école mutuelle compte dès 1817 plus de cent élèves. Elle est défendue et soutenue par le commandant et l'intendant de la Marine. Le 30 septembre 1816, l'ingénieur de la Marine, Lescure, n'hésite pas à se rendre à Paris pour défendre l'enseignement mutuel. Toutefois, au début, l'école mutuelle de Rochefort n'accueille que des élèves destinés à être recrutés par la Marine. Le ministre de l'Instruction publique demande que l'établissement mutuel soit ouvert « *pour les enfants des ouvriers et des pauvres* ».

Le maire de la ville de Saintes demande également l'ouverture d'une école mutuelle, car sa ville est « *en grande partie peuplée d'habitants très pauvres qui n'ont pas les moyens de faire instruire leurs enfants* ». De plus, indique le maire, « *la ville possède un fort grand local communal et elle peut salarier un professeur* ». Il propose en outre comme directeur Guillet de l'Étang, spécialiste reconnu de l'enseignement mutuel. La ville offre 800 francs par an et fournit deux pièces dans l'ancien local des cordeliers. L'école est ouverte le 1er novembre 1818. Les conditions d'inscription dans cette école mutuelle sont portées à la connaissance des Saintais par affiche. Le conseil municipal arrête que :

> « *1 – Tout enfant dont les père et mère ne payeront pas 10 francs de contributions, sera admis gratuitement à l'école.*
> *2 – Ceux, dont les père et mère payeront une contribution de 10 à 20 francs payeront 75 centimes par mois.*

3 – Ceux, imposés aux rôles des contributions de 20 à 30 francs, payeront, par mois, une rétribution de 1 franc.

4 – Ceux, imposés à 30 francs et au-dessus, payeront 1 franc cinquante centimes. »

Ces sommes doivent être acquittées d'avance, chaque mois, auprès du receveur municipal. Les papiers, plumes, encre et tout le matériel nécessaire à l'élève seront fournis gratuitement aux élèves indigents.

De même, le sous-préfet de Marennes est très favorable à la création d'écoles mutuelles. En revanche, le sous-préfet de Jouzac, petite ville du sud du département, n'est pas favorable à l'enseignement mutuel. Il juge que Jouzac est une ville trop peu importante pour accueillir une école de ce type : « *Je me suis convaincu qu'un établissement de ce genre ne pouvait point convenir aux localités. Indépendamment de l'insuffisance des revenus de la ville pour fournir la dépense annuelle de cette école et, surtout, aux frais de premier établissement (...) Les mœurs, les habitants, les usagers, l'éloignement enfin des habitants de cette contrée pour toute espèce d'innovation s'y opposent.* » Ainsi, il est clair que les écoles mutuelles ne peuvent rencontrer un écho favorable que dans les villes d'une certaine importance. C'est le cas, évidemment, à La Rochelle, chef-lieu du département.

À La Rochelle, une école mutuelle est créée dès les premières années de la Restauration, sous l'impulsion de Fleuriau de Bellevue, pour l'instruction des enfants protestants. À la suite d'une délibération du 9 mars 1818 du comité cantonal pour l'instruction primaire des enfants protestants, le ministre de l'Instruction publique autorise les catholiques à fréquenter cette école. Deux conditions sont toutefois posées. Les enfants catholiques seront admis dans la limite des places disponibles et, en outre, l'un des deux moniteurs généraux de l'école sera catholique pour que les enfants puissent prier selon leur religion. En 1818, il y a 50 % des élèves qui sont catholiques dans l'école. En 1819, on compte 72 catholiques et 31 protestants. Seule l'instruction religieuse est donnée dans des locaux séparés.

Un rapport établi en 1818 met en évidence les progrès accomplis en Charente-Inférieure dans le domaine de l'enseignement mutuel. Au mois de

.../...

décembre 1817, il n'existait dans le département que deux écoles d'enseignement mutuel, l'une à Rochefort pour les élèves de la Marine, l'autre à La Rochelle pour les enfants de religion protestante. Moins d'un an plus tard, l'on recense également des écoles mutuelles à Arvert, La Tremblade, Marennes, Le Château-d'Oléron, Breuillet, Saint-Sornin, Royan. Il y a de plus de nombreux projets de création d'écoles mutuelles, notamment à Saintes, Cozes, Saint-Savinien, Dolus.

L'année 1819 est marquée par un projet de création d'une école modèle à Saintes. En 1820, 8 instituteurs du département viennent se former à l'école normale de l'enseignement mutuel à Saintes. Toutefois, plusieurs localités ou petites villes renoncent à créer une école mutuelle par manque de moyens financiers, dont Jouzac, Montendre et Montguyon. Le conseil municipal d'Aulnay-de-Saintonge, chef-lieu de canton à l'est du département, considère pour sa part « *qu'aucune loy n'ayant encore prescrit un nouveau mode d'instruction et l'instruction primaire étant dans cette commune dans un état satisfaisant, il n'a pas cru devoir demander que le mode de Lancastre fut établi dans la commune d'Aulnay* ».

L'on observe que les écoles mutuelles sont en progression dans le département jusqu'en 1823. Ainsi, en 1822, 16 écoles accueillent 784 élèves. Mais certains établissements fondés en 1817 ou 1818 n'ont qu'une durée de vie éphémère. Les autorités politiques multiplient bientôt les obstacles pour mettre en difficulté l'enseignement mutuel. Ainsi, à La Tremblade, en 1823, malgré le pasteur et le curé, malgré le soutien des deux comités cantonaux, catholique et protestant, l'instituteur de l'école mutuelle est révoqué par le recteur « *en raison des pirateries qu'il aurait commises lorsqu'il était capitaine de navire, de ses opinions politiques exécrables et de ses mœurs dissolues* ».

À Saint-Jean-d'Angely, l'école mutuelle disparaît en 1822.

Après le départ de Villèle en janvier 1828, sous le ministère Martignac, député de droite modéré, l'on observe un nouvel élan de l'enseignement mutuel. Ainsi, à Saintes, Léon Chavignaud remplace les ignorantins (frères des Écoles chrétiennes). Il reçoit une subvention de la ville pour accueillir 130 élèves gratuitement, tandis que Germain Nougaro, à ses frais, enseigne à 40 élèves.

À Saint-Jean-d'Angely, l'année 1830 voit la réouverture de l'école mutuelle. L'ancien directeur de l'école est rappelé.

Toutefois, le sous-préfet de Marennes, Leterme, note : « *Ces écoles étaient, il y a dix ans, beaucoup plus nombreuses. Je m'étais efforcé avec succès de les multiplier et j'avais même rédigé et fait approuver par la préfecture, l'évêché et l'académie un règlement pour la tenue de ces écoles.* » Dans l'arrondissement de Marennes, il y avait deux écoles mutuelles à Marennes, une à la Tremblade, à Saint-Just, au Gua, à Saint-Jean-d'Angle, à Soubise, à Breuillet et à Saint-Pierre. De toutes ces écoles, deux seulement, celles de Saint-Just et du Gua ont pu résister à l'influence hostile du clergé. L'école mutuelle de Marennes continue également à accueillir des élèves.

En 1831, au début de la monarchie de Juillet, il n'y a plus que 12 écoles mutuelles dans le département de Charente-Inférieure. L'enseignement mutuel a permis à de nombreux élèves d'acquérir les bases de l'instruction primaire gratuitement. On a reproché aux écoles mutuelles leur discipline quasiment militaire. Le clergé accuse les enseignants mutuels d'être des « *sans-Dieu* ». En fait, on recense plusieurs francs-maçons chez les maîtres des écoles mutuelles, comme Saudau à Saint-Jean-d'Angely.

La monarchie de Juillet (1830-1848) – La loi Guizot (28 juin 1833)

L'entêtement de Charles X avait provoqué la chute des Bourbons. La révolution parisienne des Trois Glorieuses (27-28-29 juillet 1830), conduite par des républicains qui avaient fait dresser des barricades dans Paris, permet au cousin du roi, le duc d'Orléans, de devenir roi des Français le 9 août 1830 sous le nom de Louis-Philippe Ier. Mais la rupture avec la Restauration était plus apparente que réelle. La Charte révisée ne diffère guère de celle de 1814. En revanche, la monarchie de Juillet marque une étape décisive dans l'histoire de l'école primaire en France. La loi Guizot (28 juin 1833) représente une véritable mutation dans l'enseignement élémentaire. Pour Guizot, l'école doit être dirigée par l'État « *dans la mesure où l'éducation ne saurait être livrée au hasard* ». Désormais les communes de plus de 500 habitants doivent avoir une école primaire. Chaque département doit entretenir une École normale primaire ou bien s'associer à un ou plusieurs départements pour en assurer l'entretien. Les maîtres sont nommés par le ministre de l'Instruction publique. L'instituteur devient un fonctionnaire de l'État.

Une série de débats animés au Parlement – Les projets des libéraux, des conservateurs et de la gauche (1830-1833)

Les projets concernant l'enseignement primaire préparés par les ministres jusqu'au 12 mars 1831 sont plutôt d'inspiration libérale.

Dans les semaines qui suivent les Trois Glorieuses, la chambre des députés est destinataire de nombreux projets destinés à réformer l'enseignement élémentaire. Pressé par l'opinion publique, le duc de Broglie, ministre de l'Instruction publique du premier ministère constitué au mois d'août 1830, charge trois conseillers de l'Université, Rendu, Cousin et Villemain, de lui préparer un projet de loi. Mais le cabinet dont fait partie le duc de Broglie tombe le 2 novembre 1830 sans que le projet n'ait pu être présenté au Parlement.

Barthe, qui devient ministre de l'Instruction publique le 27 décembre 1830, affirme sa volonté de régler la question de l'instruction primaire. Il présente effectivement le 20 janvier 1831 un projet de loi devant la Chambre des pairs. Ce projet prévoit que, dans chaque commune où il n'y a pas d'école privée, où aucun individu ni aucune association n'a fondé d'école, la commune est chargée de pourvoir seule ou avec le concours de communes voisines à l'ouverture et à l'entretien d'une école. Le maire a le droit de recruter lui-même l'instituteur. Les comités de surveillance sont maintenus mais le curé n'y siège plus. L'enfant n'assistera à l'instruction religieuse que si son père le demande. Le maire continue à délivrer le certificat de « *bonne vie et de bonnes mœurs* » nécessaire pour être autorisé à enseigner. Le recteur est responsable de la délivrance des brevets de capacité. Des Écoles normales seront créées pour assurer la formation des maîtres. Ce dispositif cependant ne concerne que les garçons. Pour les filles, le projet de loi précise seulement que des Écoles normales pourront être créées.

Toutefois ce projet de loi ne peut aboutir. Les députés font observer que leur chambre aurait dû être consultée avant la Chambre des pairs. Barthe décide alors de retirer son projet de loi. Il est d'ailleurs remplacé au ministère de l'Instruction publique par Montalivet.

Ministre conservateur, Montalivet retarde la présentation d'un nouveau projet de loi. Toutefois, pris à partie par les libéraux il présente un projet en octobre 1831. Il refuse l'obligation scolaire qui, selon lui, serait contraire au « *droit des pères de famille* ». Il accepte en revanche la liberté de l'enseignement conformément à la Charte. Alors que Barthe concevait l'école publique comme le complément de l'école privée, Montalivet précise dans l'article 2 de son projet que les écoles primaires seront communales ou privées. Il suit ainsi les directives du gouvernement qui veut centraliser l'instruction primaire et craint les initiatives privées. La commune continue à jouer un rôle essentiel sous le contrôle de l'État. Le maire choisit l'instituteur, lui attribue un traitement et cotise pour sa pension de retraite. Pour marquer la nécessaire collaboration du maire et du curé, un conseil de surveillance local est prévu, qui comprend le maire, le curé ou le pasteur, et trois conseillers municipaux.

Cependant, au même moment, dès que Montalivet a terminé la présentation de son projet de loi, Las Cases lit le texte de son projet soutenu par la gauche. Il prévoit que l'instruction primaire sera placée sous la protection et la surveillance de l'autorité municipale. Il refuse en revanche le monopole de l'Université et l'existence même d'un ministère de l'Instruction publique. La proposition de Las Cases affirme que l'enseignement primaire sera libre. Les fondateurs d'écoles, particuliers ou associations, sont entièrement libres pour le choix des maîtres, les méthodes d'enseignement et l'administration des écoles. Les instituteurs doivent seulement présenter une attestation de capacité et un certificat de moralité. L'État ne fixe plus la liste des matières enseignées dans les écoles. Aucune allusion n'est faite à l'instruction morale et religieuse. Contrairement aux projets précédents, ce projet de loi concerne à la fois les garçons et les filles. Les citoyens qui, dans un délai de dix ans, ne justifieront pas qu'ils savent lire et écrire seront exclus des droits civiques.

En fait, ni le projet de loi de Montalivet ni celui de Las Cases ne seront votés par la Chambre des députés. Montalivet quittera le ministère de l'Instruction publique le 29 avril 1832 sans avoir pu régler le problème de l'instruction primaire. Cependant la gauche continue à harceler le gouvernement conservateur pour qu'il présente un texte. Le 17 décembre 1832, le député libéral Eschassériaux tente de faire adopter une nouvelle proposition de loi. Ce texte néanmoins ne sera pas adopté. Thiers, ministre de l'Intérieur, indique alors que Guizot, nouveau ministre de l'Instruction publique, déposera un projet de loi. Celui-ci est effectivement présenté devant la Chambre des députés le 2 janvier 1833.

La loi Guizot (28 juin 1833) – La création d'un corps d'inspecteurs de l'enseignement primaire (1834)

François Guizot, professeur d'histoire moderne à la Sorbonne depuis 1812, protestant originaire de Nîmes, est élu à la Chambre des députés en 1830. Chef du centre-droit, il devient ministre de l'Intérieur (août-novembre 1830) puis de l'Instruction publique (octobre 1832-février 1836 ; septembre 1836-avril 1837). Il montre une réelle volonté d'action rapide pour améliorer le fonctionnement des écoles primaires. Guizot, chef du gouvernement en 1847-1848, s'oppose aux libéraux. Théoricien du parti de la résistance aux côtés du duc de Broglie et de Thiers, il adopte le plus souvent une attitude conservatrice, notamment sur le plan électoral, préservant les intérêts de la bourgeoisie seule représentée à la Chambre des députés. En revanche, dans le domaine scolaire, sa loi du 23 juin 1833 permet une évolution importante de l'enseignement primaire.

La loi Guizot reconnaît la liberté de l'enseignement. Désormais les communes sont contraintes d'entretenir une école primaire (communes de plus de 500 habitants). Toutefois, l'obligation scolaire n'est pas encore établie. L'école doit assurer une scolarité gratuite pour les élèves dont les parents n'ont aucune ressource ou des revenus modestes. Les départements doivent entretenir une École normale d'instituteurs ou bien s'associer à d'autres départements pour en assurer l'entretien. Les maîtres sont nommés par le ministre de l'Instruction publique. L'instituteur devient désormais un fonctionnaire de l'État. Ce n'est plus l'évêque qui contrôle les instituteurs. La volonté du père de famille doit être suivie pour l'instruction religieuse.

Protestant, François Guizot ne souhaite pas que l'Église catholique contrôle intégralement l'enseignement élémentaire. L'État doit être désormais le garant d'un enseignement objectif et neutre. Toutefois, Guizot ne souhaite pas une mise à l'écart complète de l'Église catholique. Pour lui, l'homme ne peut trouver son salut qu'en se tournant vers Dieu. Il donne donc des témoignages de sympathie aux frères des Écoles chrétiennes (subventions, lettres de soutien, croix d'honneur à leur supérieur général).

Pour évaluer la qualité de l'enseignement donné dans les écoles primaires, François Guizot crée dès 1835 le premier corps d'inspecteurs primaires nommés par le ministre. Près de 500 inspecteurs reçoivent du gouvernement une mission d'inspection.

Guizot doit faire preuve de prudence pour créer officiellement le corps d'inspection des écoles primaires. Il ne faut pas heurter de front les députés libéraux de la Chambre qui y sont hostiles. En fait, c'est dans le cadre du vote du budget que Guizot fait inscrire les sommes destinées à rémunérer les premiers inspecteurs. La loi de finances est promulguée le 23 mai 1834. Dès le 9 novembre 1834, les six premiers inspecteurs sont nommés. En moins d'un an, tous les départements sont pourvus. Le 26 février 1836, Guizot fait signer au roi Louis-Philippe une ordonnance qui prévoit la nomination d'un inspecteur par département et fixe les conditions de recrutement (avoir enseigné cinq ans ou être membre d'un comité de surveillance d'arrondissement). Le règlement relatif aux inspecteurs des écoles du 27 février 1836 précise les missions des inspecteurs : observer l'état matériel des écoles, contrôler la moralité et la qualité pédagogique des enseignants. Comme il l'avait fait dans sa *Lettre aux instituteurs* du 16 juillet 1833, Guizot s'adresse, dès le 13 août 1835, par lettre circulaire, aux inspecteurs pour souligner que « *l'instruction primaire universelle est désormais une des garanties de l'ordre et de la stabilité sociale* ». Il faudra attendre cependant la loi Falloux du 15 mars 1850 pour que soit reconnue officiellement l'existence d'une inspection primaire d'État.

Comme la loi Guizot du 28 juin 1833 ne concernait pas l'enseignement des filles, le ministre Pelet, successeur de Guizot, organise par la loi du 23 juin 1836 l'enseignement élémentaire féminin. Enfin, la circulaire du 9 avril 1836 donne aux « salles d'asile », premières écoles maternelles, une existence officielle.

La loi Guizot distingue deux sortes d'instituteurs : les instituteurs communaux ou instituteurs publics et les instituteurs privés. Seuls les instituteurs publics sont logés et perçoivent un salaire communal. Les instituteurs privés bénéficient d'une grande autonomie. Une simple autorisation du maire suffit pour ouvrir une école dans leur propre maison ou dans une salle louée dans le village.

L'œuvre scolaire de la monarchie de Juillet est donc importante : deux mesures de la loi Guizot jettent les bases de l'école primaire pour

L'état vétuste des locaux scolaires sous la monarchie de Juillet

Le rapport de l'inspecteur Viala en 1836, en Charente-Inférieure, permet une bonne évaluation des locaux scolaires, qui est conforme à la réalité que l'on peut observer partout en France en milieu rural.

En huit mois, l'inspecteur a visité 331 écoles sur les 342 existant alors dans le département. Les maisons d'école sont alors inconfortables et parfois misérables. Les communes refusent d'engager des crédits d'investissement pour procéder aux travaux de première urgence, pourtant nécessaires. Dans de nombreuses communes, le logement de l'instituteur n'est pas sur le site des locaux scolaires. L'enseignant a un logement indépendant qu'il doit louer à ses frais. Les maires effectuent des économies sur le fonctionnement des écoles communales en préférant souvent des salles de classe exiguës, plus faciles à chauffer en hiver avec un poêle à bois ou à charbon, sans se préoccuper de l'environnement sanitaire.

les prochaines décennies : le contrôle de l'enseignement primaire par l'État faisant des instituteurs des fonctionnaires d'État, et la création des Écoles normales d'instituteurs dans chaque département, garantie désormais d'une réelle qualité de l'enseignement.

La scolarisation des filles – Les écoles de filles

L'organisation des écoles de filles est réglée par le ministre Palat qui succède à Guizot. La loi du 23 juin 1836 précise les conditions de recrutement des enseignantes.

Les institutrices laïques sont soumises aux mêmes conditions que les instituteurs mais le montant de leur traitement n'est pas fixé. En moyenne cependant, en Charente-Inférieure, un instituteur laïque

---

De nombreuses classes manquent de tables. Le matériel pédagogique est très insuffisant. Dans les écoles rurales, les écoliers n'ont pas d'ardoise. Parfois, le maître ne dispose pas de tableau noir.

Les livres scolaires sont rares. Les élèves apprennent à lire dans des brochures dont la valeur pédagogique est médiocre. Les enfants disposent parfois d'almanachs et de recueils d'anecdotes.

Quelques maîtres cependant, bien que peu fortunés, achètent avec leurs fonds propres un matériel pédagogique de première nécessité.

L'inconfort des salles de classe est parfaitement illustré par la situation décrite par l'inspecteur Viala dans la commune de Saint-Pierre-du-Palais, près de Jonzac, pendant l'hiver 1835-1836. Les cours sont alors organisés dans une chambre exposée au vent d'ouest. Lorsqu'il pleut, les élèves doivent se réfugier au fond de la chambre pour ne pas être atteints par la pluie.

Dans la conclusion de son rapport, l'inspecteur Viala déclare : « *On peut en général reconnaître les maisons d'école à leur aspect de misère et de malpropreté.* »

---

gagne 395 francs par an alors qu'une institutrice a des revenus plus modestes (321 francs par an).

Le rapport au roi de 1837 recense en Charente-Inférieure 131 institutrices (101 laïques et 30 congrégationnistes). Les institutrices sont quatre fois moins nombreuses que les instituteurs (513 en 1833). En raison de leur faible nombre, les autorités municipales et académiques accordent à l'instituteur l'autorisation de scolariser des filles dans les écoles de village.

La situation de l'enseignement des filles s'améliore au cours de la monarchie de Juillet. Le nombre d'écoles de filles triple en Charente-Inférieure. L'on recense en effet en 1837 94 écoles de filles (15 écoles publiques, 79 écoles privées) alors qu'en 1849 l'on en compte 284 (107 écoles publiques, 177 écoles privées). En 1848, les institutrices congréganistes dirigent 27 écoles publiques (écoles communales) et 19 écoles privées, soit au total 46 écoles. Les 229 autres écoles sont dirigées par des institutrices laïques.

Dans les communes rurales, seules les filles des cultivateurs aisés et des artisans apprennent à lire, à écrire et à compter.

Sur le littoral atlantique, les familles accordent cependant une réelle importance à l'instruction des filles. Ainsi, à Fouras, village de pêcheurs sur le bord de mer, près de Rochefort, les femmes peuvent prendre en charge le commerce du poisson, ce qui exige la tenue de livres de compte. Pendant ce temps, les hommes pêchent en mer.

Toutefois, même dans les campagnes, lorsqu'une école de filles ouvre ses portes dans un village, elle reçoit de nombreuses élèves. L'inspecteur Payen note dans son rapport sur la Charente-Inférieure en 1849 :

« *Partout où se trouve une institutrice, celle-ci réunit un certain nombre d'élèves, mais partout où l'on est obligé pour faire instruire les filles de les envoyer à l'école tenue par un instituteur, celui-ci n'en a qu'un petit nombre. Si cependant il est marié et si sa femme, connue pour avoir un peu instruction, se charge de montrer les travaux de femmes les plus simples… alors le nombre de celles-ci dépasse bientôt celui des élèves que l'on trouve dans les écoles communales tenues par des instituteurs célibataires ou veufs.* »

Les conseils municipaux ne recrutent le plus souvent que des institutrices privées, à la condition que celles-ci ne demandent aucune subvention à la commune.

Le taux de scolarisation reste encore irrégulier aussi bien pour les garçons que les filles. Une fille sur vingt seulement fréquente une école en Charente-Inférieure en 1837. Une évolution positive peut être notée dans la dernière décennie de la monarchie de Juillet.

Pendant les mois d'hiver, l'on recense 132 filles scolarisées pour 10 000 habitants en 1837. Une nette augmentation de la scolarisation est observée en 1849 (220 filles scolarisées pour 10 000 habitants). Pendant les mois d'été, la fréquentation scolaire est plus faible.

En dépit des efforts des autorités ministérielles et académiques, l'enseignement élémentaire rencontre de nombreuses difficultés, notamment dans les communes rurales.

Le recrutement et la formation des instituteurs – L'implantation des Écoles normales dans les départements

Les Écoles normales d'instituteurs existaient en France antérieurement à la loi Guizot de 1833. La première École normale avait été créée à Paris en 1795. Une École normale est ensuite créée à Strasbourg en 1811 sous l'impulsion du préfet Lezay-Marnésia. Sous la Restauration, une circulaire du 19 août 1828 avait demandé aux recteurs de favoriser la création d'Écoles normales primaires ; 11 Écoles normales se créent alors sur le modèle de l'École normale de Strasbourg dont 6 dans l'est de la France.

Le royaume de France compte 47 Écoles normales de garçons avant la loi Guizot de 1833. Mais après cette date, le rythme de création des Écoles normales s'accélère. Dès 1835, l'on recense 76 Écoles normales d'instituteurs en France.

Certains départements comme la Charente-Inférieure ne souhaitent pas cependant créer une École normale d'instituteurs, malgré les incitations pressantes du ministère de l'Instruction publique et du préfet. Les conseillers généraux préfèrent s'associer à un département voisin, la Vienne, qui en possède déjà une. Ils considèrent ainsi que le département de Charente-Inférieure pourrait envoyer, à ses frais, des élèves à l'École normale de Poitiers créée en 1834.

Peu généreux, les conseillers généraux de Charente-Inférieure décident de n'accorder que 12 bourses par an, à raison de 2 bourses par arrondissement. Malgré une lettre pressante de Guizot, le conseil général refuse toute création d'une École normale dans l'immédiat. Une première promotion de 6 élèves-maîtres issus de Charente-Inférieure est ainsi scolarisée à Poitiers.

Les instituteurs communaux peuvent faire acte de candidature pour suivre les cours d'une École normale, mais ils doivent pendant leur scolarité se faire remplacer, à leurs frais, par des maîtres munis des brevets et certificats que la loi Guizot de 1833 exige. Si l'instituteur remplaçant vient à quitter l'école où il enseigne, l'instituteur admis comme boursier est tenu d'abandonner sa scolarité à l'École normale pour revenir à son école communale.

De 1835 à 1850, 118 élèves-maîtres originaires de la Charente-Inférieure fréquentent l'École normale de Poitiers. Sur ces 118 normaliens, 15 ont bénéficié d'une bourse d'État, 95 ont eu une bourse du département et 8 autres sont pensionnaires libres. La majorité des élèves ont entre 16 et 23 ans. En Charente-Inférieure, ce sont les arrondissements les plus pauvres qui présentent le plus grand nombre de candidats (Saint-Jean-d'Angely, 30,27 % ; Jouzac, 28,44 %). L'origine sociale des normaliens est concentrée sur trois classes sociales principales : agriculteurs (41,26 %), instituteurs (38,09 %), artisans et commerçants (20,63 %). En revanche, aucun fils d'employé, d'ouvrier ou de journalier agricole n'est entré à l'École normale de Poitiers de 1835 à 1850.

L'École normale de Poitiers, dans le département de la Vienne, permet d'avoir une connaissance précise de ces établissements de formation qui deviennent les fondations de l'enseignement élémentaire en France. Créée officiellement en 1834, elle fonctionnait en fait depuis le mois de novembre 1832 dans les locaux de l'école communale de Poitiers. M. Maynard est nommé directeur de l'école dès le mois de novembre 1832. Ayant enseigné en qualité d'instituteur de 1807 à 1832, il possède une réelle expérience professionnelle. Il dirige l'École normale pendant vingt ans. Il a à la fois la responsabilité de la formation pédagogique et de l'intendance.

Le directeur est placé sous le contrôle d'une commission de surveillance composée d'une vingtaine de hauts fonctionnaires et de notables parmi lesquels figurent, en 1848, le préfet, président, le procureur de la République, vice-président, le maire de Poitiers, le doyen de la faculté de lettres, le président de la cour d'appel, un professeur de la faculté de droit, un juge de paix, un curé de la cathédrale, un pasteur protestant, des conseillers généraux, ainsi que des membres du comité de surveillance de l'arrondissement.

La présence d'un curé catholique et d'un pasteur protestant dans ce comité montre que l'Église n'a pas perdu toute influence sur la formation des enseignants.

Le directeur de l'École normale de Poitiers reçoit un traitement brut annuel de 2 000 francs en 1834 et de 2 500 francs en 1850. Il est secondé dans son travail administratif par un jeune maître-surveillant qui reçoit 300 francs de traitement par an.

Le personnel de l'internat de l'École normale se compose de quatre personnes : un portier, une cuisinière, une femme de ménage et un garçon de service.

La discipline de l'École normale est conforme à l'esprit de la loi Guizot. L'instituteur doit enseigner au peuple la soumission, l'amour de l'ordre et le respect de la monarchie. La moindre indiscipline est très sévèrement punie. Mais les fautes graves sont rares puisque le recteur ne prononce que 3 exclusions de 1832 à 1850.

Le directeur de l'École est très impliqué dans la formation professionnelle des élèves-maîtres. Il réunit les élèves chaque soir de 20 h 30 à 21 heures pour les entretenir de pédagogie. L'enseignement théorique s'accompagne de stages pratiques. Les premières années, à Poitiers, les élèves-maîtres se rendent pendant 6 mois chaque année, à tour de rôle, à l'école communale de la ville. Au cours de l'année scolaire 1837-1838, une école d'application est créée dans les locaux de l'École normale.

Les examens de sortie de l'École ont lieu à la fin du mois d'août. La loi Guizot a supprimé le brevet de capacité du troisième degré. Le brevet du deuxième degré s'appelle désormais le brevet élémentaire. Tous les élèves-maîtres doivent obligatoirement obtenir le brevet élémentaire au terme des deux années d'études. En cas d'échec, les parents doivent rembourser les frais de pension en vertu des dispositions précisées dans l'engagement décennal.

Lorsqu'un normalien est admis à son examen de sortie, il doit trouver sans retard un poste d'instituteur dans une commune. Il doit avoir en effet au moins 6 mois d'exercice de la fonction d'enseignant avant que ne soit réalisé le tirage au sort pour le service militaire. S'il n'a pas trouvé de poste, l'élève-maître peut être contraint d'effectuer le service militaire s'il tire un mauvais numéro.

Un recrutement parallèle au recrutement de l'École normale est nécessaire pour pouvoir tous les postes d'enseignants libres chaque année. Pendant de nombreuses années encore, pendant la monarchie de Juillet (1830-1848), les enseignants des écoles primaires sont recrutés par contrat passé entre l'instituteur et les autorités municipales. Pour être instituteur, le postulant doit présenter un certificat attestant qu'il a été de bonne vie et de bonnes mœurs depuis 3 ans au minimum et qu'il est digne, de par sa bonne moralité, de se consacrer à l'enseignement. Ce certificat délivré par la mairie doit être signé par 3 membres au moins du conseil municipal. L'ordonnance de 1816 exige un brevet de capacité. Il faut en outre pour tous les maîtres d'écoles publiques ou privées une autorisation d'enseigner délivrée par le recteur. Enfin, pour être définitivement installé dans le poste, l'instituteur doit, conformément à la loi du 31 août 1830, prêter un serment solennel devant le maire et les conseillers municipaux, à haute voix et la main levée : *« Je jure fidélité au roi des Français, obéissance à la Charte constitutionnelle et aux lois du royaume. »*

La nomination d'un instituteur dans une commune en 1833 rappelle encore la nomination des régents des paroisses de l'Ancien Régime. Il faut avant tout obtenir la confiance du conseil municipal et de l'administration académique. Le recteur accorde de nombreuses autorisations provisoires d'enseigner aux maîtres qui ne possèdent pas un brevet de capacité.

Le recrutement des instituteurs est très hétérogène. Ainsi, en Charente-Inférieure, il n'est pas rare de voir des infirmes et des handicapés exercer la profession d'instituteur dans une école rurale. L'inspecteur chargé de l'arrondissement de Saint-Jean-d'Angely écrit : « *On croira à peine que dans plusieurs cantons le pis-aller est d'être instituteur... De là, ce grand nombre d'infirmes.* » Dans l'arrondissement de Jonzac, sur 114 instituteurs, l'on dénombre 12 infirmes parmi lesquels des manchots et des culs-de-jatte. Pour tous ceux qui sont incapables physiquement de travailler la terre ou de devenir artisan, l'enseignement dans une école primaire est un refuge. Très souvent, le conseil municipal confie l'école à un infirme de la commune lorsqu'il sait lire, écrire et compter. Il peut en effet enseigner en restant assis. Il parvient ainsi à vivre sans être condamné à la mendicité.

L'enseignement primaire accueille aussi d'anciens soldats, démobilisés à la chute de l'Empire napoléonien et qui se retrouvent dans leur village natal sans ressources.

Pour de nombreux enseignants à la campagne, les fonctions d'instituteur communal ne constituent qu'une activité complémentaire. Dans les villages, les maîtres d'école sont fréquemment cultivateurs. Ils exploitent ainsi, en Charente-Inférieure, quelques hectares de terre, le plus souvent des vignes. La rétribution scolaire améliore les revenus traditionnels d'agriculteur. L'instituteur exerce parfois de nombreuses fonctions dans la commune. Ainsi, à Neuvicq, dans le canton de Matha, le maître d'école est à la fois secrétaire de mairie, receveur des octrois, porte-drapeau de la garde nationale, tambour de la commune, sacristain et cordonnier du village ! En fait, le maître d'école est le « factotum » de la commune.

La majorité des jeunes gens qui deviennent instituteurs cherchent à éviter le service militaire. La loi du 21 mars 1832, qui reprend les dispositions de la loi Gouvion-Saint-Cyr de 1818, dispense du service militaire tous ceux qui ont signé un engagement décennal au service de l'Instruction publique. Cette loi fait naître de nombreuses vocations.

Toutefois, quelques maîtres d'école ont choisi cette profession par goût et conviction, alors que leur famille possède des ressources suffisantes pour les mettre à l'abri de la pauvreté.

Quelques instituteurs sont de remarquables pédagogues. Ainsi, l'un d'entre eux, Boisselier, en Charente-Inférieure, qui réside à Belluire près de Pons, retient l'attention de son inspecteur qui note : « *C'est un homme de beaucoup d'instruction, d'un zèle à toute épreuve et d'une conduite irréprochable. Ses élèves sont si forts sur l'orthographe, la grammaire et la géographie que, pendant quelques instants, je me suis cru dans un collège.* »

Le niveau de compétence pédagogique des instituteurs – Les méthodes d'enseignement

Le niveau d'instruction des instituteurs en Charente-Inférieure, comme partout en France, reste faible. L'ordonnance de 1816 avait créé trois degrés dans les brevets de capacité.

Le troisième degré ou degré inférieur est accordé à ceux qui « *savent suffisamment lire, écrire et chiffrer pour en donner des leçons* ». Le deuxième degré est accordé à ceux qui « *possèdent bien l'orthographe, la calligraphie et le calcul* » et qui sont capables de donner un enseignement simultané analogue à celui des frères des Écoles chrétiennes. Le premier degré ou degré supérieur est attribué à ceux qui possèdent « *par principe la grammaire française et l'arithmétique* » et sont en état de donner des notions de géographie, d'arpentage et d'autres connaissances utiles pour l'enseignement primaire.

En Charente-Inférieure, en 1833, 23,4 % des instituteurs possèdent un niveau d'instruction satisfaisant (premier et second degrés). 76,6 % des maîtres d'école ont un niveau médiocre (troisième degré ou absence de brevet de capacité). Sur 513 instituteurs qui enseignent en Charente-Inférieure, 338 possèdent le troisième degré ; 55 d'entre eux n'ont aucun brevet de capacité.

Ces statistiques sont comparables à celles établies par G. Cholvy pour le département de l'Hérault (79 % des instituteurs de l'Hérault ont un niveau de troisième degré ou aucun brevet de capacité).

Le niveau d'instruction des institutrices est encore plus faible. Dans le canton ouest de La Rochelle, l'on recense 10 institutrices qui ne savent pas lire ! Ces maîtresses ne peuvent qu'enseigner le catéchisme et initier les filles aux travaux d'aiguille.

La formation professionnelle est insuffisante. Les instituteurs apprennent leur métier dans les classes. Les plus jeunes ont la possibilité d'enseigner comme « sous-maîtres » auprès d'un instituteur expérimenté ou comme moniteur dans une école mutuelle. Les comités d'instruction de tous les cantons de Charente-Inférieure demandent en vain la création d'une École normale après la loi Guizot de 1833. Le conseil général préfère accorder des bourses pour que les élèves-maîtres se forment à l'École normale de Poitiers.

Pour faire progresser les compétences professionnelles du personnel, les comités cantonaux organisent des conférences pédagogiques. Elles ne sont reconnues officiellement par le Conseil royal que le 10 février 1837. Les premières donnent pendant deux mois des cours de pédagogie aux instituteurs des chefs-lieux de canton. Ceux-ci sont ensuite chargés, une ou deux fois par semaine, d'instruire leurs collègues des communes rurales. Ces conférences se révèlent utiles. En 1833, les inspecteurs de tous les arrondissements regrettent qu'elles soient parfois supprimées par manque de crédits.

Trois modes d'enseignement se pratiquent en Charente-Inférieure comme dans l'ensemble des départements français : le mode simultané, le mode mutuel et le mode individuel. La circulaire ministérielle du 31 janvier 1829 apporte des précisions sur ces trois modes d'enseignement. La méthode individuelle est condamnée ; perte de temps pour les enfants et désordres sont défavorables pour obtenir une efficacité optimale. Toutefois, les 4/5e des instituteurs suivent cette méthode malgré les excellents résultats obtenus par la méthode simultanée mise en œuvre par les frères des Écoles chrétiennes et la méthode des écoles mutuelles.

En Charente-Inférieure, les frères des Écoles chrétiennes n'ont qu'une école dans le département, à La Rochelle. Ils utilisent la méthode simultanée initiée par le fondateur de leur congrégation,

La vie précaire et parfois misérable des maîtres d'école

L'enquête effectuée en 1833 par l'inspecteur Viala permet d'avoir une idée précise de la vie quotidienne des maîtres d'école à cette époque, en Charente-Inférieure, mais également dans l'ensemble du royaume.

L'enquête de l'inspecteur Viala, premier inspecteur des écoles primaires dans le département, permet tout d'abord d'avoir une indication sur la situation de famille des enseignants des écoles. Sur 513 maîtres recensés, 67,3 % sont mariés, 26,8 % sont célibataires, 5,9 % sont veufs.

Les maîtres d'école issus de familles modestes épousent le plus souvent des jeunes femmes de même condition sociale. Dans un village, l'on s'efforce de respecter cette tradition ancestrale. À Geay, en Charente-Inférieure, un enseignant de la commune est contraint de donner sa démission car il prétendait épouser la fille d'un riche propriétaire terrien ! Le père de la jeune fille porte plainte contre le maître d'école qu'il accuse de vouloir s'emparer de ses terres par ce mariage ! La moralité des maîtres doit être exemplaire. Les villageois exercent une surveillance quotidienne sur la vie des maîtres et leur comportement : lorsque l'on juge qu'il y a atteinte à la moralité ou aux bonnes mœurs, le maire de la commune alerte le comité cantonal de surveillance et le sous-préfet.

Les maîtres d'école vivent fréquemment dans la misère. Ainsi, l'état de la situation de l'enseignement primaire dans l'arrondissement de La Rochelle en septembre 1831 précise que « *les instituteurs indigents sont en grand nombre. Quelques uns manquent de pain et sont à la charité publique* ». L'instituteur vit essentiellement de la rétribution scolaire que lui versent les élèves. Le montant de cette rétribution s'élève en moyenne à 1,50 francs par mois pour les enfants qui apprennent à lire et à 2 francs pour ceux qui apprennent à écrire. Or, dans de nombreuses communes rurales, les effectifs des classes ne dépassent pas 20 élèves assujettis au paiement d'une contribution. Du mois de mars au mois d'octobre, seuls quelques enfants continuent à fréquenter l'école. Le plus grand nombre aide les parents à effectuer les travaux des champs. Ainsi, le maître ne perçoit une contribution des élèves que pendant 5 à 6 mois. Celle-ci atteint rarement plus de 200 francs par an. Parfois, le maître est contraint d'accepter des paiements en nature.

Les ordonnances de 1816 et de 1828 demandent aux communes de procéder à l'ouverture d'écoles, mais elles ne prévoient aucune subvention de l'État pour assurer un salaire mensuel aux instituteurs. En raison de l'insuffisance des subventions communales, les membres du comité chargé de l'enseignement primaire dans le canton ouest de La Rochelle adressent en 1832 un rapport au conseil général pour solliciter une aide complémentaire pour les enseignants. Celui-ci vote un crédit de 12 000 francs destiné à améliorer le sort des instituteurs et à couvrir les frais engagés lors des conférences pédagogiques.

L'État néanmoins apporte parfois une aide aux instituteurs les plus qualifiés. Ainsi, en 1830, 15 maîtres d'école se partagent 1 990 francs et, en 1831, 20 autres enseignants se partagent une aide de 1 675 francs. Cependant ces fonds de secours sont attribués d'une manière arbitraire.

L'enquête de 1833, en Charente-Inférieure, montre que les maîtres d'école perçoivent en général une rétribution scolaire d'environ 400 francs par an. Or, en 1832, un ouvrier travaillant 300 jours par an parvenait à gagner 450 francs au cours d'une année. Le comité de l'enseignement primaire de La Rochelle écrit en 1832 : « *Pour les instituteurs, ils sont découragés ; la plupart n'ont pas de quoi vivre et sont obligés de donner leur temps à d'autres soins...* ». 75 enseignants assurent la charge de secrétaire de mairie, ce qui leur procure un supplément de ressources d'environ 60 à 100 francs par an. De nombreux maîtres, à la veille de la loi Guizot de 1833, sont encore sacristains de leur paroisse et chantent la messe le dimanche. Ceux qui possèdent des compétences dans l'arpentage sont souvent sollicités pour effectuer des travaux d'évaluation de superficies de terrains agricoles. Par ailleurs, plusieurs maîtres d'école gèrent de petits commerces sous le nom de leur femme ou de leur fille. Quelques-uns n'hésitent pas à gérer clandestinement des débits de boisson.

Les institutrices perçoivent une rémunération plus faible encore que les instituteurs. En Charente-Inférieure, le salaire moyen des institutrices ne dépasse pas 300 francs avant 1833. En 1838, il n'est encore que de 350 francs environ par an. Malgré la situation médiocre du niveau de rémunération de la majorité des maîtres d'école, quelques-uns d'entre eux parviennent à bénéficier de ressources plus importantes. Ainsi, les directeurs d'école mutuelle de ville perçoivent une rémunération de 1 000 à 2 000 francs par an. Les maîtres d'école qui donnent des cours d'initiation au latin et aux mathématiques perçoivent 4 francs de rétribution scolaire par mois et par enfant.

J.-B. de La Salle (1651-1718). Ils reçoivent près de 400 élèves gratuitement en 1833. La commune de La Rochelle accorde à l'école une subvention de 1 800 francs par an. Les élèves sont répartis par niveau en trois sections. Dans chaque section, le maître enseigne simultanément à tous les enfants. Ceux-ci possèdent des manuels identiques et peuvent donc suivre en même temps la même leçon.

Les écoles mutuelles ont connu un essor important en Charente-Inférieure pendant la Restauration. Toutes les villes du département en possèdent une en 1833. Celle de La Rochelle concurrence l'école des frères des Écoles chrétiennes. Elle était d'origine protestante ; cependant, depuis 1818, 2 maîtres, l'un catholique, l'autre protestant, enseignent à 160 élèves, dont 90 scolarisés gratuitement appartenant aux 2 communautés religieuses. La ville de Rochefort possède également une école mutuelle de grande notoriété. À Saint-Jean-d'Angely, l'école mutuelle est créée en 1819. L'instituteur, M. Saudau, qui gagne alors 1 200 francs par an, enseigne à 75 élèves dont 50 accueillis gratuitement. L'école, fermée en 1822, est à nouveau ouverte en 1830. À cette date, Saudau ne reçoit plus que 200 francs par an en raison de la baisse des recettes municipales. À Saintes, l'enseignement mutuel ne rencontre pas le même succès qu'à La Rochelle et Rochefort. En 1827, l'école n'a plus d'élèves.

Dans l'ensemble, les villes et les bourgs possèdent une école primaire. Dans le département de Charente-Inférieure, 58 % des maîtres d'école enseignent selon le mode individuel. La plupart des instituteurs ruraux, comme le note l'inspecteur Viala dans son rapport de 1836, ne peuvent pratiquer que l'enseignement individuel. En effet, les élèves ont une scolarité irrégulière. Tout d'abord, ils arrivent à l'école à différentes heures du jour et ne respectent pas les heures officielles d'entrée et de sortie des élèves. Le plus souvent, les élèves ne fréquentent l'école que pendant les mois d'hiver et, en outre, ne possèdent pas tous le même manuel scolaire.

Les méthodes d'enseignement varient cependant d'un département à l'autre. Ainsi, en 1833, dans le département du Rhône, 57,2 % des maîtres pratiquent la méthode simultanée et seulement 24,6 %

la méthode individuelle. Dans ces deux départements (Charente-Inférieure et Rhône), l'enseignement mutuel reste minoritaire (6,9 % en Charente-Inférieure, 9,2 % dans le département du Rhône).

En Charente-Inférieure, la méthode d'enseignement individuel diminue de moitié entre 1833 et 1846 : 58,4 % en 1833, 28,5 % en 1846. L'on observe là une véritable mutation pédagogique.

En 1846, l'inspecteur Payen établit une répartition du personnel (instituteurs et institutrices) selon leur valeur pédagogique. Il distingue trois catégories. Dans la première catégorie, la meilleure par la qualité de l'enseignement donné, l'on recense 14,6 % des instituteurs mais seulement 3,4 % des institutrices. Dans la deuxième catégorie, figure la majorité du personnel (54,3 % des instituteurs, 69,3 % des institutrices). La troisième catégorie regroupe les enseignants possédant le niveau le plus faible (30,9 % des instituteurs, 27,2 % des institutrices). Il s'agit là d'un personnel sous-qualifié, souvent le plus âgé. Les autorités académiques montrent à son égard une réelle indulgence. Ces enseignants, pour la plupart d'entre eux, n'ont reçu aucune formation professionnelle mais enseignent avec dévouement et sérieux.

Ainsi, la monarchie de Juillet (1830-1848), pendant près de deux décennies, contribue à une réelle évolution de l'enseignement primaire, notamment grâce à la loi Guizot de 1833. Cependant la scolarisation des élèves reste encore irrégulière et la formation des instituteurs insuffisante, malgré la création des Écoles normales de garçons dans les départements.

L'école primaire pendant la Seconde République et le Second Empire (1848-1870) – L'œuvre de Victor Duruy (1863-1869)

Après l'abdication du roi Louis Philippe, le 24 février 1848, un gouvernement provisoire est formé, dirigé par Lamartine, Ledru-Rollin et Louis Blanc. Sous la pression populaire, il proclame la République et annonce l'élection d'une Assemblée constituante au suffrage universel. Le nombre des électeurs passe de 250 000 à 9 millions. En quelques jours, le gouvernement accomplit une immense œuvre politique (République, suffrage universel, liberté de la presse et de réunion) et sociale (droit au travail et limitation de la journée de travail). L'Assemblée constituante, élue en avril 1848, est formée d'une majorité de républicains modérés. Mais l'extrême gauche révolutionnaire provoque une manifestation le 15 mai 1848, suivie d'une bataille de rues (23-26 juin 1848) qui échoue. Le général Cavaignac écrase les insurgés. L'Assemblée constituante prévoit alors un président de la République et une assemblée législative élus au suffrage universel. Louis Napoléon, neveu de Napoléon Ier, est élu président le 10 décembre 1848. L'Assemblée constituante se sépare en mai 1849. La majorité royaliste, qui compose l'Assemblée législative, est divisée et ne peut rétablir la monarchie. Louis-Napoléon organise un coup d'État, le 2 décembre 1851, approuvé à une large majorité par un plébiscite. Après un second plébiscite, l'empire est rétabli le 2 décembre 1852. Louis-Napoléon prend le nom de Napoléon III, comme si le duc de Reichstadt, fils de Napoléon Ier, avait effectivement régné.

Pendant ces deux décennies, où l'on voit se succéder la IIe République (1848-1852) et le Second Empire napoléonien (1852-1870), l'enseignement primaire connaît une nouvelle évolution. La loi Falloux (15 mars 1850) proclame la liberté de l'enseignement et accentue les prérogatives de l'Église, mais, surtout, la loi de Victor Duruy (10 avril 1867) développe la gratuité de l'enseignement primaire, encourage la scolarisation des filles et limite le rôle des congréganistes.

La constitution du 4 novembre 1848 et la liberté de l'enseignement

La IIe République, malgré l'élaboration de nombreux projets, ne marque pas l'école primaire d'une empreinte républicaine durable.

Un projet de loi, présenté par le saint-simonien Hippolyte Carnot le 30 juin 1848, prévoit l'obligation scolaire pour les deux sexes et la gratuité des écoles publiques. Il engage les instituteurs à défendre la République dans leur action quotidienne.

La Constitution du 4 novembre 1848 retient les principes de l'obligation scolaire et de la gratuité, mais préserve la liberté de l'enseignement. Après les émeutes des 23-26 juin 1848, une vague conservatrice déferle sur la France. Thiers souhaite confier l'ensemble de l'enseignement primaire au clergé pour neutraliser l'influence des « *37 000 enseignants socialistes et communistes, véritables anti-curés* ».

L'enseignement primaire est désormais étroitement contrôlé. À partir de janvier 1850, tout instituteur peut être révoqué par le préfet de son département. En quelques mois, 4 000 d'entre eux se voient ainsi contraints de quitter l'enseignement. Il s'agit d'une véritable épuration d'ordre politique. Toutefois, le budget de l'instruction primaire augmente. Le traitement de tous les enseignants des écoles primaires s'améliore sensiblement. Mais les institutrices reçoivent toujours une rétribution plus faible que leurs collègues masculins. L'argument avancé pour maintenir ce décalage dans les rémunérations est que les institutrices ne sont pas chefs de famille ! La volonté cependant existe de faire progresser la situation financière des femmes.

La loi Parieu (11 janvier 1850) et la loi Falloux (15 mars 1850)

Les libéraux sont effrayés par les progrès des idées révolutionnaires chez les instituteurs. Dès 1849, un groupe d'enseignants fonde l'Association fraternelle des instituteurs, institutrices et professeurs socialistes. La bourgeoisie se rapproche de l'Église et fait voter deux lois très conservatrices, la loi Parieu du 11 janvier 1850 et la loi Falloux du 15 mars 1850.

La loi Parieu ou « petite loi Falloux » donne aux préfets le droit de révoquer les instituteurs et les institutrices qui soutiennent les idées républicaines.

La loi Falloux du 15 mars 1850 a été élaborée par Falloux lorsqu'il était ministre de l'Instruction publique (1848-1849), mais fut votée sous son successeur. La loi proclame la liberté de l'enseignement, que n'avait pas reconnue le décret napoléonien du 17 mars 1808 sur l'Université. Elle accentue les prérogatives de l'Église. À côté des écoles publiques existent désormais des écoles privées créées par des associations ou des particuliers selon des critères très favorables aux membres du clergé catholique, qui n'ont pas obligation pour enseigner d'obtenir les mêmes diplômes que les instituteurs laïques. Une simple lettre d'obédience fournie par leur supérieure tient lieu de diplôme de capacité aux sœurs. Les curés prennent part désormais à l'inspection des écoles primaires. Les Écoles normales sont placées sous haute surveillance. Enfin, les établissements privés peuvent désormais être subventionnés par les communes, les départements ou l'État. En revanche, la loi Falloux prévoit que les communes de plus de 800 habitants doivent ouvrir une école de filles si les ressources locales sont suffisantes. Le seuil est réduit à 500 pour l'ouverture d'une école de garçons. Un salaire minimal de 600 francs est garanti aux instituteurs.

L'Empire autoritaire : les ministères Fortoul (1851-1856) et Rouland (1856-1863)

Pendant la période autoritaire du Second Empire, le ministère Fortoul (1851-1856) fait appliquer une politique répressive. Tous les fonctionnaires doivent jurer fidélité et obéissance à l'empereur. Les instituteurs sont placés sous l'autorité des préfets. Fortoul ramène à 16 le nombre des académies. Le ministère exige que les instituteurs ne portent pas la barbe, ce qui peut indiquer une attitude contestataire ! Par ailleurs, les autorités académiques doivent contrôler avec précision le contenu de l'enseignement. Les enseignants doivent inscrire sur un cahier les exercices qu'ils réalisent en classe avec les élèves.

Une loi du 9 juin 1853 accorde le droit à une pension aux fonctionnaires à l'âge de 60 ans, mais les enseignants rétribués sur fonds départementaux et communaux en sont exclus.

Rouland, successeur de Fortoul, améliore cependant au cours de son ministère (1856-1863) la situation matérielle des enseignants. Il prévoit l'organisation de l'enseignement élémentaire féminin. La qualité des enseignants progresse. En 1861, une institutrice, Julie Daubié, est admise au baccalauréat à l'âge de 37 ans.

L'Empire libéral – Le ministère de Victor Duruy (1863-1869)

Les années 1859-1860 marquent un tournant dans la politique de Napoléon III. L'intervention française en Italie (1859) en faveur des Piémontais contre les Autrichiens aliène à l'Empire le clergé catholique. D'autre part, la signature d'un traité de commerce avec l'Angleterre (1860), qui porte atteinte au protectionnisme, dresse contre le gouvernement la majorité des industriels et des ouvriers qui redoutent le chômage.

Le gouvernement impérial décide de s'opposer à l'influence grandissante de l'Église, qui contrôle l'enseignement primaire d'une manière très stricte depuis la loi Falloux (15 mars 1850).

Victor Duruy, ministre de l'Instruction publique de 1863 à 1869, fait voter la loi du 10 avril 1867 qui ordonne que les instituteurs laïques ne puissent plus désormais être remplacés par des congréganistes dans les écoles publiques. Duruy développe la gratuité à l'école primaire pour les pauvres et abaisse à 500 le seuil des habitants d'une commune ayant désormais obligation d'ouvrir une école de filles. Historien, Duruy modifie également les programmes des écoles élémentaires en introduisant l'enseignement de l'histoire et de la géographie. Il encourage enfin la création de bibliothèques dans les écoles et les communes et crée par ailleurs la Caisse des écoles.

La loi de Victor Duruy rencontre cependant des difficultés pour la réalisation de ses principales orientations concernant la scolarisation des filles. Ainsi, en 1868, l'inspecteur primaire de l'arrondissement de Saintes, en Charente-Inférieure, note que « *les communes mettent en général peu d'empressement à se conformer aux prescriptions de la loi du 10 avril 1867 en ce qui concerne la création des écoles communales de filles* ».

En 1872, en Charente-Inférieure, 130 communes de plus de 500 habitants sont encore dépourvues d'école de filles. Il y avait d'ailleurs peu d'écoles publiques de filles (38 % en 1854, 32 % en 1865). Les écoles mixtes sont encore nombreuses au début du Second Empire. Ainsi, elles représentent 45 % des écoles dans l'arrondissement de Saintes et 43 % des écoles dans celui de Saint-Jean-d'Angely.

Duruy s'efforce d'imposer la gratuité de l'enseignement pour les enfants dont les familles ne possèdent pas de ressources suffisantes pour prendre en charge une rétribution scolaire. À la fin de l'année scolaire, le préfet et le sous-préfet fixent le nombre maximum des élèves pouvant être admis gratuitement dans chaque école publique. Il arrive parfois que les enfants des familles qui ne sont pas indigentes parviennent à bénéficier de la gratuité. Victor Duruy demande aux inspecteurs primaires de faire preuve d'une grande vigilance pour éviter ces anomalies.

L'installation matérielle des écoles

La maison d'école dans les villages ruraux est fréquemment peu conforme aux normes. Le règlement des écoles précise cependant que « *l'instituteur tiendra son école dans un état constant de propreté et de salubrité. Elle sera arrosée et balayée tous les jours et blanchie au lait de chaux deux fois par an.* »

En fait, de nombreuses écoles sont de réels taudis. Ainsi, en Charente-Inférieure, dans l'arrondissement de Jouzac, deux maisons d'école sont d'anciens presbytères qui menacent de tomber en ruine.

Des progrès sont néanmoins réalisés sous le Second Empire. Les communes deviennent progressivement propriétaires de leur maison d'école. En Charente-Inférieure, en 1870, 293 communes sont devenues propriétaires de leur école. Les locaux scolaires sont encore souvent mal installés et peu confortables. Mais, en 1867, l'inspecteur primaire de la ville de Saintes pense que « *l'on peut espérer que d'ici quelques années toutes nos écoles de garçons seront installées dans des locaux convenables* ».

Toutefois, un grand nombre d'écoles sont dépourvues de livres et du matériel d'enseignement de première nécessité.

Les textes réglementaires pour l'installation des écoles sont cependant précis. Le mobilier est constitué d'une estrade pour le maître et d'un tableau noir. La salle de classe, en outre, doit être dotée d'un tableau de mesures métriques, de 3 cartes de géographie, d'une mappemonde, d'une carte de France et d'une carte du département. Les tables où prennent place les élèves « *doivent être légèrement inclinées, larges d'environ 40 centimètres et ne contenir qu'un rang d'élèves afin qu'ils se trouvent tous en face du maître. Les bancs doivent être attachés aux tables.* » Les tables sont conçues pour que chaque élève y trouve une place de 30 à 40 centimètres.

Toutefois, l'écart est important entre les textes réglementaires et la réalité vécue dans les écoles, notamment à la campagne. Ainsi en 1857, la commune de Dœuil-sur-le-Mignon, en Charente-Inférieure, n'a fourni à son école de filles, pour tout mobilier, que deux tables en mauvais état. L'institutrice de La Jarne ne dispose que d'un mauvais bureau et de deux tables de sept places chacune.

À la fin du Second Empire, l'état des locaux scolaires s'est cependant amélioré. En 1870, en Charente-Inférieure, 239 écoles publiques de garçons possèdent un mobilier en bon état alors que seulement 49 écoles (17 %) ont encore un mobilier insuffisant. Dans les écoles publiques de filles, sur 120 écoles, 47 ne possèdent pas un mobilier convenable (28 %).

À partir de 1864, la construction des salles de classe est soumise à une réglementation très stricte. L'école doit occuper « *un lieu central, d'un accès facile et bien aéré* ». Les salles de classe doivent être isolées de toute habitation bruyante et malsaine. Il est précisé par ailleurs que « *la salle de classe sera construite sur cave, planchéiée, bien aérée, accessible aux rayons du soleil et telle surtout que la disposition des fenêtres permette de renouveler l'air facilement* ».

Dans la salle de classe, chaque élève accueilli doit disposer d'une surface de 1 mètre carré. La hauteur de la salle doit être de 4 mètres pour assurer un volume d'air suffisant. Les toilettes doivent être situées dans le champ visuel du maître. La cour de récréation doit être fermée et disposer d'un préau.

Le logement de l'instituteur doit comporter au moins trois pièces avec une cuisine et un jardin. Le mobilier du logement est précisé dans tous les détails. Il comprend deux lits, deux tables de nuit, huit chaises, deux tables rondes, une commode, une armoire en noyer ciré, de la literie et de la vaisselle. L'achat de ce mobilier représente une dépense de 600 francs environ. La loi prévoit une délibération du conseil municipal prenant en charge 300 francs. Toutefois, l'achat du mobilier reste facultatif pendant l'Empire autoritaire (1852-1860), ce qui explique que les maîtres d'école soient souvent contraints de s'endetter pour meubler d'une manière décente leur appartement.

En 1863, l'empereur Napoléon III, alerté par un rapport concernant l'état matériel des écoles, décide que les conseils municipaux ont désormais obligation de participer à l'achat du mobilier. La contribution municipale est fixée à 300 francs. Le complément est pris en charge par l'État. Par ailleurs, un décret d'avril 1862 accorde une somme de 100 francs à chaque normalien sortant d'une École normale pour faciliter son installation.

La formation des institutrices et des instituteurs

L'article 34 de la loi de 1850 précise que « *les départements pourvoient au recrutement des instituteurs communaux en entretenant des élèves-maîtres dans les écoles primaires désignées par le Conseil académique* ». On ne parle plus d'Écoles normales. Celles-ci sont jugées dangereuses par les conservateurs de la Seconde République qui craignent que les instituteurs, désormais plus instruits qu'auparavant, acceptent mal leur situation matérielle. Antoine Prost souligne qu'en 1850-1851, sept Écoles normales disparaissent.

En Charente-Inférieure, depuis 1833, les normaliens sont scolarisés à l'École normale de Poitiers. Cependant, sous le Second Empire, après 30 ans d'hésitations et de tergiversations du Conseil général, une École normale est créée, à Lagord, près de La Rochelle, en 1863.

Depuis la nouvelle réglementation du 24 mars 1851, le concours de recrutement des instituteurs dans les Écoles normales est remplacé par une enquête administrative. Chaque candidat doit prouver sa moralité en produisant un certificat établi par le maire, sa bonne santé par un certificat d'un médecin, sa connaissance de l'histoire religieuse par une lettre du curé. Il doit en outre signer un engagement décennal qui le contraint à enseigner pendant dix ans dans une école primaire. À l'entrée à l'École normale, le candidat doit également produire une autorisation de ses parents s'engageant à rembourser les frais de scolarité s'il résilie son contrat.

Enfin, le candidat doit démontrer devant une commission composée de délégués du recteur qu'il sait lire, écrire et possède les premières notions du calcul et de la grammaire française. Par ailleurs, le jury évalue le « *caractère* » du candidat, son degré d'intelligence et son aptitude à enseigner.

L'on entre souvent à l'École normale pour éviter le tirage au sort et le service militaire. Les candidats sont fréquemment des adolescents issus de familles pauvres ou des fils d'enseignants.

Les candidatures à l'École normale sont peu nombreuses. L'on accepte donc aisément les postulants. Les rares refus prononcés par les jurys de recrutement sont motivés par un dossier incomplet ou des difficultés graves de santé. En septembre 1851, la commission de Charente-Inférieure admet le jeune Cocu, mais à condition qu'il change de nom «*pour éviter les inconvénients*» que pourrait susciter ce nom de famille !

La gravité et la dignité des fonctions d'enseignant

Les institutrices et les instituteurs doivent offrir de parfaites garanties de moralité et avoir une bonne éducation avec de solides convictions religieuses. Le règlement des écoles primaires publiques précise, en Charente-Inférieure, que « *l'instituteur ne doit fréquenter ni les cabarets ni les cafés ni aucune société qui ne conviendrait point à la gravité et à la dignité de ses fonctions* ». Il doit entretenir d'excellentes relations avec les autorités civiles et ecclésiastiques. Il doit accepter d'exercer les fonctions de chantre aux offices religieux ou de secrétaire de mairie sans que cela puisse nuire à son travail pédagogique.

Dans la vie quotidienne de l'école, le maître doit montrer sérieux et efficacité. Il doit préparer ses leçons avec précision et établir un emploi du temps qu'il respectera scrupuleusement.

L'article premier du règlement des écoles indique clairement que « *le principal devoir de l'instituteur est de donner aux enfants une éducation religieuse* » et de «*graver profondément dans leurs âmes le sentiment de leurs devoirs envers Dieu, envers leurs parents, envers les autres hommes et envers eux-mêmes* ».

La conduite de l'instituteur doit servir d'exemple aux élèves. Il ne peut avoir aucune familiarité avec eux. Le maître doit toujours en leur parlant « *allier le calme et la douceur à la fermeté et à la sévérité* ».

L'instituteur, sous le Second Empire, reste sous la tutelle du curé et des parents d'élèves. En 1860, un maître d'école se voit reprocher de venir trop rarement à l'église et de tenir des propos hostiles à la religion. Le curé d'Échillais, en Charente-Inférieure, demanda à l'institutrice de chanter à l'église avec ses élèves et de décorer l'autel de la Vierge tous les samedis. L'enseignante refusa d'obéir aux ordres

La vie des normaliens à l'École normale de Lagord, près de La Rochelle – La formation des institutrices au château d'Oléron

Dans son discours lors de l'inauguration de l'École normale de Lagord, le 6 octobre 1863, en présence du préfet et du recteur, le directeur de l'école, Monsieur Lair, précise les objectifs de l'enseignement qui sera donné aux élèves-maîtres :

« Messieurs, j'estime grandement la science, mais j'estime avant tout la vertu. Je tiens donc à ce que nos élèves-maîtres s'accoutument dès maintenant à la pensée que leur future mission sera essentiellement religieuse et moralisatrice… Je veillerai constamment à ce que nos jeunes gens prennent ici des habitudes de travail, d'ordre, d'obéissance à la règle, d'exactitude en toutes choses. Il est à peu près inutile d'ajouter que nous nous ferons un devoir de leur inspirer des sentiments de patriotisme, d'un respect sincère pour l'autorité, d'un dévouement filial à sa majesté l'Empereur… Nous chercherons à leur faire aimer la vie des champs et à les maintenir dans des goûts et des habitudes de simplicité et de modestie qui conviennent à la carrière qu'ils veulent embrasser. »

Les cours à l'École normale sont programmés avec précision (43 heures de cours par semaine). Seize matières sont enseignées en première année ; dix-huit en deuxième année (physique et chimie en plus) ; vingt-deux en troisième année (industrie, hygiène, pédagogie, état civil en plus). Le personnel de l'École normale est restreint. L'effectif ne dépasse pas une dizaine de personnes.

Levé à 5 heures, couché à 21 heures, le normalien n'a guère que les moments des repas et les cours de plein air (jardinage) pour se détendre.

Le curé de Lagord assure l'instruction religieuse. Il donne six heures de cours par semaine (deux heures à chaque promotion) et trois heures de cours d'orgue.

Les cours d'agriculture sont donnés par un vétérinaire qui enseigne également dans une ferme-école à Puilboreau, près de La Rochelle. L'ouverture à l'enseignement des sciences est marquée par l'implantation d'une station météo.

Les élèves-maîtres effectuent un apprentissage concret sur le plan pédagogique à l'école annexe de l'École normale qui accueille 48 élèves.

Le niveau des élèves reste encore hétérogène. En 1865, cinq d'entre eux font environ trente fautes d'orthographe par exercice !

Chaque élève doit avoir un uniforme. Cet uniforme est de couleur noire. Il compte une longue redingote avec des palmes bleues. En 1868, les élèves ont un haut-de-forme.

La discipline à l'École normale de garçons de Lagord est stricte. En avril 1868, un élève qui avait troublé l'ordre réglementaire dans un dortoir et refusait d'avouer sa faute, reçoit une sanction sévère. Un élève qui n'était pas rentré à l'école un dimanche à l'heure prévue par le règlement intérieur de l'école, est privé de deux jours de vacances à Pâques.

Certaines familles aux revenus modestes rencontrent des difficultés pour faire face aux frais de scolarité malgré l'obtention d'une bourse. Plusieurs demandes de complément de bourses sont refusées par le Conseil général qui se montre peu généreux. En décembre 1864, un crédit ministériel de 3 000 francs est cependant alloué au département de Charente-Inférieure « *à titre de remboursement aux familles sans ressources suffisantes* ».

Les résultats scolaires des élèves-maîtres sont honorables. En 1856, sur les neuf élèves de troisième année, deux seulement sont ajournés au brevet ; l'un a un niveau insuffisant en orthographe ; l'autre a une faiblesse générale dans l'ensemble des disciplines. À l'École normale, l'examen de sortie, à l'issue des trois années d'études, privilégie le français et le calcul. Les lauréats peuvent ensuite préparer le brevet supérieur.

Les élèves-maîtres ne respectent pas tous l'engagement décennal. En 1858, l'inspecteur d'académie note : « *L'industrie privée et les diverses administrations nous enlèvent fréquemment nos meilleurs maîtres.* »

Alors que l'École normale de Lagord forme les instituteurs, le Cours normal du château d'Oléron, dans l'île d'Oléron, assure la formation des institutrices

.../...

communales. Leurs études sont payées par le département qui accorde des bourses. En contrepartie, les élèves s'engagent à servir au moins pendant huit années consécutives à la sortie de l'école en qualité d'institutrice communale dans une commune rurale de Charente-Inférieure. Si le contrat est résilié, la famille doit rembourser les frais de scolarité engagés.

Le Cours normal du château d'Oléron est en fait une « sous-École normale » dirigée par des sœurs. Le contrôle de la formation est donc exercé par l'Église catholique. Il existe d'ailleurs un autre cours de formation pour les institutrices protestantes à Royan. Nous sommes loin encore des Écoles normales de la IIIe République !

Le Cours normal du château d'Oléron fut créé en 1847. Il y avait alors quatre élèves-maîtresses. En 1852, l'on accueille douze élèves boursières dont quatre pensionnaires. L'accueil est limité faute de moyens financiers. En 1866, il y a dix candidates pour quatre places. Les élèves sont le plus souvent d'origine modeste (familles de cultivateurs, d'artisans ou d'enseignants). Sur 40 élèves sorties du cours du château d'Oléron de 1847 à 1852, 15 viennent de l'arrondissement de La Rochelle.

Le concours d'entrée au château d'Oléron devient plus difficile après 1860 lorsque le nombre de candidates augmente. Toute épreuve d'orthographe contenant plus de quatre fautes entraîne l'échec.

du curé en indiquant qu'il « *n'entrait pas dans ses mœurs de se rendre seule à l'église* ». Elle refusa également de recevoir le curé chez elle. Son attitude contestataire la contraignit à démissionner.

Les relations avec les parents sont souvent difficiles. Si l'instituteur perd la confiance de la population, il perd aussi très rapidement ses élèves et doit dès lors quitter son poste.

Un instituteur qui avait infligé des punitions corporelles à ses élèves entre en conflit avec les parents d'élèves de la commune. Il dut quitter son poste devant l'attitude hostile de la population.

Le maître d'école peut perdre également la confiance de la population si son épouse ne sait ni lire ni écrire !

À l'école du château d'Oléron, l'on enseigne les disciplines classiques, mais également l'histoire, la géographie, le dessin, la musique, les travaux d'aiguille et les principes d'éducation. Il y a, au total, trente heures de cours par semaine et vingt heures d'études. L'emploi du temps de la journée est spartiate :

– 5 heures : lever ; toilette ; étude.
– 7 h 30 : déjeuner ; récréation.
– 8 heures : entrée en classe.
– 11 h 30 : dîner ; récréation.
– 12 h 30 : entrée en classe.
– 18 heures : souper ; récréation.
– 20 heures : prière ; coucher à 20 h 45.

En 1852, les sœurs estiment nécessaire que les cours de l'école durent deux ans. La directrice demande que les élèves ne soient acceptées qu'une fois par an, au mois d'août. Elles sont nourries, blanchies et logées dans l'établissement. Les locaux de l'école du château d'Oléron se révèlent rapidement trop exigus. Par ailleurs, le budget de fonctionnement est insuffisant. Les boursières doivent fournir deux paires de draps, six serviettes, une robe noire, des bonnets.

Aucune sortie en ville n'est autorisée. La supérieure remarque en effet que « *le lendemain, celles qui sont sorties ne sont plus aptes au travail* ».

Les enseignants doivent montrer une entière loyauté envers l'empereur Napoléon III. Au mois de mai 1863, dans une lettre adressée à l'inspecteur d'académie, le préfet de Charente-Inférieure demande que les instituteurs prennent parti pour les candidats officiels lors d'une élection, mais qu'ils interviennent secrètement.

La loi Parieu de janvier 1850 place les instituteurs sous la tutelle du préfet qui peut réprimander, suspendre ou révoquer un enseignant. Le préfet recense les opinions politiques des instituteurs. Dans l'arrondissement de Jouzac, 9 instituteurs sont considérés comme « *rouges* » sur 85. Dans celui de Saint-Jean-d'Angely, 12 instituteurs sur 97 sont également classés « *rouges* ».

Dans l'arrondissement de Saint-Jean-d'Angely, l'inspecteur demande une suspension de six mois avec privation de traitement pour un maître d'école qui a des « *opinions politiques très avancées* ». Deux instituteurs sont suspendus pendant deux mois avec privation de traitement parce qu'ils avaient des liens d'amitié avec un socialiste.

Les instituteurs sont étroitement surveillés par les agents du préfet, par les délégués cantonaux mais aussi par les habitants.

L'inspection des écoles primaires

Les écoles doivent être inspectées deux fois par an selon la circulaire de février 1854. Les rapports des inspecteurs contiennent toujours des observations concernant l'attitude morale des instituteurs. Très souvent l'inspecteur est considéré comme un « *conseiller-allié* » alors que les délégués sont des juges redoutés. Il y a en principe un délégué pour trois ou quatre communes. Les délégués se réunissent régulièrement pour se communiquer les observations effectuées au cours de leurs visites. Ils sont nommés sur des critères d'honorabilité. L'on y trouve des juges de paix, des avocats, des procureurs impériaux et, également, de nombreux curés. L'on examine avec attention les idées politiques des délégués qui doivent montrer une fidélité sans faille à l'empereur Napoléon III. Ainsi, en Charente-Inférieure, le sous-préfet de Marennes récuse la candidature d'un délégué « *qui a longtemps professé des opinions républicaines et qui a été constamment hostile à l'autorité impériale* ».

Cependant, en 1861, le conseil départemental décide que l'on ne procèdera plus à la nomination, en qualité de délégués dans leur commune, du maire ou du curé.

Dans quelques cas, peu nombreux, des sanctions sévères sont prises contre les maîtres d'école. Ainsi, en Charente-Inférieure en novembre 1855, l'inspecteur de l'arrondissement de Rochefort signale le cas d'un instituteur de Lagord qui par des lettres anonymes injurieuses pour le maire montre « *insubordination et duplicité* ». Parmi les critiques émises contre les instituteurs l'on relève souvent « *le manque de vocation* » et le « *délit d'adultère* ».

S'il est injustement mis en cause, le maître d'école est soutenu par la population et les autorités judiciaires. Ainsi, en février 1869, à Forges-d'Aunis, près de La Rochelle, un instituteur est insulté par un conseiller municipal en pleine classe, en présence des élèves. L'instituteur ayant porté plainte, le conseiller municipal est condamné à 200 francs d'amende. Le maître d'école dispose donc de moyens de défense.

Les effectifs des classes et les instituteurs adjoints

La loi de 1867 prévoit la présence d'un instituteur adjoint lorsque les effectifs de la classe dépassent 60 élèves. Les adjoints représentent une charge supplémentaire pour les communes. Parfois, les conseils municipaux augmentent légèrement le traitement de l'instituteur mais, en retour, ils lui demandent de payer son adjoint. En novembre 1867, le conseil municipal de Saint-Martin-de-Ré vote une somme de 1 500 francs pour l'instituteur à condition qu'il paie, nourrisse et entretienne l'instituteur adjoint. Mais l'instituteur refuse cette proposition municipale et continue à faire seul sa classe. Les autorités préfectorales prennent conscience cependant des difficultés rencontrées par les enseignants lorsque les effectifs sont pléthoriques. Ainsi, le préfet de Charente-Inférieure, en 1865, s'adressant au ministre de l'Instruction publique, observe : « *Il faudrait une subvention de 14 612 francs pour parfaire le traitement des instituteurs adjoints. J'ai tout lieu de penser que les communes se refuseront en général à s'imposer volontairement des sacrifices.* »

Les instituteurs adjoints ne sont pas toujours bien considérés par la population. Un inspecteur indique, en 1866, que les parents tiennent à ce que les enfants « *ne reçoivent que les leçons du maître* ». Le nombre d'instituteurs adjoints varie selon les départements. Ainsi, en Charente-Inférieure, en 1854-1855, il y a 54 instituteurs adjoints pour 379 instituteurs titulaires. En 1870, l'on dénombre 97 adjoints pour 444 instituteurs titulaires (un adjoint pour 4,5 instituteurs titulaires). Or, sur le plan national, en 1863, il y a seulement un adjoint pour 12,5 instituteurs titulaires. Dans l'enseignement féminin, le nombre d'adjointes est plus faible.

La journée de classe

La journée de classe est réglée selon un emploi du temps immuable. Elle commence toujours par une inspection de propreté qui a pour but de faire respecter une hygiène exemplaire (propreté des mains notamment).

Après la prière, se succèdent les leçons de catéchisme, de lecture et d'écriture.

Les élèves entrent en classe en rang ; il en est de même pour la sortie de classe. Les enfants sont groupés dans les écoles rurales suivant leur village d'origine.

L'appel a lieu deux fois par jour pour éviter l'absentéisme encore fréquent. Les élèves qui effectuent, souvent à pied, un long trajet pour venir à l'école, ne rentrent pas dans leur famille pour déjeuner. Ils apportent un casse-croûte sommaire (pain, fruits) qu'ils avalent rapidement dans la cour de récréation. Le soir, dans les classes mixtes, les filles sortent un quart d'heure avant les garçons.

En hiver, les enfants apportent, à la campagne, une bûche pour mettre dans le poêle ou dans la cheminée.

Les effectifs varient selon les saisons. En hiver, le froid et la neige perturbent la scolarité des enfants dont le domicile est situé parfois à plusieurs kilomètres de l'école. L'été, les enfants participent avec leurs parents aux travaux des champs. En mai-juin 1857, un instituteur se plaint de ce que les élèves ne fréquentent l'école que deux heures par jour !

En revanche, dans les villes, la fréquentation scolaire est plus régulière.

La scolarisation des enfants d'âge préscolaire et des adultes âgés de plus de 18 ans

L'enseignement préscolaire existe en France dès la fin du XVIIIe siècle. L'on trouve des écoles de commençants ou écoles à tricoter fondées dans les Vosges en 1771 par le pasteur Oberlin. Par ailleurs, des garderies, destinées à aider les mères qui travaillent dans les usines, sont ouvertes dans plusieurs villes.

Au XIXe siècle, le pédagogue allemand Friedrich Fröbel avait fondé en 1837 les premiers jardins d'enfants et mis au point les premiers jeux éducatifs en Allemagne.

Comme pour l'enseignement mutuel, les jardins d'enfants réalisés en Angleterre exercent une grande influence en France pendant la Restauration et contribuent au développement des salles d'asile. Les membres de la Société pour l'instruction élémentaire font connaître les méthodes pédagogiques pratiquées par les *infants schools* créées en 1817 par l'industriel philanthrope Robert Owen et l'ouvrier pédagogue Buchanan.

Au retour d'un voyage en Angleterre, un avocat généreux, J.-M. Denys Cochin (1789-1841), maire du 12e arrondissement à Paris, fait ouvrir en 1828 une salle d'asile modèle ainsi qu'un Cours normal pour la formation des éducatrices (1831). Sous la monarchie de Juillet, les salles d'asile se multiplient rapidement. À partir de 1836, elles sont administrées par le ministère de l'Instruction publique. Une ordonnance de 1837 leur donne un statut officiel en les définissant comme des « *établissements charitables où les enfants des deux sexes peuvent être admis pour recevoir les soins de surveillance maternelle et de première éducation que leur âge réclame* ».

En 1847, le ministre Salvandy crée l'École normale des salles d'asile et en confie la direction à Marie Pape-Carpantier (1815-1878).

Les établissements préscolaires prennent le nom d'écoles maternelles en 1848, désignation abandonnée en 1855 puis reprise définitivement en 1881. De quelques unités recensées en France à la fin de la Restauration, le nombre des salles d'asile passe à 4 650 en 1880. L'enfant ne vient pas à l'école maternelle dans le seul but d'apprendre mais aussi pour que soit pris en charge son développement naturel, et pour mieux assurer sa maîtrise de l'expression orale dans la langue française.

Sous le Second Empire, l'impératrice patronne les salles d'asile. En Charente-Inférieure, l'on ressent surtout la nécessité de la présence de ces salles d'asile dans les arrondissements du littoral (Marennes et Rochefort) où les familles de pêcheurs et de sauniers ont de nombreux enfants, qu'il faut confier à une garderie alors que les hommes et les femmes sont pris toute la journée par leurs activités professionnelles. Ainsi, l'inspection académique approuve la création d'une salle d'asile aux Portes dans l'île de Ré, considérant « *qu'une salle d'asile serait spécialement utile aux habitants des Portes qui, étant occupés toute la journée à des travaux de l'extérieur, sont obligés de laisser leurs enfants ou enfermés dans leurs maisons ou confiés à des gardiennes près desquelles leur santé n'est pas moins exposée que leur développement intellectuel et moral* ».

Les salles d'asile sont visitées au moins une fois par semaine par un membre des comités de patronage, composés de femmes de notables. L'enseignement est confié le plus souvent à des sœurs. Pour le personnel laïque, l'on recrute des personnes reconnues aptes après examen.

Les salles d'asile sont construites avec le concours financier du conseil général mais également des communes et de l'État. L'on recense 26 salles d'asile en Charente-Inférieure en 1855 (7 publiques, 19 privées). En 1870, l'on en dénombre 36 (25 publiques, 9 privées).

La plupart des salles d'asile sont mixtes. Le nombre de garçons et de filles accueillis est à peu près équivalent. Les enfants sont le plus souvent scolarisés gratuitement. Ainsi, en 1855, pour l'ensemble de la Charente-Inférieure, 738 garçons sont accueillis gratuitement, 50 après versement d'une contribution scolaire. À la même date, 715 filles fréquentent gratuitement les salles d'asile, 50 après paiement d'une contribution.

En revanche, dans les salles d'asile privées, la gratuité est moins fréquente. Ainsi, en 1867, en Charente-Inférieure, 194 filles sont accueillies gratuitement dans les salles d'asile privées mais 106 après paiement d'une contribution.

En 1863, l'inspecteur d'académie du département de Charente-Inférieure se montre très satisfait car « *un élan général est donné en faveur des salles d'asile. Les communes en recommandent l'utilité ; le manque de ressources, dans bien des communes, s'oppose seul à la création de ces établissements.* »

L'effort accompli dans le domaine de la scolarisation des enfants d'âge préscolaire s'accompagne de la volonté de scolariser les adultes de plus de 18 ans et les apprentis de plus de 12 ans. Une loi de 1850 prévoit la création d'écoles primaires communales pour adultes et pour apprentis. Ces écoles ne sont pas mixtes.

L'enseignement donné dans les classes primaires pour adultes de plus de 18 ans est confié à des instituteurs volontaires, qui assurent les cours en complément de l'horaire de leur fonction habituelle d'enseignant. Les inspecteurs incitent fortement les meilleurs maîtres d'école à ouvrir une classe destinée aux adultes. Ces cours sont d'autant plus appréciés que de nombreux adultes ne maîtrisent plus la lecture et l'écriture après plusieurs années de vie professionnelle consacrées aux travaux des champs et aux activités artisanales.

Victor Duruy, ministre de l'Instruction publique de 1863 à 1869, accorde une grande attention à ces classes d'enseignement réservées aux adultes et aux apprentis. Il demande aux préfets d'établir la liste des adultes susceptibles de bénéficier de ces cours.

À partir de 1866, les adultes qui parviennent à acquérir un bon niveau scolaire sont présentés aux épreuves du certificat d'études. Victor Duruy recommande la création d'un prix cantonal pour « *l'enfant de 15 ans et pour le jeune homme de 18 ans livrés aux travaux agricoles ou manuels* ».

En mai 1855, le ministre de l'Instruction publique adressait déjà des félicitations au préfet de Charente-Inférieure pour le nombre important de classes d'adultes ouvertes dans son département. En 1857, 3 231 adultes ont fréquenté 212 cours publics ou privés. En 1866, l'on recense 7 611 adultes fréquentant 294 cours publics ou privés. La progression se poursuit à la fin du Second Empire. En 1870, l'on dénombre 11 248 adultes fréquentant des cours d'adultes.

Le conseil général de Charente-Inférieure encourage la création de ces classes d'enseignement pour adultes en votant des subventions pour les dépenses de fonctionnement qu'elles entraînent. Les cours donnés aux adultes sont le plus souvent gratuits.

Quelques classes sont destinées aux femmes. Ainsi, à Marennes, en 1867, 48 femmes sont accueillies dans ces classes pour adultes. À la même date, l'on dénombre un cours de 25 femmes à Saint-Jean-d'Angely, de 76 femmes à Rochefort et de 61 femmes à Jonzac.

Grâce à ces cours du soir, nombreux sont les artisans et les agriculteurs qui peuvent obtenir un niveau scolaire minimum pour exercer correctement leur métier.

Ainsi, l'école primaire connaît une réelle évolution positive pendant la Seconde République et le Second Empire. L'œuvre de Victor Duruy pendant l'Empire libéral (loi du 10 avril 1867) marque une étape importante en favorisant la gratuité de l'école primaire pour les pauvres et la scolarisation des filles en milieu rural dans les communes de plus de 500 habitants. Si l'Église reste encore très présente dans l'enseignement primaire, à partir de 1867 les instituteurs laïques ne peuvent plus être remplacés par des congréganistes dans les écoles publiques. La création de la Ligue de l'enseignement en 1866 par Jean Macé (1815-1894), publiciste parisien, contribue à développer un courant d'opinion favorable à la gratuité, à l'obligation scolaire et à la laïcité.

La IIIe République – Les lois Jules Ferry (16 juin 1881-28 mars 1882) – L'école républicaine, laïque et gratuite – L'obligation scolaire

Proclamée le 4 septembre 1870 mais définitivement instituée en 1875, la IIIe République n'est réellement dirigée par les républicains eux-mêmes qu'à partir de 1879, date à laquelle Jules Grévy succède à Mac Mahon à la présidence de la République. Les républicains ne peuvent concevoir la démocratie et la République sans refonte du système éducatif. Les grandes lois de Jules Ferry instituant la gratuité, l'obligation scolaire et la laïcité de l'enseignement primaire ouvrent une ère nouvelle. Les « hussards noirs » de la République contribuent à faire triompher la démocratie en France. Les grands principes de l'école laïque et républicaine ne seront plus contestés jusqu'à l'arrivée au pouvoir de Pétain et la mise en place du régime de Vichy, qui mettent fin à la IIIe République le 10 juillet 1940.

L'école primaire au début de la IIIe République

Au début de la IIIe République, les écoles à classe unique sont encore les plus nombreuses. D'après une statistique de 1887, sur 61 547 écoles laïques, 47 001 écoles comptent une classe, 9 074 deux classes et 981 six classes et plus.

JULES FERRY
1832-1893

L'enseignement dans les écoles primaires est partagé en 3 cours : cours élémentaire, cours moyen, cours supérieur. La constitution de ces 3 cours est obligatoire dans toutes les écoles, quel que soit le nombre de classes et d'élèves. Chaque cours dure 2 ans. Le cours élémentaire comprend les élèves de 7 à 9 ans ; le cours moyen, les élèves de 9 à 11 ans, et le cours supérieur les élèves de 11 à 13 ans (arrêté du 18 janvier 1887, article 9). L'élève qui entre à 6 ou 7 ans au cours élémentaire doit avoir reçu, de 2 à 6 ans, à l'école maternelle, une première initiation aux apprentissages fondamentaux, qui le prépare à suivre avec profit l'école primaire. En fait, les écoles maternelles sont encore peu nombreuses. En 1887, d'après les statistiques officielles, on ne compte que 5 882 écoles maternelles publiques ou privées.

De là, la création à l'école primaire d'un cours préparatoire, appelé classe ou section enfantine. La loi du 30 octobre 1886 met en place les classes enfantines qui sont ainsi définies par le décret du 18 janvier 1887 (article 2) : « *Les classes enfantines forment le degré intermédiaire entre l'école maternelle et l'école primaire. Elles ne peuvent exister que comme annexe d'une école primaire élémentaire ou d'une école maternelle. Les enfants des deux sexes y sont admis depuis l'âge de quatre ans au moins jusqu'à l'âge de sept ans au plus. Ils y reçoivent, avec l'éducation de l'école maternelle, un commencement d'instruction élémentaire.* »

Dans les communes où existe une école maternelle, la classe enfantine sert de transition entre l'école maternelle et l'école primaire. Dans les communes où l'école maternelle n'existe pas, la classe enfantine est destinée à la remplacer. La classe enfantine, annexée ou non à l'école élémentaire, en est le cours préparatoire. De même, à la fin des études primaires, l'on annexe à certaines écoles le cours complémentaire primaire qui est le premier degré de l'enseignement primaire supérieur.

Les écoles primaires sont ou bien des écoles de garçons, ou bien des écoles de filles ou bien des écoles mixtes. L'enseignement est donné par des instituteurs dans les écoles de garçons, par des institutrices dans

Jules Ferry, ministre de l'Instruction publique
(février 1879-novembre 1881 ; janvier-août 1882 ; février-novembre 1883.)

les écoles de filles. La loi autorise cependant les femmes à enseigner en qualité d'adjointes dans les écoles de garçons, à condition toutefois d'être épouse, sœur ou parente en ligne directe de l'instituteur qui dirige l'école. Le conseil départemental peut cependant autoriser, à titre provisoire, des dérogations à cette réglementation.

Dans les écoles mixtes, la loi précise que l'enseignement sera confié à des institutrices. Mais, dans ce cas également, le conseil départemental peut, à titre provisoire, et par une décision toujours révocable, permettre à des instituteurs de diriger des écoles mixtes à condition qu'il leur soit adjoint une maîtresse de couture. En fait, la plupart des écoles mixtes sont encore dirigées par des instituteurs. En 1887, sur 18 363 écoles mixtes, 13 101 sont dirigées par des instituteurs et seulement 5 262 par des institutrices. Cette situation est encouragée par les maires, qui préfèrent les instituteurs auxquels ils confient fréquemment le secrétariat de mairie.

La loi impose à chaque commune l'obligation d'avoir au moins une école primaire publique (loi organique du 30 octobre 1886). Une commune peut cependant être autorisée à prendre en charge avec une autre commune l'entretien d'une école. Désormais, une commune ne peut être dispensée d'entretenir une école primaire, comme c'était le cas auparavant avec la loi de 1850, où cette obligation n'existait pas si un enseignement primaire gratuit des enfants indigents était donné dans une école privée.

Par ailleurs, toute commune ou réunion de communes est tenue d'avoir une école de filles, lorsqu'elle compte 500 habitants et plus, à moins d'être autorisée à remplacer cette école de filles par une école mixte. Toutefois, pour sauvegarder l'existence des écoles établies dans les communes de moins de 500 habitants, toute école déjà créée au 30 octobre 1886 doit faire l'objet d'une dépense obligatoire. Enfin, les écoles de hameaux sont instituées par la loi du 20 mars 1883. L'article 8 de la loi exige que les communes créent des écoles dans les hameaux éloignés du chef-lieu de canton ou distants les uns des autres de 3 kilomètres, et réunissant un effectif d'au moins 20 enfants d'âge scolaire, c'est-à-dire âgés de 6 à 13 ans.

Les républicains, à partir de l'installation de Jules Grévy à l'Élysée en 1879, ne peuvent concevoir la démocratie et la République sans une profonde réforme de l'enseignement primaire. Dès le mois d'avril 1870, Jules Ferry, député républicain de Paris, fait un serment solennel : « *Je me suis fait un serment : entre toutes les nécessités du temps présent, entre tous les problèmes, j'en choisirai un auquel je consacrerai tout ce que j'ai d'intelligence, tout ce que j'ai d'âme, de cœur, de puissance physique et morale, c'est le problème de l'éducation du peuple. Avec l'inégalité de l'éducation, je vous défie d'avoir jamais l'égalité des droits, non l'égalité théorique mais l'égalité réelle.* »

Les lois Jules Ferry (16 juin 1881 et 28 mars 1882)

Jules Ferry est successivement ministre de l'Instruction publique de février 1879 au mois de novembre 1881, puis du mois de janvier au mois d'août 1882 et du mois de février au mois de novembre 1883. Il est également président du Conseil du mois de septembre 1880 au mois de novembre 1881 et du mois de février 1883 au mois de mars 1885. Pendant 6 ans de 1879 à 1885, Jules Ferry a donc une influence suffisante au gouvernement pour faire voter les lois du 16 juin 1881 et du 28 mars 1882 qui vont profondément transformer l'enseignement primaire.

La loi du 16 juin 1881 établit la gratuité complète pour l'enseignement primaire. L'article 1 de la loi précise : « *Il ne sera plus perçu de rétribution scolaire dans les écoles primaires publiques ni dans les salles d'asile publiques* (écoles maternelles). »

La gratuité est désormais imposée dans les écoles primaires mais aussi dans les Écoles normales. Seuls les frais d'internat et de demi-pension ainsi que l'achat des livres et des fournitures restent à la charge des familles partout où les conseils municipaux ne les distribuent pas gratuitement aux élèves.

Les autres articles de la loi du 16 juin 1881 précisent les moyens financiers destinés à assurer l'application de la gratuité. L'article 3 définit les prélèvements à effectuer sur les revenus des communes en spécifiant que ces prélèvements ne dépasseront pas un certain seuil. L'article 4 rend obligatoire pour les départements les quatre centimes spéciaux établis par les lois de 1850, 1867 et 1875. Enfin, l'article 5 met à la charge de l'État, en cas d'insuffisance des ressources communales et départementales, le supplément de subvention nécessaire.

Depuis longtemps déjà, la gratuité partielle était prévue en France par les lois régissant l'instruction primaire. L'article 14 de la loi du 28 juin 1833 que François Guizot avait fait voter précisait : « *Seront admis gratuitement dans l'école communale élémentaire ceux des élèves de la commune ou des communes réunies que les conseils municipaux auront désignés comme ne pouvant payer aucune rétribution.* » C'était en fait accorder la gratuité à tous les enfants dont les familles étaient reconnues indigentes (30 % des familles environ). La loi Falloux du 15 mars 1850, tout en maintenant le principe de la gratuité pour les indigents, allait plus loin en accordant aux communes la possibilité d'établir la gratuité absolue. Le pourcentage des élèves scolarisés gratuitement s'élevait alors à près de 39 %. La loi de 1867 avait permis ensuite de faire un nouveau pas vers la gratuité. Elle autorisait les communes (article 8) à créer des ressources spéciales tout en prévoyant des subventions du département et de l'État. En 1877, le pourcentage des élèves scolarisés gratuitement s'élevait à 57 % et à 66 % en 1881, au moment où est votée la loi de Jules Ferry établissant la gratuité totale de l'école primaire.

La gratuité scolaire n'était pas encore établie dans tous les grands pays européens. En Russie, en Angleterre et en Hollande, il était alors de règle d'exiger des familles une contribution scolaire bien que la faculté soit donnée aux communes d'instituer la gratuité. En revanche, en Italie, au Portugal, en Suisse, en Norvège et en Autriche la gratuité existait déjà. Sur le continent américain, la gratuité était déjà en vigueur aux États-Unis et dans quelques républiques d'Amérique du Sud (Argentine).

L'enseignement primaire est, en France, le seul des trois degrés d'enseignement (enseignement primaire, secondaire et supérieur) auquel la loi accorde le bénéfice de la gratuité complète. Dans les lycées et les collèges de l'État, les frais d'études pour les externes, comme les frais de pension pour les internes, sont toujours à la charge des parents, sauf pour les élèves qui ont obtenu une bourse (3 000 à 4 000 élèves environ). Depuis 1887, les droits universitaires sont rétablis dans l'enseignement supérieur. Les bourses accordées aux étudiants sont peu nombreuses.

La loi du 28 mars 1882 établit l'obligation scolaire dans l'enseignement primaire. L'article 4 de la loi indique : « *L'instruction primaire est obligatoire pour les enfants des deux sexes âgés de six ans révolus à treize ans révolus ; elle peut être donnée soit dans les établissements d'instruction primaire ou secondaire, soit dans les écoles publiques ou libres, soit dans les familles par le père de famille lui-même ou par toute personne qu'il aura choisie.* »

Ainsi ce n'est pas l'école qui est obligatoire mais l'instruction. Le législateur n'exige de l'enfant qu'une chose, c'est qu'il possède « *le minimum de connaissances nécessaires à tout homme* ». Il ne se soucie pas de savoir où et comment ces connaissances ont été acquises. L'article 7 de la loi précise : « *Le père, le tuteur ou la personne qui a la garde de l'enfant, le patron chez qui l'enfant est placé, devra, quinze jours au moins avant l'époque de la rentrée des classes, faire savoir au maire de la commune s'il entend faire donner à l'enfant l'instruction dans la famille ou dans une école publique ou privée ; dans ces deux derniers cas, il indiquera l'école choisie. Les familles domiciliées à proximité d'une ou plusieurs écoles publiques ont la faculté de faire inscrire leurs enfants à l'une ou l'autre de ces écoles, qu'elle soit ou non sur le territoire de leurs communes, à moins qu'elle ne compte déjà le nombre maximum d'élèves autorisé par les règlements. En cas de contestation et sur la demande, soit du maire, soit des parents, le conseil départemental statue en dernier ressort.* »

Par ailleurs, l'on exige pour les enfants instruits dans la famille un contrôle pour vérifier si la loi est respectée (article 16). Les enfants doivent chaque année, à partir de la fin de la deuxième année d'instruction obligatoire, subir un examen qui porte sur les matières de l'enseignement correspondant à leur âge, en respectant les programmes officiels. Le jury d'examen est composé de l'inspecteur primaire ou de son délégué, d'un délégué cantonal, d'une personne munie d'un diplôme universitaire ou d'un brevet de capacité. Pour les filles, la personne brevetée doit être une femme. Si les résultats de l'examen sont jugés insuffisants et aucune excuse admise par le jury, les parents sont mis en demeure d'inscrire leur enfant dans une école publique ou privée, et de faire savoir au maire quelle école ils ont choisie. En cas de non-déclaration, l'inscription dans une école a lieu d'office.

Le législateur avait conscience des difficultés à surmonter pour faire appliquer l'obligation scolaire. Il institue la commission municipale scolaire pour faire appliquer la loi. La composition des commissions scolaires est précisée par l'article 5 de la loi du 28 mars 1882.

Dans chaque commune est ainsi créée une commission municipale pour contrôler la fréquentation scolaire. Elle est présidée par le maire ou l'un de ses adjoints. Un délégué du canton et un membre du conseil municipal siègent également dans cette commission. Si le conseil municipal ne procède pas à la nomination de ses membres, le préfet les désigne. À Paris et à Lyon, il est prévu une commission municipale par arrondissement.

Des sanctions sont précisées par la loi pour assurer la fréquentation scolaire ; elles comprennent trois degrés : l'avertissement, l'affichage et les peines de simple police. L'avertissement est adressé au contrevenant par la commission scolaire. Lorsqu'un enfant s'est absenté quatre fois dans le mois pendant au moins une demi-journée, sans justification, le père ou la personne responsable de l'enfant doit comparaître devant la commission municipale à la mairie. L'affichage prévoit la publication à la porte de la mairie du nom de la personne responsable. Cette sanction est prévue lorsqu'il y a récidive dans les douze mois qui suivent la première infraction. Enfin, les peines de simple police consistent en une amende de 1 à 5 francs et, au maximum, en cinq jours d'emprisonnement. Elles sont prononcées par le juge de paix du canton.

La loi du 28 mars 1882 (2e et 3e articles) proclame également la laïcité de l'école et de l'enseignement. La laïcité du personnel enseignant sera officialisée par la loi du 30 octobre 1886. La laïcité et la neutralité religieuse apparaissent comme la conséquence logique et nécessaire de l'obligation scolaire. Comment, en effet, aurait-on pu admettre qu'un père de famille, protestant, israélite ou libre-penseur, soit contraint à envoyer ses enfants dans une école où seraient enseignés les préceptes de la religion catholique ? Pour les républicains de la IIIe République, l'instituteur et le prêtre catholique ont chacun leur mission. Le prêtre a la liberté de prêcher dans son église les dogmes de sa religion et d'assurer l'enseignement religieux des enfants qui lui sont confiés. L'instituteur a l'obligation d'enseigner la morale universelle et doit s'abstenir de toute attaque contre l'enseignement religieux. Les rapporteurs de la loi du 28 mars 1882, Paul Bert à la Chambre des députés et Ribière au Sénat, exposent avec conviction et détermination leurs arguments : « *Nous ne voulons plus,* dit Paul Bert, *l'école esclave de l'Église mais indépendante. Nous ne voulons plus l'instituteur dépendant de l'Église mais l'instituteur libre dans son école. En même temps, nous laissons le prêtre libre dans l'église. À l'un, nous attribuons la science, ce qui se démontre ; à l'autre, nous donnons plein pouvoir dans le domaine de la foi, de ce qui se croit.* »

Ribière affirme, pour sa part, devant les sénateurs : « *La sécularisation de l'école ou, si l'on veut, la laïcisation du programme, apparaît d'abord comme une conséquence forcée du système de l'obligation. Sous l'empire de la loi de 1850, le père de famille, libre de donner ou de ne pas donner à ses enfants l'instruction primaire, pouvait, à la rigueur, les soustraire à un enseignement confessionnel et dogmatique en opposition avec ses idées religieuses ou ses sentiments intimes ; avec la loi projetée, un très grand nombre de pères de famille devront en fait envoyer leurs enfants à l'école publique ; il est donc nécessaire que cette école n'ait à aucun degré le caractère d'école confessionnelle.* »

L'article 3 de la loi du 28 mars 1882 précise : « *Sont abrogées les dispositions des articles 18 et 44 de la loi du 15 mars 1850 qui donnent aux ministres des cultes un droit d'inspection, de surveillance et de direction dans les écoles primaires publiques et privées et dans les salles d'asile, ainsi que le paragraphe 2 de l'article 31 de la même loi qui donne aux consistoires le droit de présentation pour les instituteurs appartenant aux cultes non catholiques.* »

L'on s'efforce en revanche de faciliter aux ministres des cultes l'accomplissement de leur mission. Ainsi, l'article 2 de la loi du 28 mars 1882 indique que « *les écoles primaires publiques vaqueront un jour par semaine en outre du dimanche afin de permettre aux parents de faire donner, s'ils le désirent, à leurs enfants, l'instruction religieuse en dehors des édifices scolaires* ». Cependant, l'article 5 de la loi souligne : « *Les enfants ne pourront sous aucun prétexte être détournés de leurs études pendant la durée des classes. Ils ne seront envoyés à l'église pour le catéchisme ou pour les exercices religieux qu'en dehors des heures de classes. L'instituteur n'est pas tenu de les y surveiller. Il n'est pas tenu davantage de les y conduire.* » Toutefois, l'instituteur reste libre, s'il le désire, d'accompagner les élèves à l'église et de les y surveiller.

Les emblèmes religieux (crucifix) ont également suscité de nombreuses querelles. Le problème est traité par la circulaire ministérielle du 2 novembre 1882. Le ministre, tout en déclarant que la loi du 28 mars 1882 prise dans toute sa rigueur « *implique la suppression de tout ce qui donnerait ou conserverait à l'école publique un caractère confessionnel* », recommande une certaine souplesse pour ne pas « *froisser le vœu des populations* ». C'est l'article 1er de la loi du 28 mars 1882 qui établit la laïcité des programmes. L'article 23 de la loi de 1850 indique en effet que l'enseignement primaire comprend l'instruction morale et religieuse. La loi de 1882 précise désormais que l'enseignement primaire comprend « *l'instruction morale et civique* ».

La laïcisation du personnel – La loi Goblet (30 octobre 1886)

René Goblet est ministre de l'Intérieur en 1882 avant de devenir ministre de l'Instruction publique (1885-1886) et président du Conseil en 1886-1887.

La loi du 30 octobre 1886 que fait voter René Goblet établit définitivement la laïcité du personnel dans les écoles primaires publiques. Cette loi est la conséquence logique de la loi de Jules Ferry du 28 mars 1882.

L'article 17 de la loi Goblet précise que « *dans les écoles publiques de tout ordre l'enseignement doit être exclusivement confié à une personne laïque* ». Le législateur comprend cependant qu'une résolution aussi importante ne peut s'accomplir en quelques mois seulement. Dans les écoles de filles notamment, il n'est pas possible de procéder à une substitution immédiate du personnel laïque au personnel congréganiste. Des délais sont donc consentis par l'article 18 de la loi : « *Aucune nomination nouvelle, soit d'instituteurs soit d'institutrices congréganistes ne sera faite dans les départements où fonctionnera depuis quatre ans une École normale soit d'instituteurs soit d'institutrices… Pour les écoles de garçons, la substitution du personnel laïque ou personnel congréganiste devra être complète dans le laps de cinq ans après la promulgation de la présente loi.* »

Ainsi, la laïcisation définitive des écoles de garçons doit être réalisée dans un délai de cinq ans. Ce délai expirera le 30 octobre 1891. En revanche, la laïcisation des écoles de filles est nettement plus lente. Le délai à respecter pour le processus de laïcisation n'est pas précisé. D'après un rapport d'Émile Combes, il y a encore en 1889, en France et en Algérie, 16 529 maîtres ou maîtresses congréganistes.

La loi Goblet du 30 octobre 1886 impose par ailleurs comme condition de titularisation des institutrices et des instituteurs le certificat d'aptitude pédagogique. La nomination des enseignants titulaires est effectuée par les préfets. Toutefois, le pouvoir du préfet est limité car il ne peut procéder à une nomination que sur proposition de l'inspecteur d'académie. Le changement de résidence d'une commune à une autre pour nécessité de service est également prononcé par le préfet sur proposition de l'inspecteur d'académie.

La formation des institutrices et des instituteurs – Les Écoles normales primaires

Les Écoles normales primaires sont la pierre angulaire de tout l'édifice mis en place par les républicains de la IIIe République pour assurer la qualité de l'enseignement. Les Écoles normales sont l'objet d'une attention toute particulière. De nombreuses lois, des décrets, des arrêtés et circulaires précisent les modalités de leur fonctionnement.

Dès 1879, Paul Bert, docteur en médecine titulaire de la chaire de la physiologie à la Sorbonne en remplacement de Claude Bernard, député de l'Yonne et président de la Commission de l'enseignement public à l'Assemblée nationale, fait voter le 9 août 1879 une loi qui fait obligation aux départements de créer une École normale de jeunes filles par département avant trois ans. À cette date, il n'existe en France que 22 Écoles normales de filles. En dix ans, 62 écoles sont ouvertes, un décret du président de la République autorisait cependant deux départements à s'unir pour fonder ou entretenir en commun l'une ou l'autre de leurs Écoles normales ou les deux.

La loi du 16 juin 1881 établit la gratuité dans les Écoles normales comme dans les autres établissements d'enseignement primaire. La loi du 19 juillet 1889 détermine les traitements des directeurs, directrices et professeurs des Écoles normales.

Le décret organique du 18 janvier 1887 précise l'organisation des Écoles normales, traite du personnel administratif, du personnel enseignant, des élèves-maîtres, du conseil d'administration du régime intérieur et de la discipline.

Le décret du 9 janvier 1883 a supprimé les aumôniers dans les Écoles normales.

Enfin, l'arrêté du 10 janvier 1889 révise les règlements de 1881 et fixe définitivement les programmes.

Les Écoles normales primaires étaient autrefois presque exclusivement des établissements départementaux. Elles sont désormais des établissements publics soumis directement au ministère de l'Instruction publique. Elles sont placées sous l'autorité du recteur de l'académie. Elles forment des institutrices et des instituteurs pour les écoles publiques. Les élèves-maîtres et les élèves-maîtresses y préparent le brevet supérieur. À leur sortie de l'École normale, les élèves sont nommés sur les postes libres du département où se trouve l'École normale.

C'est le ministre qui, chaque année, sur proposition du recteur et après avis du conseil départemental, fixe le nombre d'élèves à admettre en première année dans chaque École normale. Les aspirants et les aspirantes doivent avoir 16 ans au moins et 18 ans au plus au 1er octobre de l'année où ils se présentent. Toutefois, le recteur peut autoriser à se présenter des candidats âgés de plus de dix-huit ans. Le brevet élémentaire est exigé des candidats. Jusqu'en 1888, le certificat d'études primaires suffisait et les normaliens se présentaient au brevet élémentaire après la première année d'études. Les candidats doivent s'engager à servir pendant 10 ans dans l'enseignement primaire. Si l'engagement n'est pas respecté, l'élève-maître doit restituer le prix de la pension dont il a été bénéficiaire. Enfin, les candidats doivent se soumettre à un examen médical attestant qu'ils ne sont atteints d'aucune infirmité ou maladie les rendant inaptes au service d'enseignement. Nul ne peut se présenter au concours d'entrée dans les Écoles normales plus de deux fois.

Le régime de l'École normale est l'internat gratuit pour les élèves. Pour les maîtres, l'internat a été maintenu seulement dans les Écoles normales d'institutrices. Cependant le recteur peut autoriser les professeurs de ces écoles ainsi que les maîtresses adjointes à habiter hors de l'établissement. L'on considère rapidement que la vieille claustration monastique des Écoles normales n'est pas favorable à un bon fonctionnement de ces établissements de formation. Seul le directeur et l'intendant habitent réglementairement dans l'École.

Les Écoles normales peuvent recevoir des demi-pensionnaires et des externes sur la proposition du recteur à titre gratuit après approbation du ministre.

L'internat des Écoles normales est adouci. L'on supprime les emplois de surveillants. Dans les Écoles normales d'instituteurs, les élèves de troisième année sont chargés de divers services intérieurs. On fait appel à la responsabilité personnelle des élèves-maîtres. Les sorties, autrefois quasiment interdites, sont désormais fréquentes : réglementairement, tous les dimanches et jours de fête. En outre, des sorties individuelles peuvent être autorisées les autres jours par le directeur ou la directrice.

Auprès de chaque École normale primaire, une école annexe est créée où les élèves-maîtres s'exercent à la pratique de l'enseignement. Les directeurs d'écoles annexes sont choisis parmi les membres de l'enseignement primaire public comptant au moins cinq années d'ancienneté et reconnus pour l'excellence de leurs aptitudes pédagogiques. Pour être nommé inspecteur primaire, directeur ou directrice d'École normale, tout candidat doit avoir rempli pendant 2 ans au moins les fonctions de directeur d'école annexe. Toutefois, les écoles annexes ne sont pas toujours appréciées.

La suppression des écoles annexes est parfois envisagée par quelques recteurs qui souhaitent que la formation pratique des élèves-maîtres soit assurée dans les écoles du chef-lieu du département où se trouve l'École normale.

Les écoles privées

L'enseignement privé est régi par la loi du 30 octobre 1886 et le décret du 18 janvier 1887. Les écoles privées sont des établissements d'enseignement primaire de tout ordre, fondés et entretenus par des particuliers ou des associations. Elles ne peuvent être subventionnées ni par l'État, ni par le département ou les communes (arrêt du Conseil d'État du 29 juillet 1888).

La loi fixe les mêmes conditions d'âge pour le personnel enseignant des écoles privées que pour celui des écoles publiques. Il en est de même pour les conditions de moralité et de capacité. Toutefois, la nationalité française n'est pas exigée obligatoirement des membres de l'enseignement privé.

L'enseignement privé est libre dans ses méthodes et dans ses programmes. L'article 35 de la loi du 30 octobre 1886 précise : « *Les directeurs et directrices d'écoles primaires privées sont entièrement libres dans le choix des méthodes, des programmes et des livres, réserve faite pour les livres qui auront été interdits par le Conseil supérieur de l'instruction publique en exécution de l'article 5 de la loi du 27 février 1880.* »

Les formalités d'ouverture d'une école privée sont relativement simples : déclaration auprès du maire de la commune par le postulant qui veut ouvrir une école, et désignation du local où l'école sera établie. Les mêmes déclarations sont requises en cas de changement de local, de changement de directeur ou d'admission d'élèves internes. Le postulant doit adresser les mêmes déclarations au préfet, à l'inspecteur d'académie et au procureur de la République. Le maire et l'inspecteur d'académie peuvent s'opposer à l'ouverture d'une école privée. Le maire a huit jours pour formuler son opposition ; l'inspecteur a un mois pour se prononcer. Si au bout d'un mois écoulé, aucune opposition ne s'est manifestée, l'école privée s'ouvre de plein droit. Si une opposition est formulée, elle doit être jugée par le conseil départemental. Un appel peut être effectué devant le Conseil supérieur.

Les conditions d'âge d'admission dans les écoles privées sont les mêmes que dans les écoles publiques. L'enseignement doit être donné par des instituteurs dans les écoles de garçons, par des institutrices dans les écoles de filles et dans les écoles maternelles, sauf exceptions prévues par la loi, comme dans les écoles publiques.

Les directrices et les directeurs des écoles privées doivent tenir des registres obligatoires : un registre d'appel précisant les absences des élèves inscrits ; un registre indiquant les noms, prénoms, dates et lieux de naissance des maîtres et employés de l'école ; un registre recensant les pensionnaires de l'école. Chaque année, avant le 1er novembre, le directeur doit transmettre à l'inspecteur d'académie un rapport sur la situation et le personnel de son établissement.

En 1881-1882, les écoles privées pour les garçons étaient au nombre de 2 195, dont 964 laïques et 1 231 congréganistes. En 1886-1887, on en recense 2 521, dont 910 laïques et 1 611 congréganistes. Les écoles privées de filles étaient, en 1881-1882, au nombre de 9 796 dont 3 100 laïques et 6 696 congréganistes. En 1886-1887, on en compte 10 236, dont 2 532 laïques et 7 704 congréganistes. Enfin, pour les écoles privées mixtes, l'on recense, en 1881-1882, 642 écoles et, en 1886-1887, 744 écoles. L'on observe donc une augmentation sensible des écoles privées dans les deux premières décennies de la IIIe République. Les écoles de filles congréganistes sont très nombreuses. Toutefois, la concurrence de l'enseignement privé n'empêche pas les progrès continus des effectifs des écoles publiques. L'on dénombre en effet 4 409 310 élèves en 1882 dans les écoles primaires publiques ; en 1886, l'on en recense 4 444 568.

L'administration et l'inspection des écoles primaires

Le ministre de l'Instruction publique dirige l'ensemble de l'administration. Il propose au président de la République la nomination du directeur de l'instruction primaire, des recteurs et des inspecteurs généraux. C'est le ministre qui nomme les inspecteurs d'académie, les inspecteurs primaires et les fonctionnaires des Écoles normales.

Immédiatement au-dessous du ministre se situe le directeur de l'enseignement primaire. Le Conseil supérieur de l'instruction publique, créé en 1808 par Napoléon Ier lors de la fondation de l'Université, comprend six membres de l'enseignement primaire. Le Conseil supérieur est à la fois un conseil administratif et un tribunal. Il statue en appel des décisions prises par les conseils départementaux lorsque ceux-ci prononcent l'interdiction d'enseigner pour un instituteur primaire public (loi du 27 février 1880).

Le recteur administre une académie. La France est alors divisée en 17 académies, en y incluant l'Algérie. De 1850 à 1854, le recteur a été investi du droit de nomination des instituteurs. Mais la loi du 14 juin 1854 a transféré ce pouvoir aux préfets. La loi du 30 octobre 1886 maintient à l'administration préfectorale la nomination des instituteurs titulaires. Le recteur n'a donc pas d'autorité directe sur le personnel. Toutefois les Écoles normales, qui relevaient autrefois du préfet, relèvent désormais du recteur sous l'autorité du ministre.

Le recteur approuve la liste des livres qui sont mis en usage dans les écoles publiques. Il nomme chaque année les commissions d'examen, notamment pour le certificat d'études primaires.

L'inspecteur d'académie, malgré sa subordination au préfet et au recteur, est le véritable directeur des services départementaux de l'instruction primaire. Les instituteurs titulaires ne peuvent être nommés par le préfet que sur sa proposition. C'est lui qui prononce les peines disciplinaires de réprimande ou de suspension provisoire. Il est vice-président du conseil départemental. L'inspecteur d'académie est nommé par le ministre.

L'inspecteur de l'enseignement primaire est immédiatement sous les ordres de l'inspecteur d'académie. Il y a au moins un inspecteur primaire par arrondissement. Pour 1890, le budget du ministère prévoit 15 inspecteurs primaires à Paris et 425 inspecteurs primaires dans les départements et en Algérie. Pour être nommé inspecteur primaire, il faut posséder le certificat d'aptitude à l'inspection. Dans le domaine administratif, les inspecteurs primaires sont chargés d'instruire les dossiers concernant les problèmes qui se font jour dans un arrondissement. Ils président les commissions d'examen du certificat d'études primaires. Ils instruisent les dossiers concernant la création ou la construction des écoles publiques. Ils donnent leur avis sur la nomination et l'avancement des instituteurs et des institutrices.

Dans chaque département, le conseil départemental, réorganisé par la loi de 1886, est présidé par le préfet. L'inspecteur d'académie en est le vice-président. Deux inspecteurs primaires désignés par le ministre y siègent, ainsi que deux instituteurs et deux institutrices.

La loi du 30 octobre 1886, dans son article 9, règle les modalités de l'inspection des écoles primaires. L'inspection est exercée par les inspecteurs généraux de l'Instruction publique, par les recteurs, les inspecteurs d'académie, les inspecteurs de l'enseignement primaire, les membres du conseil départemental, le maire et les délégués cantonaux. Dans le domaine médical, l'inspection est assurée par des médecins.

Les inspecteurs généraux de l'enseignement primaire sont chargés de visiter les écoles de toute la France. Chaque année, le ministre indique à chacun des inspecteurs généraux les départements qu'il devront inspecter. Il y a, en 1892, 6 inspecteurs généraux. Ils sont nommés par décret du président de la République sur la proposition du ministre. La création du corps des inspecteurs généraux date de la loi du 15 mars 1850, qui les désignait alors sous le nom d'inspecteurs supérieurs. L'inspecteur général évalue les mérites des personnels administratifs et d'inspection : inspecteurs d'académie, directeurs d'Écoles normales, inspecteurs de l'enseignement primaire.

L'inspection des écoles maternelles est confiée à des femmes, inspectrices générales. Il y en a 4 en 1892 pour toute la France.

Le recteur et l'inspecteur d'académie ont, de droit, la possibilité d'inspecter les écoles primaires, dans les limites de l'académie pour le recteur et du département pour l'inspecteur d'académie. Mais le recteur et l'inspecteur d'académie, surchargés d'attributions multiples, n'ont guère le temps d'user du droit d'inspection que leur confère la loi. C'est donc aux inspecteurs de l'enseignement primaire qu'incombe la charge de l'inspection des écoles. Le premier paragraphe de l'article 129 du décret du 18 janvier 1887 précise : « *Ils inspectent les écoles primaires publiques et privées de leur circonscription.* » À la suite de chaque inspection, ils doivent adresser un rapport à l'inspecteur d'académie dans un délai de quinze jours au plus.

Jusqu'en 1889, le corps de l'inspection primaire est uniquement composé d'hommes. Mais la loi du 19 juillet 1889 permet, pour la première fois, l'admission de femmes dans les fonctions d'inspection.

Le maire conserve un droit d'inspection dans les écoles de sa commune. Mais cette inspection ne peut porter que sur l'état des locaux et du matériel pédagogique, l'hygiène et la tenue des élèves.

Les délégués cantonaux visitent également les écoles primaires. La loi du 30 octobre 1886 a réglé les modalités de nomination des délégués cantonaux et du fonctionnement de chaque délégation cantonale. Le décret du 18 janvier 1887 précise que l'inspection des délégués portera sur l'état des locaux et du matériel, sur l'hygiène et la tenue des élèves. Elle ne pourra en aucun cas porter sur l'enseignement donné dans une école.

La situation du personnel de l'enseignement primaire – La loi du 19 juillet 1889

Les conditions générales pour l'enseignement dans les écoles primaires sont clairement définies.

Pour pouvoir enseigner, il faut d'abord être français, avoir atteint l'âge de dix-huit ans pour les instituteurs et de dix-sept ans pour les institutrices. Nul ne peut diriger une école avant l'âge de vingt et un ans. Des conditions de moralité sont exigées. Un enseignant ne doit avoir subi aucune condamnation judiciaire pour crime ou délit contraire aux bonnes mœurs.

Désormais, des conditions précises de capacité sont également exigées. Jusqu'en 1881, l'on a vécu sous le régime de la loi du 15 mars 1850 qui tolérait de nombreuses équivalences au brevet de capacité : certificat de stage délivré par le conseil départemental, diplôme de bachelier, lettre d'obédience. La loi du 16 juin 1881 supprime toutes ces équivalences, et notamment, la lettre d'obédience. De même, l'on ne peut exercer les fonctions de directrice ou de sous-directrice de salle d'asile publique ou privée (écoles maternelles) sans posséder le certificat d'aptitude à la direction des salles d'asile, institué par l'article 20 du décret du 21 mars 1855. Trois ans sont accordés aux maîtres et aux maîtresses exerçant sans diplôme pour se mettre en règle avec la nouvelle loi.

La loi Goblet du 30 octobre 1886 impose par ailleurs comme condition de titularisation des institutrices et des instituteurs le certificat d'aptitude pédagogique. La nomination des instituteurs titulaires a été laissée aux préfets par la loi du 30 octobre 1886. Mais le pouvoir du préfet est limité puisqu'il ne peut procéder à une nomination que sur proposition de l'inspecteur d'académie. Le changement de résidence d'une commune à une autre pour nécessité de service est également prononcé par le préfet sur la proposition de l'inspecteur d'académie.

La loi du 19 juillet 1889 définit les traitements des instituteurs et des institutrices tout en modifiant le régime financier de l'instruction primaire. Cette loi fait de l'instituteur un fonctionnaire public en inscrivant au seul budget de l'État les dépenses des traitements. Elle classe le personnel enseignant afin de permettre un avancement régulier jusqu'au bout de la carrière. Elle fonde l'avancement à la fois sur le choix et sur l'ancienneté, en tenant compte de la durée des services et du mérite. Elle crée pour les instituteurs et les institutrices deux classes supérieures avec des traitements élevés où l'élite du personnel trouvera à la fin de sa carrière la récompense de ses qualités. Il n'y a pas encore égalité de salaire entre les institutrices et les instituteurs. En 1re classe, un instituteur perçoit 2 000 francs, une institutrice 1 600 francs. En revanche, en début de carrière, un instituteur et une institutrice perçoivent un salaire identique : 1 000 francs.

La loi du 17 août 1876 a défini les modalités de retraite des fonctionnaires de l'enseignement primaire. L'article 6 de la loi attribue la qualité de service actif aux services d'enseignement primaire. Il leur étend les avantages qui n'étaient accordés auparavant qu'aux fonctionnaires des douanes, des postes, des contributions indirectes et des forêts. La pension de retraite est acquise à cinquante-cinq ans après vingt-cinq ans de services tandis que dans les services civils on exige soixante ans d'âge et trente ans de services.

Enfin, la loi du 15 juillet 1889 sur le recrutement de l'armée oblige désormais les instituteurs comme les autres citoyens à passer quelque temps sous les drapeaux. Elle abroge les lois qui dispensaient du service militaire certaines catégories de Français. En temps de paix, c'est à une année de service militaire que la loi astreint désormais les instituteurs. Les instituteurs avaient d'ailleurs demandé eux-mêmes à être soumis au service militaire à leur congrès de 1881 : « *Nous demandons tous à être soumis à la loi commune du recrutement. La suppression du privilège dont nous jouissons nous permettra de remplir envers la patrie un des devoirs les plus sacrés.* »

L'évolution de l'école primaire au cours de la IIIe République (1870-1940)

De 1880 à 1900, l'école élémentaire gagne près de 700 000 élèves. Elle accueille alors la quasi-totalité des enfants scolarisables. La fréquentation scolaire s'améliore sensiblement. Une chose en effet était d'être inscrit à l'école, une autre de s'y rendre régulièrement au cours de l'année scolaire. Un rapport de l'Inspection générale rédigé en 1881, concernant le département de la Charente-Inférieure, note : « *Est-il donc vrai, comme on me l'assure, que dans ce département tous les enfants aillent à l'école ? Il serait plus juste de dire que tous ou à peu près passent par l'école. Combien de temps y restent-ils ? À ce que j'en puis juger par ce que j'ai vu, le degré d'assiduité est fort variable.* »

Les résultats obtenus par les écoles primaires laïques du début de la IIIe République sont cependant indéniables. Le recensement général de la population du 5 mars 1911 établit que si, en 1872, 434 Français sur 1 000 ne savaient ni lire ni écrire, ce nombre tombe à 194 en 1901 et à 112 en 1911.

La « guerre scolaire » se poursuit encore pendant de nombreuses années jusqu'à la fin de la IIIe République avec quelques crises aiguës. Le *Bulletin de la Société d'éducation et d'enseignement* insiste le 15 décembre 1883 sur les libertés que les instituteurs prennent désormais par rapport aux curés dans de nombreuses communes : « *Les instituteurs sont devenus les chefs et les porte-drapeaux de la libre-pensée. Ils ne mettent plus le pied à l'église. Ils affectent de travailler le dimanche. Ils font au curé toutes les méchancetés qu'ils peuvent se permettre ; ils sont les courtiers électoraux et les correspondants des loges de la franc-maçonnerie. Non seulement ils ne conduisent plus à la messe les enfants, mais grâce aux bataillons scolaires, à la gymnastique, ils les empêchent souvent d'aller au catéchisme.* » La presse conservatrice accuse l'instituteur d'être un agent électoral de la République. Ce thème est fréquemment repris dans les journaux favorables à l'école privée lorsque la loi Goblet du 30 octobre 1886 fait de l'instituteur un fonctionnaire d'État. Les relations entre le curé et l'instituteur sentent parfois la poudre ! Ainsi, le 9 novembre 1887, un rapport de l'inspecteur primaire de La Rochelle note que des coups de fusil provenant du jardin du curé d'Ars-en-Ré viennent frapper les murs et les fenêtres de l'école laïque de garçons !

L'une des phases les plus aiguës de la guerre scolaire est l'interdiction de l'enseignement aux congréganistes. Le gouvernement du radical Émile Combes, par la loi du 7 juillet 1904, tente d'éliminer les écoles privées catholiques. Les congrégations sont divisées. Quelques-unes acceptent de se soumettre, mais les intransigeants refusent la loi. Cette mesure touche 2 500 écoles. Toutefois, 615 congrégations ont sollicité l'autorisation d'ouvrir une école. Émile Combes, président du Conseil de 1902 à 1905, et la majorité de la Chambre des députés rejettent en bloc, en mars 1903, toutes les autorisations demandées par les ordres religieux. La loi du 7 juillet 1904 interdit l'enseignement à toutes les congrégations, même autorisées, y compris l'institut des frères des Écoles chrétiennes dont le fondateur, Jean-Baptiste de La Salle, mort en 1719, avait été canonisé le 23 mai 1900. C'est alors que 4 000 frères des Écoles chrétiennes s'exilent pour garder leur fonction d'enseignants ou d'éducateurs. Certains congréganistes tournent la loi en se sécularisant. Ils ouvrent alors des écoles privées laïques. En dix ans, de 1902 à 1912, le pourcentage de garçons des écoles privées encadrées par les congréganistes passe de 20 % à 0,6 % tandis que le pourcentage des écoles privées laïques passe de 1,6 % à 12,2 %. Pendant le même temps, le taux de filles scolarisées dans des écoles congréganistes passe de 39,4 % à 1,5 %.

Le coup porté à l'enseignement catholique est sévère. De 1904 à 1911, 1 843 écoles congréganistes sont fermées. L'Église ne renonce pas cependant à affirmer la nécessité d'une éducation chrétienne dans une école catholique. En septembre 1909, les cardinaux, archevêques et évêques de France proclament que les parents ont le devoir de surveiller l'école de leurs enfants. Ils indiquent la liste des livres de l'école laïque qu'ils condamnent. Il s'agit presque exclusivement de manuels de morale, d'histoire et d'instruction civique.

Le bilan de l'enseignement primaire à la veille de la Première Guerre mondiale est le plus souvent positif et conforme aux souhaits des républicains. L'obligation scolaire a permis de scolariser tous les élèves de 6 à 13 ans et, notamment, les filles dont le retard de scolarisation est désormais comblé. Cependant, la fréquentation scolaire n'est pas encore régulière. À Paris, ville cependant privilégiée, on estime que 25 % des élèves ne fréquentent pas régulièrement l'école pendant toute l'année. Dans la moitié des départements, un élève sur cinq au moins est absent pendant plus de quatre mois. C'est le cas en Charente-Inférieure où les travaux des champs mobilisent les villageois de tous âges. Il n'y a pas de sanction permettant de lutter contre l'absentéisme scolaire. Les commissions municipales chargées d'encourager la fréquentation régulière des écoles n'existent plus dans les deux tiers des communes. Cette irrégularité de la fréquentation scolaire explique la présence d'un analphabétisme résiduel qui atteint encore près de 4 % de la population masculine en 1912. Ce même taux était de 15 % en 1886. L'école primaire est bien « *l'institutrice de la nation* ». Le certificat d'études primaires défini par la loi du 28 mars 1882 (article 6) joue un rôle déterminant. Toutefois, en 1914, 25 % seulement des élèves parviennent à obtenir ce diplôme prestigieux en fin de scolarité. Il faut attendre la veille de la Seconde Guerre mondiale, en 1939, pour que la moitié des élèves des écoles primaires passe avec succès cet examen dont le prestige reste toujours grand.

L'école primaire, au début de la IIIe République, contribue à la mise en place définitive de la République ; l'enseignement de la morale et du patriotisme y a toujours une place importante. Toutefois, les bataillons scolaires, créés en 1882, permettant d'exercer les garçons de 12 ans et plus au maniement de fusils de bois, disparaissent à la fin du XIXe siècle. Cette « *école du soldat* » ne faisait pas l'unanimité, même chez les républicains. Les instituteurs, à la veille de la Première Guerre mondiale, se montrent le plus souvent pacifistes. La patriotisme de l'école est jugé trop belliqueux par les socialistes et les syndicalistes. Après la Première Guerre mondiale, en 1923, de nouveaux programmes sont définis pour l'école primaire. Deux arrêtés du 23 février 1923 modifient les programmes et les horaires des écoles primaires. L'objectif de l'école primaire n'est plus « *d'embrasser sur les diverses matières auxquelles elle touche tout ce qu'il est possible de savoir, mais de bien apprendre, dans chacune d'elles, ce qu'il n'est pas permis d'ignorer* ». Les nouveaux horaires prévoient 30 heures de classe par semaine. Un arrêté du 1er février 1924 définit une nouvelle organisation du certificat d'études.

En 1928, Célestin Freinet, instituteur à Bar-sur-Loup (Alpes-Maritimes), fonde la Coopérative de l'enseignement laïque. Freinet remet en question les méthodes pédagogiques traditionnelles. Il demande que l'on évite l'enseignement directif à l'école. Le journal scolaire devient l'un des éléments essentiels de la vie pédagogique.

L'originalité de Freinet est de faciliter l'expression libre des enfants. Le fait qu'un simple instituteur ose critiquer les méthodes pédagogiques officielles provoque un véritable scandale. Freinet est poussé à se mettre en congé en 1933, bien que sa notoriété dépasse, dès cette date, les frontières de la France. Il fonde alors à Vence sa propre école en 1935.

Après la Première Guerre mondiale, la coopération scolaire se développe dans les écoles primaires. Barthélemy Profit, inspecteur primaire à Saint-Jean-d'Angely (Charente-Inférieure) de 1909 à 1929, en est l'un des initiateurs les plus actifs. Dès 1911, l'Académie française couronne son ouvrage *La Mutualité nouvelle.* À partir de 1919, il travaille à la réalisation des premières coopératives scolaires. En 1923, les instructions officielles du ministère de l'Instruction publique recommandent les coopératives scolaires : « *Lorsque l'enfant entre au cours moyen, sa volonté commence à se former. Il ne s'agit plus seulement de diriger ses habitudes, il y a lieu de lui apprendre à user de sa liberté.* »

Piaget, dans son ouvrage *Le jugement moral chez l'enfant* (1932), soutient ces premières initiatives. « *La coopération,* écrit-il, *est promue au rang de facteur essentiel de progrès intellectuel.* »

Les gouvernements présidés par Léon Blum (juin 1936-juin 1937 ; mars-avril 1938) pendant le Front populaire se préoccupent fortement de l'enseignement primaire. Jean Zay, ministre de l'Éducation nationale, fait voter le 9 août 1936 une loi qui porte à 14 ans révolus (13 ans pour les titulaires du certificat d'études primaires) l'obligation scolaire. Jean Zay attache une grande importance à cette année supplémentaire de « fin d'études ». « *Cette classe,* écrit-il, *ne saurait à aucun degré être considérée comme un refuge pour les enfants incapables de faire autre chose ; elle recevra beaucoup d'excellents éléments qui, pour des raisons variées, ne chercheront pas leur place dans le second degré.* »

À la veille de la Seconde Guerre mondiale, en 1939, 6,5 % seulement des élèves d'une classe d'âge entrent en effet en classe de sixième des lycées et des collèges. Jean Zay multiplie les bourses au profit des enfants de l'école primaire entrant dans les établissements du second degré. Le Front populaire favorise également la construction de nombreuses écoles primaires dont le confort s'améliore.

La création du Syndicat national des instituteurs (1920) et de la Mutuelle assurance automobile des instituteurs de France (1934)

Le Syndicat national des instituteurs est né le 24 septembre 1920 à la salle de la Mutualité à Paris. L'année précédente, le comité administratif de la Fédération des amicales avait décidé la transformation de cette fédération en « Fédération des syndicats d'instituteurs ». La création du Syndicat national des instituteurs (SNI) est en fait l'aboutissement d'une longue histoire qui remonte aux années 1880.

La loi du 21 mars 1884 relative à la création des syndicats professionnels avait abrogé la loi Le Chapelier de 1791 et avait autorisé la constitution libre de syndicats ou d'associations professionnelles sans autorisation préalable. Au congrès national des instituteurs qui se tient à Paris en 1887, la volonté de créer un mouvement syndical s'exprime pour la première fois. Mais, quelques semaines plus tard, une circulaire du ministre de l'Instruction publique, Spuller, précise que la loi de 1884 ne s'applique pas à la fonction publique. Spuller interdit aux instituteurs la création d'un syndicat.

Les enseignants se réunissent alors en amicales reconnues officiellement lors du congrès de Paris en 1900. La loi du 1er juillet 1901 concernant les associations fournit une base juridique aux amicales. Le congrès de Marseille en 1903 marque l'apogée du mouvement amicaliste.

Il réunit 2 000 délégués représentant 110 amicales. Le président du Conseil, Émile Combes, y prononce un discours important.

Dès le 26 novembre 1905, le *Manifeste des instituteurs syndicalistes*, signé notamment par Louis Roussel, président de l'amicale des normaliens de la Seine, est rendu public. Le 29 mars 1907, la Fédération nationale des instituteurs, qui tient son congrès à la bourse du travail à Nantes, vote à l'unanimité son adhésion à la CGT. Le gouvernement répond à ce geste par la répression. Six fonctionnaires sont révoqués, dont Marius Nègre, secrétaire national de la Fédération nationale des syndicats d'instituteurs.

Après la Première Guerre mondiale, le rapport Lauche (fin 1918) indique clairement que le « *droit syndical des fonctionnaires ne peut plus être contesté* ». Les responsables de la Fédération des amicales estiment au début de 1919 que le moment est venu d'agir pour obtenir la reconnaissance du droit syndical. Une forte répression s'exerce contre les militants syndicalistes. Le 17 juin 1920, le ministre de l'Instruction publique, Honorat, ordonne par circulaire aux syndicats d'enseignants de se transformer, avant le 30 septembre 1920, en associations sous le régime de la loi de 1901, sous peine de poursuites. En juillet 1920, Louis Bouët est révoqué pour avoir participé à un comité confédéral de la CGT. La Fédération des syndicats d'instituteurs (Fédération Roussel) décide alors de tenir un congrès extraordinaire à Paris le 24 septembre 1920. Le congrès décide de transformer la Fédération des syndicats départementaux en Syndicat national des institutrices et des instituteurs de France et des colonies (SNI) qui tient son premier congrès à Paris le 22 septembre 1921. Le secrétaire général est Louis Roussel.

Après avoir crée un syndical national, les instituteurs de France organisent une mutuelle d'assurance qui conforte encore les liens existant entre les enseignants du premier degré. Dès 1931, un instituteur de l'Allier, Jutier, propose, dans la revue *L'imprimerie à l'école* publiée par Célestin Freinet, de créer une mutuelle d'assurance pour les instituteurs. Cette idée est reprise par deux instituteurs du département des Deux-Sèvres, Edmond Proust et Jean Lauroua, ainsi que par un instituteur vendéen, Braud. Le 17 mai 1934, la Mutuelle d'assurance automobile des instituteurs de France est créée à Fontenay-le-Comte, en Vendée. Son premier président est Edmond Proust. La MAAIF s'installe dès 1935 à Niort, dans les Deux-Sèvres. Dès 1939, elle compte 35 500 sociétaires. Les instituteurs sont désormais fortement organisés sur le plan syndical et mutualiste.

Ainsi, de 1870 à 1940, l'école primaire a connu une profonde mutation. Les lois Jules Ferry (1881-1882) instituant la gratuité, l'obligation scolaire et la laïcité de l'enseignement primaire, la loi Goblet (1886) établissant la laïcité du personnel enseignant dans les écoles primaires, la loi du 7 juillet 1904 interdisant l'enseignement à toutes les congrégations religieuses, même autorisées, et la loi réalisant la séparation des Églises et de l'État préparée par Émile Combes et promulguée le 9 décembre 1905 sous le ministère Rouvier, modifient fortement les modalités de fonctionnement primaire. L'école primaire républicaine et laïque devient le socle de la République et de la démocratie en France.

Le combat pour la laïcité des écoles primaires sous la IIIe République (1870-1940)

La loi du 28 mars 1882 que fait voter Jules Ferry instaure l'obligation scolaire pour les élèves de 6 à 13 ans et proclame la laïcité en retirant aux autorités religieuses le droit de contrôle de l'enseignement prévu par la loi Falloux (1850). L'enseignement religieux ne peut désormais être donné dans les écoles publiques pendant les heures de classe. Dans sa lettre aux instituteurs du 27 novembre 1883, Jules Ferry précise ce qu'il faut entendre par laïcité. Trois ans plus tard, la loi Goblet (30 octobre 1886) laïcise l'ensemble du personnel. Le paiement des fonctionnaires est transféré au Trésor public par la loi du 9 juillet 1889. Plus tard, la loi du 7 juillet 1904 interdit l'enseignement aux congrégations religieuses même autorisées. Enfin la séparation des Églises et de l'État est votée le 9 décembre 1905. Toutes ces lois créent les conditions nécessaires pour que la laïcité s'impose enfin dans l'enseignement élémentaire. Cependant, chaque loi est l'occasion d'un véritable combat pour la laïcité, qui rencontre de nombreuses résistances pour s'imposer.

Les premiers plaidoyers pour la laïcité aux XVIIIe et XIXe siècles

Depuis de nombreuses décennies, l'adjectif *lai* (forme ancienne), « laïque » (*Dictionnaire de l'Académie*, 1694) et le substantif « laïc »

(*Dictionnaire de l'Académie*, 1798), désignent la qualité de non-clerc et toute personne qui ne fait pas partie du clergé. Le mot « laïque » a son origine dans le mot grec *laos* (peuple). Dans la tradition la plus ancienne de l'Église catholique, une distinction essentielle se fait très tôt entre ceux qui font partie de l'institution religieuse, les clercs, et ceux qui n'en font pas partie, le peuple.

Le mot « laïcité » est avant tout une création linguistique de la seconde moitié du XIXe siècle. En 1882, Ferdinand Buisson, dans son *Dictionnaire de pédagogie et d'instruction primaire*, le qualifie de néologisme. Bientôt, l'adjectif « laïque » tend rapidement à désigner toute chose ou toute personne qui est étrangère à toute confession ou doctrine religieuse. En 1877, déjà, Émile Littré a enregistré officiellement le néologisme « laïcité » ainsi que les mots « laïcisation » et « laïciser » dans le supplément de son dictionnaire.

Les révolutionnaires de 1789, dans leur grande majorité, sont convaincus que l'enseignement doit observer les grands principes de la laïcité. La République en effet ne peut enseigner ce qui divise les citoyens. Elle ne peut enseigner ou laisser enseigner des dogmes, des vérités non démontrées appartenant au domaine de la croyance religieuse. Selon Condorcet, cet enseignement réduirait à néant l'école, la liberté des opinions et réintroduirait l'inégalité des citoyens. Condorcet plaide pour une nécessaire séparation entre le « savoir rationnel » et les croyances religieuses.

Cependant la législation Lakanal-Daunou, qui reste en vigueur de 1795 à 1802, maintient la liberté de l'enseignement. Les écoles privées accueillent un nombre d'élèves de plus en plus important.

Le combat pour la laïcité reprend cependant sous la Seconde République. En 1849, dans son ouvrage *L'enseignement du peuple*, Edgar Quinet argumente avec passion pour la mise en place d'un enseignement laïque :

> « *On répète incessamment que la société laïque n'a aucun principe et par conséquent rien à enseigner… Pour moi, j'ai toujours prétendu qu'elle possède un principe que, seule, elle est en état de professer, et c'est sur ce principe qu'est fondé son droit absolu d'enseignement*

en matière civile… Cette société vit sur le principe de l'amour des citoyens les uns pour les autres, indépendamment de leur croyance. Or, dites-moi qui professera, non plus seulement en paroles, mais en action cette doctrine qui est le pain de vie du monde moderne ? Qui enseignera au catholique la fraternité avec le juif ? Est-ce celui qui, par sa croyance même, est obligé de maudire la croyance juive ? Qui enseignera à Luther l'amour du papiste ? Est-ce Luther ? Qui enseignera au papiste l'amour de Luther ? Est-ce le pape ? Il faut pourtant que ces trois ou quatre mondes, dont la foi est de s'exécrer mutuellement, soient réunis dans une même amitié. Qui fera ce miracle ? Qui réunira trois ennemis acharnés irréconciliables ? Évidemment un principe supérieur et plus universel. Ce principe, qui n'est celui d'aucune Église, voilà la pierre de fondement de l'enseignement laïque. »

Victor Hugo.

Le 15 janvier 1850, dans son discours prononcé à l'Assemblée législative au cours d'un débat concernant l'enseignement primaire, Victor Hugo critique avec virulence le parti clérical :

« *… Ah ! Nous vous connaissons ! Nous connaissons le parti clérical. C'est un vieux parti qui a des états de service… C'est lui qui a trouvé pour la vérité ces deux étais merveilleux, l'ignorance et l'erreur. C'est lui qui fait défense à la science et au génie d'aller au-delà du missel et qui veut cloîtrer la pensée dans le dogme. Tous les pas qu'a faits l'intelligence de l'Europe, elle les a faits malgré lui… Il s'est opposé à tout. C'est lui qui a fait battre de verges Prinelli pour avoir dit que les étoiles ne tomberaient pas. C'est lui qui a appliqué Campanella vingt-sept fois à la question pour avoir affirmé que le nombre des mondes était infini et entrevu le secret de la création. C'est lui qui a persécuté Harvey pour avoir prouvé que le sang circulait.*

De par Josué, il a enfermé Galilée ; de par saint Paul, il a emprisonné Christophe Colomb. Découvrir la loi du ciel, c'est une impiété ; trouver un monde, c'est une hérésie. C'est lui qui a anathématisé Pascal au nom de la religion, Montaigne au nom de la morale, Molière au nom de la morale et de la religion. Oh ! oui, certes, qui que vous soyez, qui vous appelez le parti catholique et qui êtes le parti clérical, nous vous connaissons. Voilà longtemps déjà que la conscience humaine se révolte contre vous et vous demande : "Qu'est-ce que vous me voulez ?" Voilà longtemps déjà que vous essayez de mettre un bâillon à l'esprit humain… et vous voulez être les maîtres de l'enseignement ! »

Un débat parlementaire passionné pour imposer la laïcité de l'enseignement

La gratuité de l'enseignement primaire est établie par la loi du 16 juin 1881. La laïcité est proclamée par la loi du 28 mars 1882. Jules Ferry, ministre de l'Instruction publique depuis le 4 février 1879, prend une première mesure concernant le Conseil supérieur de l'instruction publique. Une loi du 27 février 1880 modifie la composition du Conseil supérieur. Les membres ecclésiastiques, le « banc des évêques », n'en font désormais plus partie.

Le projet de loi pour procéder à la laïcisation de l'enseignement primaire est mis au point par une commission parlementaire présidée par Paul Bert. Ce projet de loi compte 109 articles. Jules Ferry approuve les principes qui ont conduit à la rédaction de ce texte. Il estime cependant qu'un texte d'une telle ampleur ne peut être voté sans une discussion prolongée. Le moment lui paraît mal choisi pour faire adopter une telle loi. Autant la gratuité et l'obligation scolaires ne posent aucun problème majeur, autant le débat sur la laïcité soulève encore les passions. Le préfet de la Seine, Hérold, qui a fait enlever les emblèmes religieux dans 32 écoles de Paris, a provoqué des réactions vives et parfois violentes.

En fait, il y a une différence dans la stratégie qu'il convient d'adopter. L'Union républicaine, dont fait partie Paul Bert et dont le leader est Gambetta, est favorable à une réforme radicale et immédiate. Jules Ferry, membre de la gauche républicaine, souhaite adopter une méthode plus souple tenant compte de l'opinion publique. Jules Ferry est accusé d'opportunisme. Dès les élections du 24 mai 1869, dans son programme exposé dans le quartier ouvrier de Belleville à Paris, Gambetta combat pour le suffrage universel, la séparation de l'Église et de l'État et la mise en place d'une instruction primaire laïque, gratuite et obligatoire. Élu député, il ne cessera de combattre pour la laïcité de l'école primaire.

Dans les deux projets de loi qu'il dépose sur le bureau de la Chambre des députés le 20 janvier 1880, Jules Ferry évite soigneusement de parler de laïcité. L'un concerne l'obligation scolaire, l'autre la gratuité de l'enseignement primaire. Aux députés de gauche qui l'interrogent, il répond : « *La laïcité fait partie de la loi organique que nous aborderons plus tard ; c'est un autre chapitre.* » Paul Bert, l'ami de Gambetta, et la commission parlementaire s'opposent à Jules Ferry. Ils n'acceptent pas que le principe d'obligation scolaire soit séparé de celui de gratuité et, par ailleurs, la gratuité et la laïcité leur apparaissent comme « *des conséquences forcées de l'obligation* ». Un accord est finalement trouvé. Le projet de loi concernant l'obligation scolaire est modifié pour y adjoindre la laïcité. Il est convenu que l'on traitera plus tard le statut des enseignants. Le débat au parlement se révèle long et passionné. Il donne l'occasion à de brillants orateurs parlementaires de montrer que la laïcité peut susciter des débats d'une réelle ampleur nationale.

À la Chambre des députés, Mgr Freppel, évêque d'Angers, et Keller, député de Belfort, sont des orateurs redoutables. Au Sénat, Chesnelong et le duc de Broglie sont des adversaires déterminés du projet de loi.

Dès le 23 décembre 1880, Jules Ferry intervient à la Chambre des députés en qualité de président du Conseil et ministre de l'Instruction publique (septembre 1880-novembre 1881), dans le débat sur le projet de loi instituant l'obligation scolaire et la laïcité dans l'enseignement primaire :

> « *Messieurs, je suis heureux d'être appelé à m'expliquer sur la question de la neutralité de l'école, au point de vue confessionnel… Je serai*

très bref ; la question ne comporte plus d'ailleurs de longues argumentations mais, bien plutôt, je pense, des déclarations de principe. Messieurs, le gouvernement pense que la neutralité religieuse de l'école, au point de vue du culte positif, au point de vue confessionnel, comme on dit en d'autres pays, est un principe nécessaire qui vient à son heure et dont l'application ne saurait être retardée plus longtemps... La neutralité religieuse de l'école, la sécularisation de l'école, si vous voulez prendre un mot familier à notre langue politique, c'est à mes yeux et aux yeux du gouvernement, la conséquence de la sécularisation du pouvoir civil et de toutes les institutions sociales, de la famille par exemple, qui constitue le régime sous lequel nous vivons depuis 1789. Oui, 1789 a sécularisé toutes les institutions... et je dis que la sécularisation des institutions devait nécessairement aboutir, tôt ou tard, à la sécularisation de l'école publique. »

Au Sénat, le 10 juin 1881, Jules Ferry précise encore sa pensée :

« *Nous disons et nous affirmons que l'on peut, à côté d'un enseignement religieux confié au ministre du culte, prescrire à l'instituteur de donner un enseignement moral.* »

Le sénateur Chesnelong s'est montré très offensif dans son intervention au Sénat le 3 juin 1881 :

« *Or, nous ne sommes pas en présence d'un État incompétent ou indifférent ; nous ne sommes pas en présence d'un État sectaire qui traite en suspectes, même en ennemies, les croyances de l'immense majorité du pays. La commission ne trouve rien à redire ; elle est d'accord avec le gouvernement pour exclure de l'enseignement toute religion positive... L'honorable rapporteur admet cependant qu'on devra apprendre à l'enfant ses devoirs envers Dieu et même lui parler, à mots un peu couverts, de la vie future... Mais éliminer Dieu, c'est l'athéisme ; éliminer l'âme, c'est le matérialisme... Je dis qu'avec votre morale dégagée de toute affirmation religieuse, vos écoles antichrétiennes seront bien réellement et, avant longtemps, des écoles sans Dieu...* »

Le sénateur de Broglie intervient à son tour au Sénat le 10 juin 1881 pour combattre le projet de loi :

« *Il y a dans le rapport qui a précédé le rapport dont j'ai parlé une expression malheureuse qui prête à ce genre d'attaque. On y trouve en effet cette singulière conclusion : pour nous et pour la langue française, le mot laïque ne s'oppose pas au mot religieux, mais au mot ecclésiastique. Il y a une religion laïque comme il y a une religion ecclésiastique et si cette religion laïque n'est pas pour nous la base de la morale, elle en est au moins le couronnement.* »

Les rapporteurs de la loi du 28 mars 1882 concernant la laïcité, Paul Bert à la Chambre des députés et Ribière au Sénat, plaident avec passion pour emporter l'adhésion des parlementaires :

« *Nous ne voulons pas,* dit Paul Bert, *l'école esclave de l'Église, mais indépendante. Nous ne voulons plus l'instituteur dépendant de l'Église, mais l'instituteur libre dans son école. En même temps, nous laissons le prêtre libre dans son église. À l'un, nous attribuons la science, ce qui se démontre ; à l'autre, nous donnons plein pouvoir dans le domaine de la foi, de ce qui se croit ; à l'un, le domaine de ce que l'on comprend avec les seules lumières de la raison, à l'autre celui dans lequel il faut faire intervenir la lumière de la grâce ; à tous deux la protection, le respect, la liberté. De cette manière, nous séparons ces deux domaines, nous laissons chacun libre, nous évitons les conflits et nous assurons la paix publique…* »

Ribière, quant à lui, insiste sur le lien logique qui existe entre l'obligation scolaire et la laïcité :

« *La sécularisation de l'école ou, si l'on veut, la laïcisation du programme, apparaît d'abord comme une conséquence forcée du système de l'obligation. Sous l'empire de la loi de 1850, le père de famille, libre de donner ou de ne pas donner à ses enfants l'instruction primaire, pouvait à la rigueur les soustraire à un enseignement confessionnel et dogmatique en opposition avec ses idées religieuses ou ses sentiments intimes ; avec la loi projetée, un très grand nombre de pères de famille devront en fait envoyer leurs enfants à l'école publique ; il est donc nécessaire que cette école n'ait à aucun degré le caractère d'école confessionnelle. Autrement, que deviendraient la liberté et le respect qui sont dus à toutes les opinions philosophiques ou religieuses des pères de famille, à celles qui pourront être, dans un âge plus avancé, adoptées par les enfants eux-mêmes, à celle des instituteurs pour lesquels, comme pour tous, le choix d'une fonction ou d'un état doit rester indépendant du choix d'une doctrine ou d'un culte religieux ? Qu'on ne prétende pas d'ailleurs que cet enseignement, en ce qui concerne le rôle de l'instituteur, était donné dans des proportions si modestes qu'il ne pouvait causer aucune inquiétude aux pères de famille dont les opinions étaient différentes. Le droit de surveillance et d'inspection exercé par les ministres des différents cultes en était la conséquence obligée. L'influence ecclésiastique tendait à prévaloir sur l'influence pédagogique et l'école elle-même se prêtait à ce mélange ou tout au moins à cette juxtaposition de doctrines confessionnelles en désaccord entre elles, en désaccord avec les doctrines philosophiques ; de là pouvait naître un germe de doute, de décision dont il est sage de préserver, au moins dans les écoles publiques, l'esprit des jeunes enfants.*

L'école primaire ouverte à tous, ne devant dépendre d'aucune secte, d'aucune doctrine confessionnelle, ne devant être ni religieuse ni antireligieuse, doit être, par conséquent, l'école sécularisée, l'école neutre, l'école laïque. »

La loi du 28 mars 1882 – La laïcité de l'enseignement primaire

La loi du 28 mars 1882 présentée par Jules Ferry institue l'obligation de l'instruction dans le premier degré de l'enseignement ainsi que la laïcité des programmes et des locaux scolaires.

En fait, la loi, en instituant l'obligation de l'instruction ne déclare pas l'obligation de fréquenter l'école publique, mais l'obligation de l'instruction élémentaire et d'un savoir minimum. L'article 4 de la loi précise en effet que cette instruction peut être donnée soit à l'école publique, soit dans une école privée, confessionnelle ou non, soit encore dans la famille, avec une évaluation de la qualité de l'enseignement donné en milieu familial.

L'article 2 de la loi précise que les écoles publiques vaqueront un jour par semaine, en dehors du dimanche, pour permettre aux parents de faire donner, s'ils le désirent, à leurs enfants, l'instruction religieuse hors des édifices scolaires.

Cette instruction religieuse n'est donc plus donnée à l'école. L'enseignement du catéchisme est de la seule responsabilité du curé, du pasteur, ou du rabbin. Pour donner cet enseignement, les ministres des cultes ne sont pas autorisés à utiliser les locaux scolaires. Cette stricte séparation des locaux a été adoptée sur proposition de Paul Bert. Par ailleurs, les ministres des cultes ne disposent plus, dans les écoles primaires publiques, d'un droit d'inspection et de surveillance dans le domaine de l'instruction morale et religieuse, prérogative que la loi du 15 mars 1850 leur avait octroyée.

Les nouveaux programmes de l'école primaire sont publiés au *Bulletin officiel de l'instruction publique* du 27 juillet 1882. L'ensemble des disciplines d'enseignement est réparti en trois rubriques : éducation physique et préparation à l'éducation professionnelle, éducation intellectuelle et éducation morale. L'instruction civique est classée dans la rubrique de l'éducation intellectuelle. Le programme consacré à l'éducation morale est important et précis. L'objectif de cet enseignement est « *d'enraciner dans l'âme des élèves* (...) *ces notions essentielles de moralité humaine communes à toutes les doctrines et nécessaires à tous les hommes civilisés* ». Il s'agit d'une morale laïque. L'instituteur doit insister sur les devoirs qui rapprochent les hommes et non sur les dogmes qui les divisent. « *L'instituteur n'est plus un répétiteur de catéchisme* » mais un « *maître de morale* ».

Non inscrits dans la loi, malgré la demande des parlementaires catholiques, les « *devoirs envers Dieu* », selon la promesse de Jules Ferry, devaient être insérés dans le programme de morale. La section permanente du Conseil supérieur présidée par le ministre parvint à arrêter une formulation « *des devoirs envers Dieu* » sur la base d'un texte de Ferdinand Buisson. L'enseignement de cette partie du programme, qui ne doit pas être un cours de théologie, invite les enfants au respect du « *nom de Dieu* » et à « *la vénération pour la divinité* ». Cette dimension religieuse de la morale scolaire laïque se retrouve dans chaque cours, du cours élémentaire au cours moyen. Cette référence à Dieu et à la religion nous paraît aujourd'hui peu compatible avec une stricte laïcité. Jules Ferry, franc-maçon positiviste et athée, n'a pas imposé sa philosophie personnelle. Les programmes sont marqués par le spiritualisme très présent dans les milieux universitaires. La laïcité est d'abord une « *mise à distance* » des dogmes, mais elle est aussi « *tolérance, respect et considération* ». Elle est tolérance et respect pour les « *religions positives* » mais aussi considération pour le sentiment religieux. Ainsi, si l'enseignement moral laïque se distingue de l'enseignement religieux, il ne doit pas le contredire. Les valeurs communes fortement tintées de kantisme sont présentées sous forme de devoirs, envers la famille, envers soi-même, les autres hommes et la société.

À la rentrée scolaire d'octobre 1882, la mise en œuvre effective de la loi, et notamment du nouveau programme de morale scolaire, provoque de vives réactions d'hostilité chez les catholiques. Ces réactions sont cependant très inégales selon les régions françaises. L'épiscopat français se montre dans l'ensemble modéré. Il a reçu des consignes précises du pape Léon XIII par l'intermédiaire du nonce apostolique à Paris, Mgr Czaki.

La circulaire du ministre de l'Instruction publique, Jules Ferry, adressée aux instituteurs le 17 novembre 1883

Comme François Guizot l'avait fait en juillet 1833, Jules Ferry adresse personnellement à chaque instituteur une circulaire où il définit le nouvel enseignement moral et civique :

« *J'ai dit que votre rôle, en matière d'éducation morale, est très limité. Vous n'avez à enseigner, à proprement parler, rien de nouveau, rien qui ne vous soit familier comme à tous les honnêtes gens. Et, quand on vous parle de mission et d'apostolat, vous n'allez pas vous y méprendre : vous n'êtes point l'apôtre d'un nouvel Évangile ; le législateur n'a voulu faire de vous ni un philosophe ni un théologien improvisé. Il ne vous demande rien qu'on ne puisse demander à tout homme de cœur et de sens. Il est impossible que vous voyiez chaque jour tous ces enfants qui se pressent autour de vous, écoutant vos leçons, observant votre conduite, s'inspirant de vos exemples, à l'âge où l'esprit s'éveille, où le cœur s'ouvre, où la mémoire s'enrichit, sans que l'idée vous vienne aussitôt de profiter de cette docilité, de cette confiance pour leur transmettre, avec les connaissances scolaires proprement dites, les principes même de la morale. J'entends simplement cette bonne et antique morale que nous avons reçue de nos pères et mères et que nous nous honorons tous de suivre dans les relations de la vie, sans nous mettre en peine d'en discuter les bases philosophiques. Vous êtes l'auxiliaire et, à certains égards, le suppléant du père de famille. Parlez donc à son enfant comme vous voudriez que l'on parlât au vôtre : avec force et autorité, toutes les fois qu'il s'agit d'une vérité incontestée, d'un principe de morale commune ; avec la plus grande réserve dès que vous risquez d'effleurer un sentiment religieux dont vous n'êtes pas juge.* »

La suppression des emblèmes religieux

La loi du 28 mars 1882, sans l'indiquer d'une manière explicite, implique la disparition, à l'intérieur des locaux scolaires, de tous les emblèmes religieux (statues, crucifix, images pieuses).

Le ministre de l'Instruction publique, Duvaux, qui a remplacé Jules Ferry, fait preuve de modération et d'esprit de conciliation. La circulaire du 2 novembre 1882 adressée aux préfets montre de la souplesse dans l'application de la loi. Le ministre fait une distinction entre « *les écoles nouvelles ou sur le point d'ouvrir* » et « *les écoles anciennes* ». Dans les premières, le nouveau régime s'applique d'une manière stricte ; en revanche, pour les écoles anciennes, le ministre recommande de ne pas « *froisser le vœu des populations en procédant à l'exécution d'une réforme tout accessoire* ». Il faut éviter, dit encore le ministre, « *tout ce qui tendrait à rapetisser la loi, à la présenter au pays comme une sorte de règlement de police scolaire, à en inaugurer l'application par un semblant de croisade iconoclaste. Le principal objet de l'acte législatif qui a séparé l'école de l'Église, c'est, non la transformation des locaux scolaires, mais celle des programmes, des leçons, des exercices, de tout ce qui fait l'esprit de l'enseignement et la valeur de l'éducation.* »

Malgré cette modération constante du ministre de l'Instruction publique, le clergé adopte une attitude très offensive, dénonçant du haut de la chaire « *l'école sans Dieu* » ou « *l'école du Diable* ».

La querelle des manuels scolaires

Le conflit entre l'Église et le ministère de l'Instruction publique prend une nouvelle ampleur lors de la diffusion dans les écoles publiques de nouveaux manuels d'instruction morale et civique. Ces ouvrages ont été rédigés dans la plupart des cas par des universitaires d'une grande notoriété : Paul Bert, Ernest Lavisse, Jules Simon, Jules Steeg, Gabriel Compayré. Le choix des manuels est effectué sur les conseils de l'inspecteur primaire dans chaque circonscription.

En octobre 1882, trois évêques, ceux de Saint-Dié, Valence et Moulins condamnent les manuels scolaires utilisés dans leur diocèse « *pour atteinte à la neutralité scolaire* ». Parfois, d'importants incidents éclatent entre les familles et les enseignants. Ainsi, à Beaumont-les-Autels, en Eure-et-Loire, où le maître a choisi le manuel de Paul Bert, les élèves refusent de s'en servir. Les parents font savoir à l'inspecteur qu'ils garderont les enfants chez eux jusqu'à l'ouverture d'une école privée. Le manuel de Paul Bert, *L'instruction civique à l'école*, rencontre cependant un grand succès (11 éditions en 1883). Il exalte l'œuvre de la Révolution de 1789 et condamne l'Ancien Régime, le royauté et l'Église. Le manuel de Gabriel Compayré est plus modéré, mais se montre néanmoins critique envers le clergé.

En janvier 1883, le journal conservateur et catholique *L'Univers* publie un décret rédigé par la congrégation de l'Index condamnant quatre manuels : ceux de Paul Bert, Gabriel Compayré, Jules Steeg et madame Gréville. En l'absence d'une décision du Conseil d'État autorisant la publication du texte de la congrégation de l'Index, les évêques qui ont demandé aux curés de la lire en chaire se sont placés délibérément hors-la-loi. Au cours de l'année 1883, dans certains diocèses, les usagers des livres interdits (instituteurs, parents, enfants) sont menacés de privation des sacrements. Le gouvernement réagit en suspendant le traitement de cinq évêques et de près de 2 000 curés ou desservants.

Mais le ministre de l'Instruction publique, Jules Ferry, qui est aussi président du Conseil (février 1883-mars 1885), ne souhaite pas que ce conflit avec l'Église provoque une dénonciation du Concordat.

Par souci d'apaisement, Jules Ferry fait accepter une nouvelle procédure pour le choix des manuels. Désormais, la liste des ouvrages choisis lors des conférences pédagogiques ne deviendra définitive qu'après avoir obtenu l'agrément du ministère de l'Instruction publique.

La laïcité définie par le *Dictionnaire de pédagogie et d'instruction primaire* de Ferdinand Buisson (1878-1887)

Dans le *Dictionnaire de pédagogie et d'instruction primaire* publié sous la direction de Ferdinand Buisson, collaborateur de Jules Ferry, aux éditions Hachette, les rédacteurs de l'article « *Laïcité* » soulignent l'importance de la dimension philosophique et religieuse de l'enseignement de la morale :

> « *Si par laïcité de l'enseignement primaire, il fallait entendre la réduction de cet enseignement à l'étude de la lecture et de l'écriture, de l'orthographe et de l'arithmétique, à des leçons de choses et à des leçons de mots, toute allusion aux idées morales, philosophiques et religieuses étant interdite comme une infraction à la stricte neutralité, nous n'hésitons pas à dire que c'en serait fait de notre enseignement national. Ce serait ramener l'instituteur au rôle presque machinal de l'ancien magister dont les deux attributs distinctifs étaient la férule et la plume d'oie, l'une résumant toute sa méthode et l'autre tout*

son art. L'enfant du peuple a besoin d'autre chose que de l'apprentissage technique de l'alphabet et de la table de Pythagore... Qui peut prétendre qu'il y ait une éducation sans un ensemble d'influences morales, sans une certaine culture générale de l'âme, sans quelques notions sur l'homme lui-même, sur ses devoirs et sur sa destinée ? Il faut donc que l'instituteur puisse être un maître de morale en même temps qu'un maître de langue ou de calcul, pour que son œuvre soit complète. »

La loi du 30 octobre 1886 et la laïcisation du personnel de l'école primaire

L'article 17 de la loi du 30 octobre 1886 précise que « *dans les écoles publiques de tout ordre, l'enseignement est exclusivement confié à un personnel laïque* ».

Cette loi que fait voter René Goblet, ministre de l'Instruction publique de 1885 à 1886, puis président du Conseil de 1886 à 1887, demandera plusieurs années avant d'être effectivement appliquée. L'article 18 de la loi prévoit donc des délais importants : « *Pour les écoles de garçons, la substitution du personnel laïque au personnel congréganiste devra être complète dans le laps de cinq ans après la promulgation de la présente loi.* »

Pour la laïcisation des écoles de filles, le délai n'est pas défini. Toutefois, l'on ne doit plus nommer de congréganistes dans les départements où fonctionne depuis 4 ans une École normale d'institutrices. On peut donc encore nommer des institutrices congréganistes dans les départements qui n'ont pas d'École normale. Dans les autres, il faut attendre la retraite de la maîtresse pour nommer une institutrice laïque.

Les instituteurs laïques ne deviennent fonctionnaires que par une loi de 1889 qui impute intégralement leur traitement sur le Trésor public.

Dans le *Dictionnaire de pédagogie et d'instruction primaire*, l'article « *Laïcité* » souligne que cette révolution laïque ne se réalisera pas sans réelles difficultés :

« *La disparition du régime exceptionnel en faveur des congrégations,* écrivent les auteurs, *est donc la première réforme qui s'impose aujourd'hui pour que la réorganisation de l'enseignement national soit complète et efficace. Mais cette réforme entraîne-t-elle l'exclusion individuelle de tout instituteur congréganiste ? Nous ne le pensons pas. Le fait d'appartenir à une association religieuse, sauf le cas où il s'agirait d'une société illicite, non autorisée, en révolte contre les lois, ne doit plus constituer à l'avenir un cas d'indignité... La loi exige de celui qui veut être instituteur public ou privé certaines conditions et certaines garanties... On ne voit pas pourquoi elle frapperait d'interdit une catégorie quelconque de citoyens. De même qu'elle ignore s'ils sont catholiques, protestants, israélites, elle peut ignorer s'ils ont fait vœu de célibat... Ils seront dans le droit commun le jour où on les nommera dans les mêmes formes et aux mêmes conditions que leurs collègues laïques : s'ils s'y soumettent, pourquoi maintenir une distinction entre eux et les autres ?* »

Le centenaire de la Révolution française de 1789 et le bilan de l'enseignement moral

À l'occasion du centenaire de la Révolution française de 1789, le gouvernement français organise en 1889 une exposition universelle. Une partie importante de l'exposition est consacrée à l'enseignement primaire, public et privé.

C'est l'occasion de présenter un premier bilan de l'enseignement laïcisé après un fonctionnement de 7 ans. Une vaste enquête est réalisée, dont la synthèse est confiée au doyen de la Faculté de théologie protestante de Paris, Lichtenberger. Le débat concernant la dimension religieuse de la morale enseignée à l'école reste encore très présent. Le rapporteur de la synthèse de l'enquête souligne que le sentiment religieux « *n'est inféodé à aucun culte (...) et que, par ses racines, il plonge dans les profondeurs de l'âme humaine* ». C'est pourquoi, « *non seulement (...) il n'est pas contraire à la morale, mais il en est, à vrai dire, inséparable* ». Les auteurs du rapport affirment que « *l'école publique neutre en face des confessions diverses ne saurait être neutre en face de Dieu et du problème religieux* ».

L'arrêté du 27 juillet 1882 concernant l'éducation morale au cours moyen dans les écoles précise d'ailleurs les devoirs envers Dieu de l'instituteur :

> « *L'instituteur n'est pas chargé de faire un cours* ex professo *sur la nature et les attributs de Dieu ; l'enseignement qu'il doit donner à tous indistinctement se borne à deux points :*
> *– d'abord, il leur apprend à ne pas prononcer légèrement le nom de Dieu ; il associe étroitement dans leur esprit à l'idée de la cause première et de l'être parfait un sentiment de respect et de vénération ; et, il habitue chacun d'eux à environner du même respect cette notion de Dieu, alors même qu'elle se présenterait à lui sous des formes différentes de celles de sa propre religion ;*
> *– ensuite, et sans s'occuper des prescriptions spéciales aux diverses communions, l'instituteur s'attache à faire comprendre et sentir à l'enfant que le premier hommage qu'il doit à la divinité, c'est l'obéissance aux lois de Dieu telles que les lui révèlent sa conscience et sa raison.* »

Les autorités ministérielles ont, dès les premières instructions officielles, nettement indiqué que « *l'instituteur ne se substitue ni au prêtre ni au père de famille ; il joint ses efforts aux leurs pour faire de chaque enfant un honnête homme* ».

La lutte contre les congrégations enseignantes : Pierre Waldeck-Rousseau et Émile Combes (1901-1905)

La loi du 1er juillet 1901, votée à l'initiative de Waldeck-Rousseau, établit la liberté d'association mais comporte également des dispositions contraignantes pour les congrégations. Le gouvernement subordonne pour les congrégations religieuses la liberté d'association à une autorisation accordée par le Conseil d'État. La loi laisse toute liberté de manœuvre au gouvernement qui peut se montrer tolérant ou sévère.

Le mode d'exécution qu'il prévoit laisse en dehors de la loi nouvelle les congrégations déjà autorisées.

Waldeck-Rousseau, avocat, député de l'Union républicaine, avait fait voter, lorsqu'il était ministre de l'Intérieur, la loi autorisant les syndicats (1884). Président du Conseil de juin 1899 à juin 1902, il avait fait gracier Dreyfus en 1899 avant de faire voter la loi du 1er juillet 1901 concernant la liberté des associations.

Après les élections d'avril-mai 1902, Émile Combes succède à Waldeck-Rousseau à la présidence du Conseil. Ancien élève d'un séminaire, destiné au sacerdoce, ayant porté la soutane, Émile Combes a rompu avec l'Église à la trentaine pour devenir médecin à Pons, en Charente-Inférieure. Sénateur radical, anticlérical déterminé, il a été ministre de l'Instruction publique et des Cultes en 1895-1896 dans le cabinet de Léon Bourgeois. Il se déclare résolu à « *assurer définitivement la victoire de la société laïque sur l'obédience monacale* » et à poursuivre « *la lutte contre la réaction césarienne et contre le cléricalisme jusqu'à ce que les ennemis de la République soient désarmés* ». Il applique d'une manière stricte une « *loi de contrôle* » qu'il transforme en une « *loi d'exclusion* ».

Les congrégations sont profondément divisées. Les unes veulent se soumettre. En effet, si elles ne demandent pas l'autorisation, elles seront dissoutes et leurs biens liquidés. Si l'autorisation sollicitée leur est refusée, c'est le gouvernement qui en portera la responsabilité devant l'opinion. En revanche, les intransigeants refusent d'accepter une loi d'exception. Pour eux, mieux vaut l'exil volontaire. Tous les établissements qui n'ont pas voulu demander l'autorisation sont supprimés.

La loi du 7 juillet 1904 interdit l'enseignement à toutes les congrégations, même autorisées, y compris l'institut des frères des Écoles chrétiennes, dont le fondateur Jean-Baptiste de La Salle, mort en 1719, a été canonisé le 23 mai 1900. Désormais aucun religieux ne doit pouvoir diriger une école. 4 000 frères des Écoles chrétiennes s'exilent pour poursuivre leur enseignement à l'étranger.

Une fois de plus, la France est divisée en deux camps hostiles. L'Église dénonce la persécution dont elle est victime. En fait, de 1904 à 1911, 1 843 écoles congréganistes sont fermées. Louis Malvy, député radical-socialiste de 1906 à 1919, ministre de l'Intérieur de 1914 à 1917, reproche en 1911 à Aristide Briand, secrétaire général du Parti socialiste français depuis 1901, député de la Loire depuis 1902, rapporteur de la loi de séparation des Églises et de l'État en 1905, et ministre de l'Instruction publique en 1906, sa mollesse à l'égard des congrégations. Toutefois il décide en 1914, en tant que ministre de l'Intérieur et au nom de l'Union sacrée qu'il ne sera plus procédé à aucune fermeture en exécution de la loi de 1904. La guerre apporte la paix scolaire et un sursis à l'enseignement religieux.

La séparation des Églises et de l'État (9 décembre 1905)

La séparation des Églises et de l'État est demandée depuis le début du XIXe siècle par les protestants. Le « programme de Belleville », proposé par Gambetta à Paris lors des élections du 24 mai 1869, revendique déjà cette réforme considérée comme nécessaire pour préserver la liberté des cultes en France.

L'action politique d'Émile Combes et sa lutte opiniâtre contre les congrégations suscitent de vives passions et font naître un véritable état de guerre avec l'Église catholique, établissant une rupture de fait de toute relation entre l'État et la hiérarchie catholique.

La rupture des relations diplomatiques avec le Saint-Siège, intervenue le 30 juillet 1904 à l'initiative d'Émile Combes, président du Conseil, accélère le processus conduisant à la séparation. Le pape Léon XIII est mort en juillet 1903. L'État français et les républicains n'auraient pas osé infliger à ce pape pacificateur, qui avait conseillé le ralliement à la République, une séparation douloureuse. En revanche, son successeur, Pie X, ne montre aucune souplesse dans ses relations avec l'État français. Le secrétaire d'État du Saint-Siège, Merry del Val, cardinal espagnol, apparaît comme un fanatique. Les heurts se multiplient avec la curie romaine, qui refuse l'institution canonique aux évêques que choisit le gouvernement français. Le nombre de sièges épiscopaux vacants va croissant. Sans consulter le gouvernement, le

Saint-Siège relève de leurs fonctions deux évêques, celui de Dijon, Mgr Le Nordez, et celui de Laval, Mgr Geay. Après cette violation du Concordat de 1801, Émile Combes propose en novembre 1904, « *comme couronnement de la laïcité* », un projet de loi tendant à l'abrogation du Concordat et à la séparation des Églises et de l'État. Toutefois, après l'affaire « des fiches », Émile Combes ne dispose plus que d'une majorité de quelques voix à la Chambre des députés et remet sa démission le 19 janvier 1905. Il est remplacé par Maurice Rouvier, ministre des Finances dans le gouvernement d'Émile Combes. Rouvier présente le même programme politique que Combes.

Dès février 1905, la Chambre des députés estime à une forte majorité (338 voix contre 185) que l'attitude du Saint-Siège rend nécessaire la séparation. La commission de 33 membres, que la Chambre a chargée d'examiner les projets et propositions, dépose un avant-projet le 4 mars 1905. Elle a comme rapporteur Aristide Briand. La loi de séparation des Églises et de l'État, votée le 9 décembre 1905, assure la liberté de conscience et affirme que la République « *ne reconnaît, ne salarie, ni ne subventionne aucun culte* ». Réunis à Albi, dans le Tarn, à la fin de janvier 1906, les évêques de France se déclarent en grande majorité favorables à une acceptation de la loi. Mais l'encyclique *Vehementer nos* du 11 février 1906 condamne la loi de séparation des Églises et de l'État. Comme la loi le prévoit, il faut désormais procéder à l'inventaire du mobilier des églises et des objets de culte. Une circulaire administrative de la Direction de l'enregistrement, rendant obligatoire l'ouverture des tabernacles contenant le Saint-Sacrement, entraîne de graves troubles et de nombreuses résistances. Un manifestant trouve la mort dans une bataille de rue. Le ministre de l'Intérieur, Dubief, fait appel à la troupe.

Toutefois, malgré ces difficultés de mise en application, la loi reste libérale aux yeux d'une majorité de Français. La laïcité est désormais instituée pour l'ensemble de l'État. La laïcité de l'enseignement primaire s'en trouve confortée. Prenant ses distances avec l'Église, l'État a maintenant le souci de garantir le libre exercice des cultes.

La morale laïque scolaire remise en question (1907-1908)

L'affaire Morizot provoque au début de 1907 une ardente campagne des catholiques contre l'école publique et laïque. Un père de famille d'un village de la Côte-d'Or assigne l'instituteur de l'école, Morizot, devant le tribunal de première instance pour avoir tenu en présence des élèves des propos antireligieux. L'instituteur, d'après le compte rendu d'audience, aurait déclaré : « *Ceux qui croient en Dieu sont des imbéciles... Il ne faut pas se confesser aux curés, mais à ceux auxquels on a fait du tort.* » Le tribunal s'étant déclaré incompétent, le père se pourvoit devant la cour d'appel qui, elle, se déclare compétente. Aussitôt, Dessoye, député de la Marne et secrétaire général de la Ligue de l'enseignement, interpelle le gouvernement sur cette affaire et conteste la procédure suivie par le père de famille. La cour d'appel, selon le député, aurait dû se déclarer également incompétente ; le père de famille aurait dû déposer une plainte auprès de l'inspecteur d'académie et du préfet. En effet, les citoyens ne doivent pas se substituer à l'État qui dispose de sanctions et de mesures disciplinaires. Le 2 juin 1908, le tribunal des conflits désavoue le ministre de l'Instruction publique et reconnaît la compétence de la cour d'appel de Dijon. Dans ces conditions, le ministre propose d'appliquer dans toute leur rigueur les pénalités prévues par la loi du 28 mars 1882 à l'encontre des pères de famille qui interdisent à leurs enfants de suivre certains enseignements. Afin d'éviter aux instituteurs la menace d'actions personnelles en justice, le ministère propose de substituer la responsabilité de l'État à celle des maîtres pour les fautes commises dans l'exercice de leurs fonctions.

L'épiscopat réplique alors par deux textes. L'un, du 28 septembre 1908, adressé à tous les parents, pose clairement le problème de la responsabilité des instituteurs : « *Si un membre de l'enseignement public manque à ses devoirs dans l'exercice de ses fonctions, pourquoi n'aurait-il pas à en répondre devant les tribunaux de droit commun ?* »

L'autre, de septembre 1909, fait aux catholiques un devoir d'envoyer leurs enfants à l'école chrétienne partout où elle existe. La fréquentation de « l'école neutre » n'est tolérée qu'en dernier recours. De plus, l'épiscopat encourage vivement la création d'associations. Une liste de 14 manuels condamnés par les évêques figure en annexe, notamment les manuels d'éducation morale et civique d'Albert Bayet et de Jules Payot.

Bientôt les associations de pères de famille, dont l'objectif principal est de surveiller la neutralité de l'école publique, se multiplient en France. La première est créée dès le 1er octobre 1905 à Saint-Rambert-en-Bugey sur l'initiative du curé.

Après 1906, l'idée de « morale scientifique » commence à se faire jour dans de nombreuses publications. L'approche sociologique de la morale scolaire séduit de nombreux instituteurs et inspecteurs. S'appuyant sur les recherches de Durkheim, l'on tente de refonder la morale à partir d'une démarche nouvelle.

La publication, en 1907, du manuel de l'inspecteur primaire Pierre Adonis Dufrenne, *Nouveau cours de pédagogie*, suscite de vives réactions. Dufrenne affirme notamment : « *Pour nous, l'enseignement ne se composera que de faits, ne sera qu'une exposition tout objective, désintéressée, des faits.* » Dufrenne souhaite que l'enfant « *construise lui-même l'édifice de sa vie morale* ».

En réalité, cet ouvrage conduit à l'abandon de l'éducation morale telle qu'elle était pratiquée depuis 1882. De nombreux députés et le recteur Compayré n'acceptent pas l'une des conclusions essentielles de cet ouvrage : « *Toute l'attention que nous mettions à moraliser, nous la mettrons désormais à éviter de moraliser.* » Compayré met en garde tous les défenseurs de l'école publique : « *Lorsque l'État, dans les lois républicaines, a exclu de l'école l'enseignement religieux, il a pris avec les parents et leurs enfants une sorte d'engagement d'honneur de remplacer ce qu'il supprimait... S'il manquait à cette parole, ce serait la faillite de l'école laïque.* »

La morale laïque et son enseignement pendant la Première Guerre mondiale

La guerre met en évidence l'importance de l'enseignement de la morale. Deux morales s'opposent : la morale de la force et la morale du droit. La morale du droit, c'est la morale de l'école laïque républicaine. L'on ne comprend pas partout, note un inspecteur d'académie, que « *cet enseignement ne doit pas être une matière d'études comme les autres, qu'il ne suffit pas de s'en occuper 20 minutes par jour et de l'oublier ensuite* ».

L'entrée dans la guerre sollicite fortement l'éducation morale. La dimension religieuse de la morale surgit à nouveau au premier plan. Dans une conférence donnée à la Ligue de l'enseignement le 12 mars 1917, Ferdinand Buisson, ancien directeur de l'enseignement primaire, s'interroge sur les principes et les fondements de la morale laïque. Pour Buisson, l'on a séparé trop rigoureusement religion et morale. En fait, selon lui, elles sont intimement liées. Le vrai nom de la morale laïque, c'est la « *religion du Bien* ». À l'école laïque, « *ce ne serait pas seulement une inconvenance, mais une mauvaise action de pousser les enfants à l'irrévérence envers les pratiques culturelles de leur famille ou de leur Église* ». Ferdinand Buisson est alors très proche de l'inspiration initiale de la morale laïque des instructions de 1882.

À l'issue de la guerre, particulièrement meurtrière et destructrice pour la nation française, l'élection de la Chambre bleu-horizon en novembre 1919 fait passer au second plan le combat pour la laïcité. La camaraderie née dans les tranchées rapproche les hommes et les familles dans chaque village de France.

Les Alsaciens-Lorrains et le régime concordataire

Le retour à la France de l'Alsace et de la Lorraine, occupées par l'Allemagne pendant près d'un demi-siècle (1870-1918), suscite un nouveau débat autour de la laïcité à la fin de la Première Guerre mondiale. En effet, ces territoires connaissent le régime concordataire de 1801. L'instruction religieuse est obligatoire dans les écoles primaires depuis la loi Falloux du 15 mars 1850. Au régime existant, il faut substituer celui de la laïcité de l'État institué en 1905 et celui de la laïcité de l'école prévue par les lois de 1882 et de 1886.

Le clergé alsacien et lorrain défend fermement le régime concordataire. Le journal *La Croix* se montre un ardent défenseur de l'école confessionnelle. En fait, le maréchal Joffre, au nom du gouvernement français, avait avant la fin de la guerre promis aux Alsaciens-Lorrains le *statu quo*. Cette promesse a été renouvelée par le président de la République, Raymond Poincaré. À la veille des élections, qui envoient en mai 1924 une majorité de gauche à la Chambre des députés, l'Alsace-Lorraine a toujours un statut provisoire défini par une loi du 17 octobre 1919.

Depuis 1921, le gouvernement français a rétabli les relations diplomatiques avec le Saint-Siège. En échange, celui-ci promet de consulter le gouvernement français pour toute nomination épiscopale. Le gouvernement de gauche, dirigé par Herriot après la victoire électorale du cartel des gauches en 1924, adopte d'abord une attitude offensive dans le domaine de la laïcité. Le ministre de l'Intérieur, Chautemps, adresse une circulaire aux préfets pour déterminer sur quels points les lois laïques ont été violées et connaître les établissements congréganistes rouverts malgré les lois de 1901 et 1904. Il est alors question de rompre avec le Saint-Siège les relations diplomatiques renouées en 1921 et de mettre fin au régime religieux et scolaire de l'Alsace-Lorraine, où ont été maintenus le Concordat et les écoles confessionnelles. L'Alsace commence alors à « prendre feu ». Le gouvernement doit battre en retraite. L'incendie imprudemment allumé est définitivement éteint avec le soutien de Raymond Poincaré, président de la République de 1913 à 1920, qui constitue un gouvernement d'union nationale en 1926 après la crise financière de 1926.

La morale laïque et les nouveaux programmes de février 1923

Deux arrêtés du 23 février 1923 modifient les programmes des écoles primaires. L'enseignement de la morale est désormais réduit à quelques brèves indications. La morale ne fait plus l'objet d'un chapitre spécial. Elle est jumelée avec l'instruction civique au cours supérieur. L'idée de Dieu que les fondateurs de l'école laïque avaient inscrite au programme disparaît de la morale scolaire. Les sources de l'obligation morale sont désormais purement psychologiques et sociologiques.

L'accueil de cette réforme chez les instituteurs est dans l'ensemble favorable. L'allégement des programmes était souhaité depuis de nombreuses années. Par ailleurs, les devoirs envers Dieu ne sont plus évoqués en classe depuis longtemps. Paul Lapie, initiateur de ces nouveaux programmes, peut donc être satisfait. Certains instituteurs, comme en témoigne *Le Journal des instituteurs* du 31 mars 1923, regrettent la disparition de l'instruction civique aux cours élémentaire et moyen, ainsi que la diminution de l'horaire consacré désormais à la morale. Un député de droite interpelle le ministre de l'Instruction publique, Léon Bérard, en lui reprochant d'« *avoir subrepticement rayé de nos programmes les devoirs envers Dieu* ».

De nombreux responsables de l'enseignement primaire, inspecteurs et directeurs d'école, soulignent qu'il est urgent de « *recréer les vertus qui s'en vont : le sens de la dignité personnelle, l'amour du travail* (...) *le culte de la famille* ». Dans un article publié par *Le Journal des instituteurs* en mai 1924, Hubert Bourgin, universitaire socialiste, affirme qu'il faut avoir le courage de reconnaître que l'affaiblissement de l'enseignement public de la morale doit être considéré comme l'une des causes essentielles de l'immoralité publique. L'école semble se préoccuper trop peu de l'éducation morale. Désormais, les instituteurs font la part trop belle, selon certains républicains, à l'éducation intellectuelle.

Le cartel des gauches et l'offensive laïque (1924-1926)

Le cartel des gauches (socialistes SFIO, républicains socialistes, radicaux socialistes et gauche radicale), formé lors des élections de 1924 contre la majorité de droite du bloc national, arrive au pouvoir avec Edouard Herriot à la présidence du Conseil. Devant le retour progressif des congrégations et leurs demandes d'ouverture d'écoles, le gouvernement d'Edouard Herriot exige que l'on revienne à l'application stricte des lois de 1901 et 1904. Cette offensive laïque se heurte aussitôt à une forte opposition catholique. À nouveau menacés d'expulsion, les religieux créent une ligue de défense des droits des religieux anciens combattants. Le général de Castelnau, qui commanda la 2e armée de Lorraine en 1914 et fut député de l'Aveyron de 1919 à 1924, constitue la Fédération nationale catholique qui regroupe des associations d'anciens combattants et des groupements diocésains. Les cardinaux et archevêques de France rendent publique le 10 mars 1925 une déclaration hostile aux lois laïques, alors que la Chambre des députés vient de voter la suppression des crédits de l'ambassade du Saint-Siège. L'Église catholique française est toujours fortement opposée à la législation qui a rompu tout lien entre l'Église et l'État :

> « *Les lois de laïcité,* déclarent les cardinaux et archevêques de France, *sont injustes d'abord parce qu'elles sont contraires aux droits formels de Dieu. Elles procèdent de l'athéisme et y conduisent dans l'ordre individuel, familial, social, politique, national, international… Elles sont injustes ensuite parce qu'elles sont contraires à nos intérêts temporels et spirituels… La loi scolaire enlève aux parents la liberté qui leur appartient, les oblige à payer deux impôts : l'un pour l'enseignement officiel, l'autre pour l'enseignement chrétien… Dès lors, les lois de laïcité ne sont pas des lois. Elles n'ont de loi que le nom, un nom usurpé ; elles ne sont que des corruptions de loi, des violences plutôt que des lois, dit saint Thomas.* »

Le Saint-Siège désapprouve aussitôt officiellement cette déclaration. Pie XI ne veut pas que cette offensive contre la laïcité envenime les relations diplomatiques avec la France.

La prise de position de l'épiscopat français provoque immédiatement une contre-offensive du camp laïque dont l'argumentation en faveur de la laïcité est clairement exposée dans l'ouvrage d'Albert Bayet, *La Morale laïque et ses adversaires,* publié en avril 1925. Albert Bayet, professeur de sociologie à la Sorbonne, penseur rationaliste, réfute les arguments des catholiques contre la morale laïque et, notamment, deux arguments essentiels : son absence de fondement et sa responsabilité dans l'augmentation de la criminalité. Pour Bayet, la morale laïque est fondée sur la science. Le fondement de la morale est devenu une question inutile. La morale existe en effet comme fait social aux yeux du sociologue. Quant au problème de la criminalité, c'est « *une pure calomnie* » d'accuser la morale laïque sans preuves objectives.

Les relations avec l'Église finissent cependant par connaître une nette amélioration après la condamnation du mouvement de l'Action française par Pie XI en décembre 1926. Toutefois, la « *défense laïque* » reste toujours présente dans les publications des instituteurs : *Le Journal des instituteurs* et, à partir de 1929, *l'École libératrice*, l'organe du Syndicat national des instituteurs qui regroupe 80 % des enseignants de l'école primaire dans les années trente.

L'École libératrice et la défense de la laïcité (1929-1940)

Le thème de la défense laïque est repris dans une chronique régulière tenue par le secrétaire de la commission de défense et d'action laïques au bureau national du Syndicat des instituteurs, Marcel Giron. Le SNI (Syndicat national des instituteurs) reste un défenseur vigilant de la laïcité. Cependant, malgré la législation, les congrégations continuent à enseigner au grand jour, notamment dans le Finistère.

Le syndicat des instituteurs cherche à promouvoir une véritable organisation de défense laïque. En 1932, Marcel Giron propose la création d'un Conseil supérieur de la laïcité avec une représentation au niveau communal, cantonal et départemental. Un projet de Fédération nationale de défense laïque est élaboré et proposé aux militants.

Le SNI interpelle le ministre de l'Instruction publique, Anatole de Monzie, qui « *ne croit pas aux dangers qui menacent l'école laïque* ». Dans deux articles parus à la fin de 1931, Albert Bayet s'efforce de préciser sa formule désormais célèbre : « *La laïcité c'est la science.* » Dans un article du 26 septembre 1931, « L'idéal laïque », il oppose les « chimères » de la foi religieuse et l'idéal laïque : « *On ne peut qu'admirer, même si on ne partage pas leur foi, ceux qui ne rêvent que de s'unir à Dieu comme à l'absolue sagesse et à l'absolue bonté. L'effort par lequel un disciple de Platon ou de Spinoza tente de s'élever vers les hauteurs est quelque chose de grand… mais si l'on croit que ce sont des chimères, si l'on se sent honnêtement incapable de croire au dieu des chrétiens, au dieu des musulmans, au dieu de Platon, est-on condamné par là à se contenter de l'humble sagesse !* »

« *C'est bien à cela,* écrit Albert Bayet, *que nos adversaires voudraient nous acculer. La morale laïque, disent-ils, dédaigneusement, c'est une bonne petite morale de complément. Certes, on peut enseigner quelques menues choses utiles, l'hygiène, l'exactitude, la discipline. Mais ce qu'elle ne donnera jamais, c'est cet élan de l'esprit et du cœur vers ce qui dépasse l'individu… Mais, n'en croyons pas nos adversaires… Il peut, il doit y avoir un idéal purement raisonnable et humain qui surpasse en beauté toutes les formes antérieures de l'idéal…* »

La laïcité et le Front populaire (1936-1938)

Le Front populaire, coalition des partis de gauche (communistes, socialistes et radicaux), arrive au pouvoir en juin 1936. La crise de février 1934, la politique déflationniste de Laval et son rapprochement avec les dictatures ont favorisé le regroupement des partis de gauche. Léon Blum, président du Conseil, réalise pendant un an, de juin 1936 au 21 juin 1937, une grande partie du programme de la gauche avec les accords Matignon (7-8 juin 1936). Il doit cependant démissionner le 21 juin 1937 à la suite d'importantes difficultés économiques et financières, ainsi que devant les exigences croissantes du parti communiste.

Après deux ministères Chautemps (22 juin 1937-10 mars 1938), Léon Blum et la gauche reviennent au pouvoir du 13 mars au 8 avril 1938. La nomination de Daladier, radical s'appuyant sur la droite, à la présidence du Conseil, met fin au Front populaire.

Pendant le Front populaire, un jeune avocat et journaliste radical, Jean Zay, est nommé ministre de l'Éducation nationale. Les défenseurs de la laïcité sont dans l'immédiat rassurés mais restent vigilants. Le journal des instituteurs, *L'École libératrice,* publie régulièrement des articles de défense laïque à la rubrique « Action laïque » sous la signature de Joseph Rollo, nouveau responsable de la commission nationale d'action laïque.

L'épiscopat français a toujours une attitude très offensive en faveur de l'enseignement catholique. En octobre 1938, alors que Léon Blum a dû abandonner la présidence du Conseil en avril 1938, Mgr Baudrillart affirme que l'école privée catholique est le seul rempart de « la civilisation chrétienne » et « la dernière digue contre l'anarchie ». Le cardinal Gerlier, à l'occasion d'une conférence où assistait Jean Zay, ministre de l'Éducation nationale, indique que *« seule l'Église a le dépôt des vérités qui constitue la civilisation »*.

Le péril congréganiste reste toujours d'actualité. L'Association de défense des religieux anciens combattants (DRAC) obtient en décembre 1938 une entrevue auprès du ministre de l'Intérieur, Albert Sarraut, qui aurait promis de *« saisir le gouvernement d'un projet de loi abrogeant la loi sur les congrégations »*. Interrogé par un journaliste belge, Camille Chautemps plaide en faveur de « l'union sacrée » de tous les Français : *« Le conflit entre l'Église et l'État français appartient au passé. L'union de toutes les forces nationales s'impose. »*

Joseph Rollo, à la suite du congrès des syndicats de l'enseignement privé à Rennes les 13 et 14 avril 1939, écrit dans *L'École libératrice* : *« Nous pensions que les frères et les religieuses n'enseignaient plus en France et que leurs ordres n'étaient pas autorisés. Sans doute avons-nous été induits en erreur puisqu'ils assistent à un congrès. »*

Le 16 novembre 1938, *L'École libératrice* adresse à plusieurs journaux de gauche un appel en faveur de *« l'école laïque en danger »*. Des réponses de soutien parviennent de l'Union socialiste républicaine de Marcel Déat, du parti radical-socialiste, de la Ligue de l'enseignement et de la SFIO, qui ouvre une chronique de défense laïque dans le journal *Le Populaire*. À l'occasion de son congrès national de 1939, la SFIO appelle les élus socialistes à l'action parlementaire et demande l'adoption d'un certain nombre de dispositions destinées à enrayer l'offensive déclenchée par les adversaires de la laïcité :

> *« – l'application des lois laïques à tous les territoires français, métropolitains et coloniaux et, en premier lieu, la laïcisation des Écoles normales d'instituteurs et d'institutrices du Bas-Rhin, du Haut-Rhin et de la Moselle ;*

– le contrôle de l'enseignement privé, comprenant :

1. L'obligation, pour les maîtres de l'enseignement privé à tous les degrés, de posséder les diplômes exigés des maîtres de l'enseignement ;
2. La suppression des moniteurs ayant dépassé l'âge scolaire ;
3. L'interdiction de l'enseignement du catéchisme pendant les jours de classe ;
4. Le vote d'une loi réservant les postes d'instituteurs et de professeurs aux candidats issus des établissements d'enseignement public ;
5. L'abrogation du caractère obligatoire de la présence des maîtres de l'enseignement privé dans les jurys d'examen du certificat d'études primaires ;
6. La reprise de l'amendement Brard interdisant l'ouverture d'écoles libres dans les communes de moins de 3 000 habitants ;
7. Le vote d'une loi déférant aux tribunaux les calomnies contre l'école publique et ses maîtres… »

En juillet 1939, Marcel Giron annonce la constitution du groupe parlementaire de « Défense et action laïques » à la Chambre des députés, fort de 261 membres. Profitant de l'atmosphère d'union sacrée créée dans le pays par le danger extérieur menaçant la France, les adversaires de la laïcité essaient de faire supprimer les lois de 1901 et de 1904 concernant l'école et l'État laïques.

À la veille de la Seconde Guerre mondiale, 6,5 % seulement des élèves d'une classe d'âge entrent en sixième des lycées et collèges. Jean Zay, dès son arrivée au ministère, a fait voter le 9 août 1936 une loi qui porte à 14 ans révolus (13 ans pour les titulaires du certificat d'études primaires) l'obligation scolaire. Cette classe de fin d'études accueillera les élèves qui ne souhaitent pas poursuivre leur scolarité dans un établissement du second degré.

L'ancienne école primaire de la commune de Baron (Gard).

VILLE DE TOULOUSE
ÉCOLE PRIMAIRE SUPÉRIEURE
Commerciale et Professionnelle
CAHIER de
cocarde
622

Une leçon de morale en 1895 –
Texte à apprendre par cœur : « *Le travail acharné triomphe de toutes les difficultés.* ».

Reconstitution d'une classe en 1897.

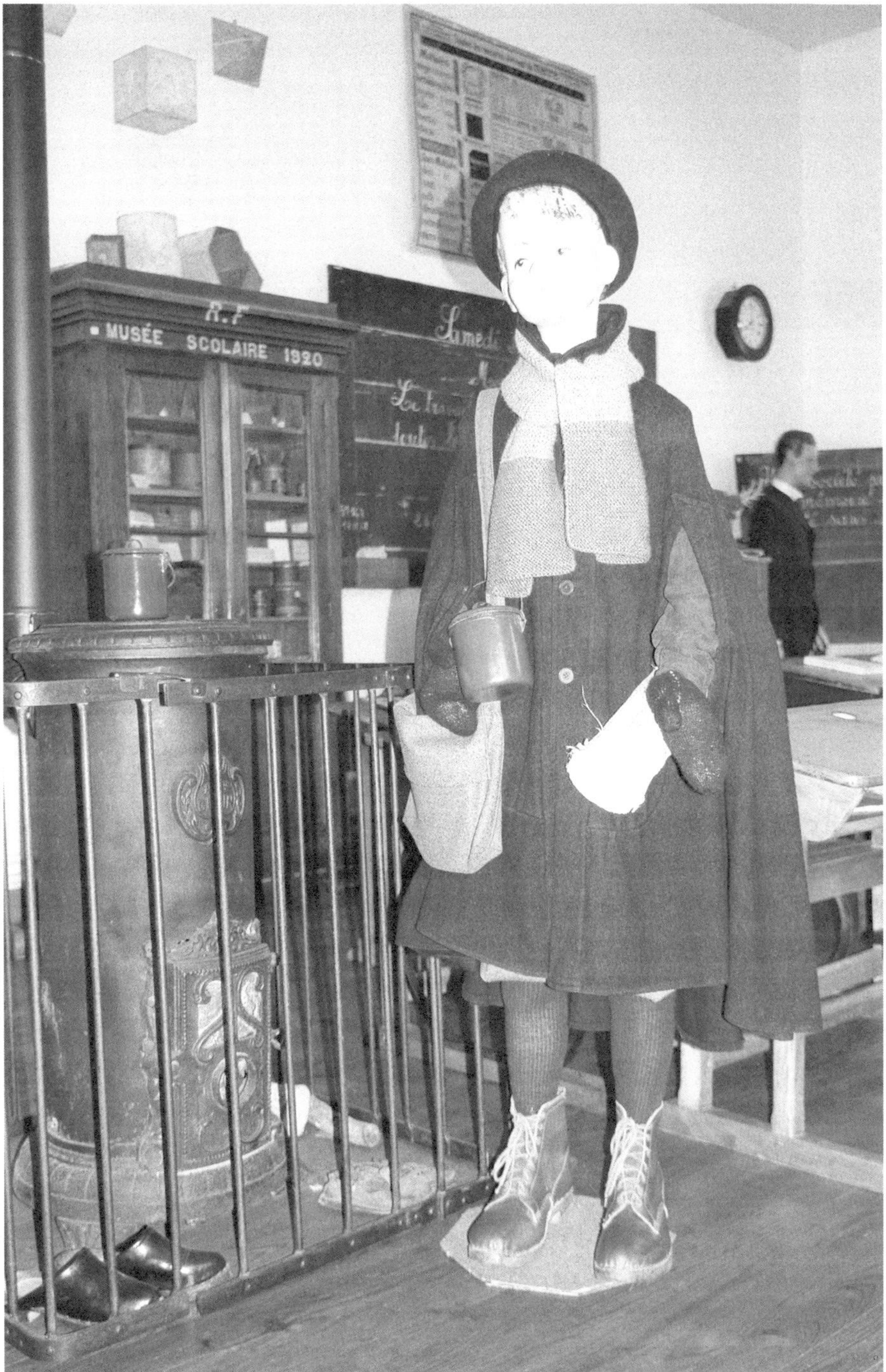

Un écolier dans une école rurale sous la IIIe République – Ses vêtements en hiver.

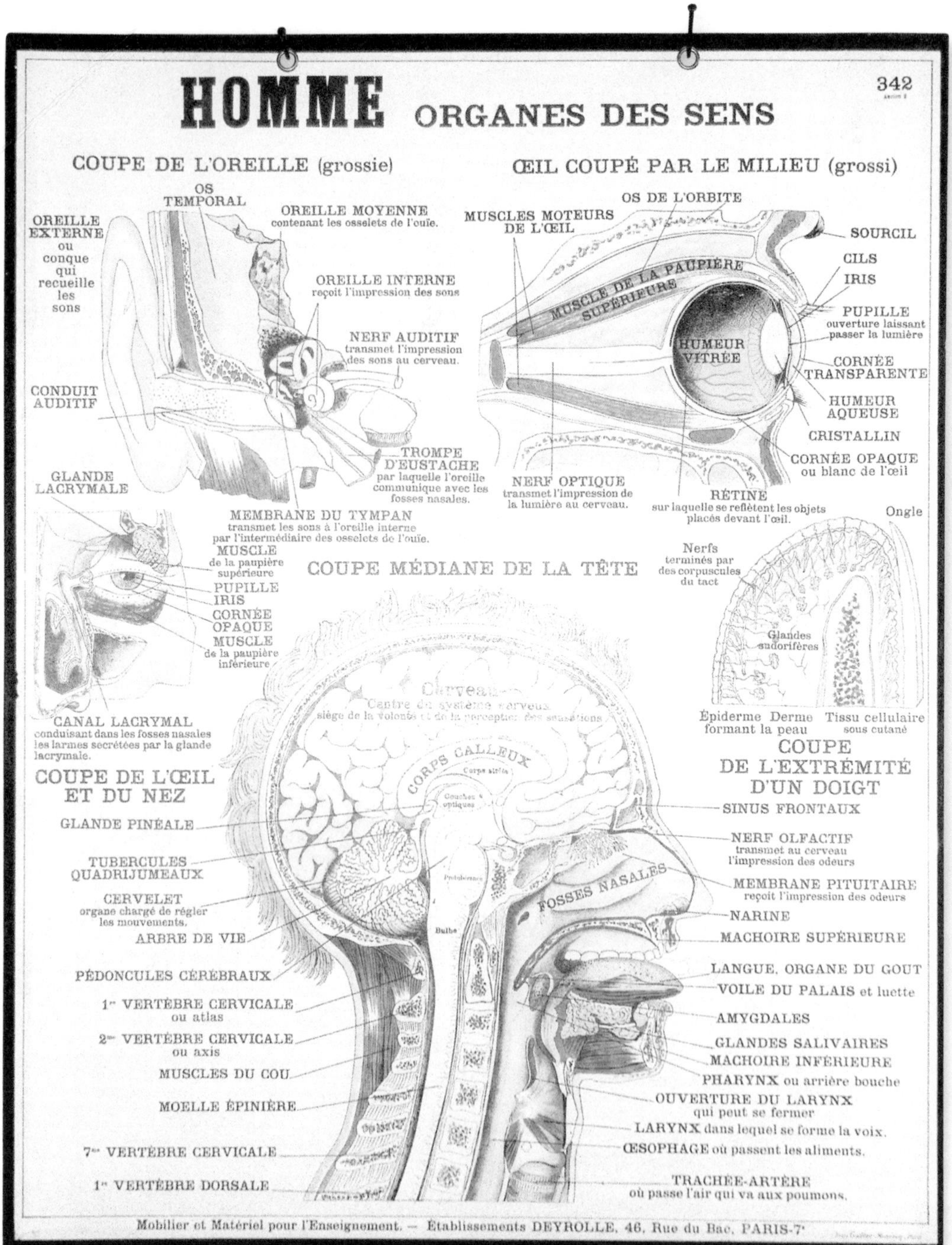

L'enseignement des sciences naturelles à l'école primaire sous la IIIe République – L'étude du corps humain.

L’enseignement des mathématiques –
Les volumes et l’étude des litres.

L’enseignement
des mathématiques –
Les volumes géométriques.

L’enseignement des mathématiques –
Une balance –
Poids et mesures.

L'écriture à l'école primaire –
Les outils de l'écolier : encrier, porte-plume, plumes et plumier

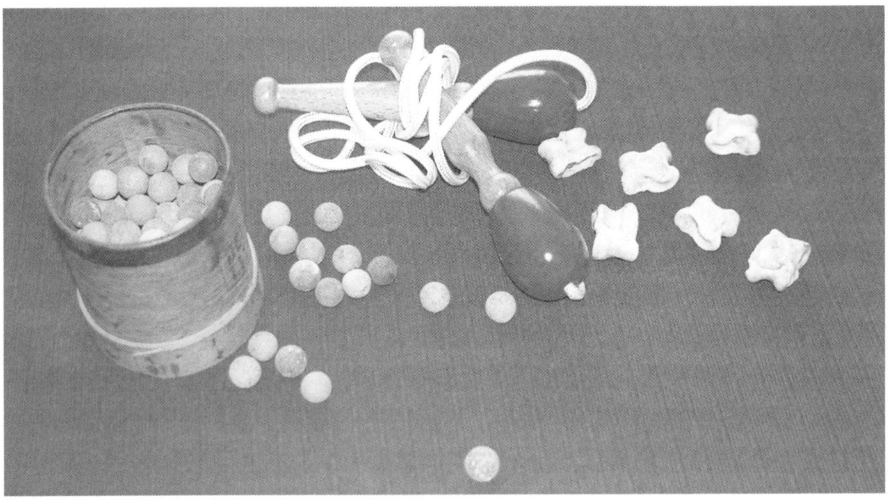

Les jeux des écolières et des écoliers : corde à sauter, billes et osselets

L'enseignement du calcul à l'école primaire sous la IIIe République –
Les outils de l'écolier : boulier, ardoise et craie

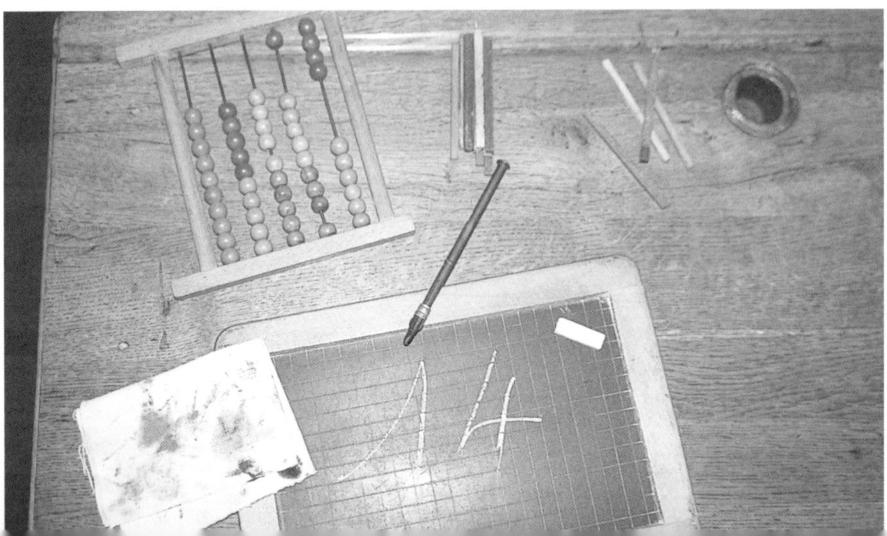

Total : 69 ½
8,68
moyenne :
2,56
Moyenne la plus forte :
Moyenne la plus faible :
L'Institutrice : La Directrice :
le virage.
trop familier voiture vient
Nous tournons.
moins épais, la
Bon devoir Nous avons mis une

Manuel de géographie
du cours du certificat
d'études primaires –
La France et ses colonies
(env. 1902)

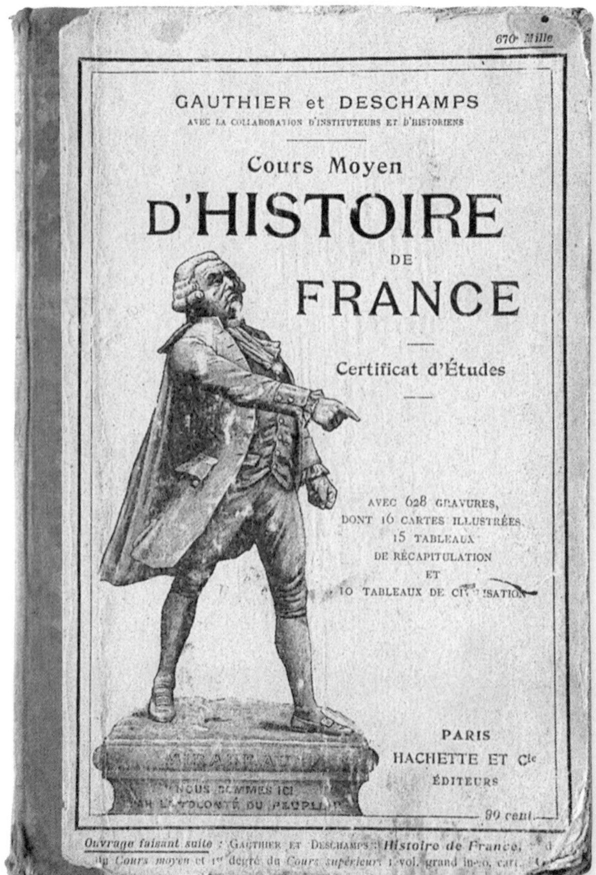

Manuel d'histoire
du cours moyen
et du certificat d'études –
L'Histoire de France
(env. 1913)

Manuel de lecture, d'écriture, d'orthographe et de dessin – *Méthode Cuissart* (env. 1910)

Manuel d'agriculture et de jardinage au cours moyen (env. 1900)

Manuel de sciences et d'enseignement ménager au cours moyen (env. 1921)

Manuel de musique, solfège et chant (env. 1921)

À partir des années 1970, un mobilier fonctionnel fait son apparition.

Mercre
Jeudi

1cm = 10mm
2cm = 20mm
30cm =

Les programmes et l'organisation pédagogique des écoles primaires sous la IIIe République

La loi du 28 mars 1882 supprime toute distinction entre matières facultatives et matières obligatoires dans les programmes de l'enseignement primaire. Le programme commun aux écoles primaires de tout degré est établi avec précision. Le décret organique du 18 janvier 1887 modifie cependant quelques termes de la loi de 1882 et élimine notamment les éléments de littérature française qui sont réservés aux écoles primaires supérieures et aux Écoles normales. Les autorités académiques mettent l'accent sur la nécessité de mettre en place une organisation pédagogique rigoureuse dans les classes. Gabriel Compayré, recteur de l'académie de Poitiers, expose longuement dans son ouvrage *Organisation pédagogique et législation des écoles primaires,* publié en 1892, l'organisation pédagogique qui lui paraît optimale pour obtenir les meilleurs résultats. Les instructions ministérielles n'ont pas pour objectif d'emprisonner les maîtres dans un étroit formalisme. « *L'école n'est pas une caserne* », affirme Gabriel Compayré. Les maîtres, dans la conduite de leurs classes, auront toujours l'occasion de faire preuve d'initiative et d'indépendance.

La scolarisation des élèves – Les classes et les cours

L'arrêté du 18 janvier 1887 (article 9) précise que l'enseignement dans les écoles primaires est partagé en trois cours : cours élémentaire, cours moyen et cours supérieur. La constitution de ces trois cours est obligatoire dans toutes les écoles quel que soit le nombre des classes et des élèves. Chaque cours dure deux ans. Le cours élémentaire comprend les élèves de sept à neuf ans ; le cours moyen, les élèves de neuf à onze ans ; le cours supérieur les élèves de onze à treize ans. Dès le Second Empire, cette division de l'enseignement primaire en trois cours était préconisée par Octave Gréard dans son ouvrage *Éducation et instruction : Enseignement primaire.*

Aux trois cours de l'école primaire, l'enfant apprendra les mêmes choses, mais il les apprendra différemment. Chaque cours présentera à des degrés différents un ensemble complet de connaissances : les trois cours successifs sont « *concentriques* ». Chaque cours, dans chaque discipline enseignée, comporte une extension progressive du champ d'apprentissage et de découverte des connaissances. La monotonie des redites n'en est pas moins un écueil fréquent, dénoncé par certains pédagogues. Le maître devra donc se garder de tout dire dès la première année.

Le cours élémentaire est un cours d'initiation. La lecture et l'écriture y sont prioritaires. Mais il faut également aborder les notions élémentaires de chaque discipline enseignée en accordant une place importante au raisonnement.

Le cours moyen ou intermédiaire a pour but de constituer le « *fonds des connaissances* ». C'est lui qui dote l'enfant de l'ensemble des notions sans lesquelles « *un homme se trouve aujourd'hui en dehors de l'humanité* », souligne Octave Gréard. Le cours moyen est souvent le couronnement des études primaires. Le programme du certificat d'études est défini de telle manière qu'un élève du cours moyen peut en subir facilement les épreuves. Toutefois, Gabriel Compayré, recteur de l'académie de Poitiers, dans son ouvrage *Organisation pédagogique et législation des écoles primaires*, publié en 1892, souhaite que « *le cours moyen laisse assez de terrain inexploré pour justifier l'existence du cours supérieur et prolonger utilement le séjour de l'enfant dans l'école* ».

Le cours supérieur offre donc aux élèves les plus âgés et les plus intelligents une révision des connaissances déjà acquises d'une manière plus large.

Chaque année, à la rentrée scolaire, les élèves, en fonction de leur niveau d'instruction, sont répartis par le directeur dans les différentes classes selon le cours qui convient à chaque enfant. Le certificat d'études donne droit à l'entrée dans le cours supérieur.

Le passage d'un cours à l'autre est soumis à une évaluation très stricte. C'est pourquoi les effectifs du cours élémentaire sont toujours plus importants que ceux des cours moyen et supérieur. Ainsi, à Paris, en 1877, 54,32 % des élèves des écoles se trouvent au cours élémentaire, 32,42 % au cours moyen et 13,25 % seulement au cours supérieur. La situation s'améliore cependant au cours des années suivantes. En 1887, 47,34 % des élèves sont scolarisés au cours élémentaire, 34,55 % au cours moyen et 18,10 % au cours supérieur. Le passage anticipé d'un cours à un autre est soumis à examen contrôlé par l'inspecteur primaire.

Les programmes des écoles primaires

La loi du 28 mars 1882 supprime toute distinction de matières facultatives et de matières obligatoires prévues dans la législation antérieure. L'article 1er de la loi précise que l'enseignement primaire comprend désormais :

1 – l'instruction morale et civique ;
2 – la lecture et l'écriture ;
3 – la langue et les éléments de la littérature française ;
4 – la géographie, particulièrement celle de la France ;
5 – l'histoire, particulièrement celle de la France jusqu'à nos jours ;
6 – quelques notions usuelles de droit et d'économie politique ;
7 – les éléments des sciences naturelles, physiques et mathématiques ; leurs applications à l'agriculture, à l'hygiène, aux arts industriels ;

8 – les travaux manuels et l'usage des outils des principaux métiers ;
9 – les éléments du dessin, du modelage et de la musique ;
10 – la gymnastique ;
11 – les exercices militaires, pour les garçons ;
12 – les travaux à l'aiguille, pour les filles.

Le décret du 18 janvier 1887 modifie quelques termes dans le texte de la loi de 1882. Il élimine ainsi « *les éléments de la littérature française* » qui sont réservés désormais aux Écoles normales et aux écoles primaires supérieures. L'article 27 du décret précise ainsi les nouveaux programmes :

L'instruction primaire élémentaire comprend :
1 – l'enseignement moral et civique ;
2 – la lecture et l'écriture ;
3 – la langue française ;
4 – le calcul et le système métrique ;
5 – l'histoire et la géographie, spécialement de la France ;
6 – les leçons de choses et les premières notions scientifiques, principalement dans leurs applications à l'agriculture ;
7 – les éléments du dessin, du chant et du travail manuel (travaux d'aiguille dans les écoles de filles) ;
8 – les exercices gymnastiques et militaires dans les écoles de garçons.

Les différents domaines d'enseignement sont regroupés en trois parties par les instructions officielles : l'éducation physique, l'éducation intellectuelle et l'éducation morale.

L'éducation physique occupait déjà une place importante dans les principes énoncés par la Révolution française de 1789. Lakanal indiquait alors : « *L'éducation que la nation donne aux enfants de la République est en même temps intellectuelle, physique, morale et industrielle. En un mot, elle embrasse tout l'homme.* »

Avant les révolutionnaires, Rabelais, Montaigne, Jean-Jacques Rousseau avaient plaidé en faveur des exercices du corps, trop négligés dans les écoles de tous les degrés. Pendant le Premier Empire, pendant la Restauration et la monarchie de Juillet, l'éducation physique avait pratiquement disparu des écoles primaires. En 1869, Victor Duruy la remet à l'honneur. Mais c'est seulement la loi du 27 janvier 1880 qui rend la gymnastique obligatoire dans les écoles de garçons. Deux ans plus tard, la loi du 28 mars 1882 étend cette obligation aux écoles des filles.

À la gymnastique s'ajoutent, pour les garçons, les exercices militaires que Talleyrand déjà recommandait dans un rapport à l'Assemblée constituante en 1791. C'est la loi du 28 mars 1882 qui inscrit ces exercices militaires dans les programmes obligatoires de l'école primaire. Mais cette discipline n'est pas enseignée dans toutes les écoles. Ce n'est, le plus souvent, que dans les villes que les bataillons scolaires sont organisés. Quelques écoles de campagne ont cependant suivi ces instructions. L'on peut encore retrouver dans les caves ou les greniers de plusieurs d'entre elles les fusils de bois utilisés pour les exercices du futur soldat. L'article 19 de l'arrêté du 18 janvier 1887 précise : « *Dans les communes où les bataillons scolaires sont constitués, les exercices de bataillon ne pourront avoir lieu que le jeudi et le dimanche. Le temps à y consacrer sera déterminé par l'instructeur militaire, de concert avec le directeur de l'école.* »

Les travaux manuels sont aussi classés dans le domaine de l'éducation physique. Il s'agit de petits exercices qui préparent l'enfant à l'apprentissage d'un métier, qui exercent la dextérité des mains en faisant travailler le fer ou le bois. Les travaux manuels des écoles de filles consistent en travaux de couture, en exercices de coupe ou d'assemblage.

L'éducation intellectuelle a pour but « *d'apporter à l'esprit des connaissances, un savoir positif* ». Elle se propose en outre de « *développer et de former l'esprit lui-même* ». Mais les commentateurs des programmes officiels de 1882 et de 1887 soulignent « *qu'un enseignement routinier mécanique qui ne s'adresse qu'à la mémoire contribuera peu à l'éducation de l'esprit* ». Les textes ministériels ont retenu pour l'enseignement des différentes disciplines dans les trois cours de l'école primaire une « *méthode concentrique* ». Seule l'histoire fait exception à cette règle générale. Au cours élémentaire on n'enseigne l'histoire de France que jusqu'à la guerre de Cent Ans. Au cours moyen, on étudie la période qui va de la guerre de Cent Ans à la IIIe République. L'idéal de l'école primaire n'est pas d'enseigner beaucoup, mais de bien enseigner. L'enseignement doit être « *collectif et simultané* ». Le maître ne peut « *se donner à quelques-uns* » ; « *il se doit à tous* ». C'est donc par les résultats obtenus sur l'ensemble de la classe et non pas sur une élite seulement que l'œuvre pédagogique réalisée par le maître doit être appréciée.

Enfin, la loi du 28 mars 1882 inscrit l'instruction morale et civique au premier rang des disciplines enseignées à l'école primaire. L'enseignement de la morale doit s'appuyer sur des faits exemplaires, des récits, des observations familières, des maximes empruntées à l'expérience. L'on recommande que le premier quart d'heure de chaque journée de classe soit consacré à l'enseignement de la morale. « *Les institutrices,* note un rapport d'inspecteur, *comprennent et pratiquent mieux l'éducation morale que les instituteurs ; elles y mettent plus de cœur et de douceur persuasive.* » L'enseignement de la morale laïque se distingue nettement de l'enseignement religieux. L'instituteur ne se substitue pas au prêtre. Il doit insister sur « *les devoirs qui rapprochent les hommes et non sur les dogmes qui les divisent* ».

La morale

L'arrêté du 18 janvier 1887 (article 19) précise :

> « *Il y aura chaque jour, dans les deux premiers cours, une leçon qui sous forme d'entretiens familiers ou au moyen d'une lecture appropriée sera consacrée à l'instruction morale. Dans le cours supérieur, cette leçon sera autant que possible le développement méthodique du programme de morale.* »

Les enfants de cinq à sept ans reçoivent, dès la classe enfantine, un enseignement ambitieux. Au mois d'octobre et au mois de novembre, l'instituteur aborde la vie familiale sous forme de causeries et de lectures ; le mois de décembre est consacré à l'école. En janvier et février, l'on met en évidence les qualités et les défauts des enfants. Au mois de mars et d'avril, les leçons sont consacrées à la justice, à la charité et au dévouement. Au mois de mai et en juin, l'on évoque la patrie, l'armée et le drapeau. Enfin, au mois de juillet, des lectures permettent de souligner les beautés de la nature.

Les thèmes retenus par les auteurs des programmes officiels sont à l'évidence peu adaptés à l'âge de jeunes enfants de 4 à 6 ans. Il fallait tout le talent des enseignants pour aborder de tels sujets avec quelques chances d'être compris.

Au cours élémentaire, l'enseignement de la morale est encore plus précis. Durant les mois d'octobre et de novembre, le maître présente l'enfant dans la famille : « *Ce que serait un enfant sans famille ; lecture sur les orphelins, sur les enfants abandonnés ; ce que le père et la mère font pour leurs enfants ; les bienfaits des parents ; les soins matériels et la tendresse de la mère ; le travail, la protection du père ; traits d'amour maternel et de dévouement paternel ; les frères et les sœurs ; exemples de dévouement fraternel ; les autres membres de la famille : grands parents, oncles, tantes.* » Les élèves doivent prendre conscience des devoirs des enfants envers leurs parents âgés, pauvres ou infirmes.

Le mois de décembre est consacré au thème de « l'enfant à l'école ». L'enseignant doit souligner le devoir pour l'élève de s'instruire. Des exemples concrets sont présentés indiquant les dangers de l'ignorance, les bienfaits de l'instruction. Les leçons doivent mettre en évidence la nécessité du travail et ses résultats bénéfiques. De même, les devoirs de l'élève envers son instituteur sont indiqués. Les enfants doivent être dociles, respectueux, obéissants. Les devoirs des élèves entre eux sont rappelés. La politesse doit être respectée. Elle constitue l'un des principes essentiels de la morale.

Les mois de janvier et de février permettent d'aborder « *les devoirs envers soi-même* ». Il s'agit d'éveiller chez les élèves l'idée du respect de soi-même, de l'honneur et de la dignité personnelle. Les leçons doivent mettre en évidence l'idée du bien et du mal, de ce qui est permis et de ce qui est défendu. L'enseignant présente également les devoirs envers le corps : « *L'hygiène, la gymnastique, la propreté, la sobriété, les dangers de l'ivresse.* »

Des notions plus complexes sont aussi inscrites au programme : « *le corps et l'âme ; l'état moral et l'état physique.* » Le maître doit alerter les élèves sur les conséquences néfastes de la passion du jeu, le mensonge et ses dangers. En revanche, la modestie et le courage sous diverses formes sont cités en exemple.

Les mois de mars et d'avril permettent d'évoquer « *l'homme dans la société* ». Ainsi, le maître doit successivement présenter les devoirs envers les autres hommes et les devoirs de justice. Divers exemples et formes d'injustice sont abordés : l'esclavage, l'intolérance, la diffamation et la calomnie. Les élèves sont sensibilisés aux devoirs de charité : « *Faire le bien ; assister les indigents.* » L'esprit de sacrifice, la générosité et l'héroïsme sont magnifiés. Toute forme d'égoïsme doit être combattue. Toute attitude d'intolérance est réprouvée. Les leçons doivent enfin souligner que toute maltraitance envers les animaux est interdite.

Les mois de mai et de juin sont consacrés aux « *devoirs envers la patrie* ». Le maître évoque les grandeurs et les malheurs de la France à partir d'exemples concrets (malheurs consécutifs aux guerres) et des personnages célèbres de l'Histoire de France qui ont contribué à sauver la patrie (Jeanne d'Arc). Il est clairement indiqué comment un enfant peut remplir ses devoirs envers la patrie : en fréquentant l'école régulièrement, en obéissant à la loi, en se préparant à servir la France, en accomplissant plus tard son service militaire.

Enfin, le mois de juillet est consacré aux « *devoirs envers Dieu* ». Le maître doit faire comprendre à l'enfant la différence entre morale et religion. Des leçons successives doivent ensuite aborder le mystère des origines de l'homme, la croyance en Dieu et le respect des croyances religieuses.

Au cours moyen (enfants de 9 à 11 ans), les thèmes étudiés au cours élémentaire sont repris en variant les exemples qui illustrent chaque notion abordée.

Au cours supérieur (enfants de 11 à 13 ans), les leçons pendant l'année scolaire permettent notamment d'aborder la famille, l'importance du mariage, les devoirs entre époux, les devoirs des enfants envers leurs parents, les devoirs d'obéissance, d'assistance et de dévouement, les devoirs du fils aîné envers ses frères et sœurs si les parents viennent à manquer, les règles essentielles du Code civil.

De même, l'enseignant présente la vie sociale, la nécessité de la solidarité sociale, la fraternité humaine, les vertus individuelles (tempérance, travail, sincérité, courage). Les leçons doivent par ailleurs souligner les mérites de la prudence, du courage militaire et du courage civil.

Les « *devoirs sociaux de justice* » sont indiqués à partir d'exemples concrets : le respect de la vie humaine, l'homicide, la peine de mort, le respect de la propriété, le vol, l'esclavage, la probité, la loyauté, le respect de l'honneur, la diffamation, la délation et l'ingratitude.

Les « *devoirs sociaux de bienfaisance* » sont également étudiés : l'amour du prochain, le respect de la personne humaine, l'aumône, l'assistance privée et publique, le dévouement, l'héroïsme et la bonté.

L'année scolaire se termine au cours supérieur par l'étude des thèmes de la patrie et des « *devoirs envers Dieu* ».

Ainsi, les leçons de morale, programmées avec précision pour chaque cours et pour chaque mois de l'année scolaire, deviennent dans l'école laïque et républicaine l'un des fondements essentiels de la formation du futur citoyen. La morale doit être cependant distinguée de l'éducation civique.

L'instruction civique

L'enseignement de l'instruction civique se rattache à l'histoire et à la géographie (arrêté du 18 janvier 1887, article 19). Dans un pays où chaque individu participe librement par ses votes à la direction des affaires publiques, il est difficile d'admettre que la majorité des hommes, ceux qui ne fréquentent que l'école primaire, restent dans l'ignorance de leurs obligations politiques et sociales.

Les instructions pédagogiques données aux instituteurs recommandent cependant « *d'écarter tout ce qui pourrait passionner et troubler les esprits et les jeter prématurément dans les partis politiques* ». Le manuel qu'on met entre les mains des enfants ne suffit pas, affirme

M. Mabilleau dans ses *Monographies pédagogiques*. Il faut à l'enseignement civique des « *leçons directes* ».

Le programme d'instruction civique prévoit au cours élémentaire (enfants de 7 à 9 ans) l'étude du citoyen (devoirs et droits du citoyen), de l'État et de la République, de la commune (maire et conseil municipal ainsi que du personnel municipal : secrétaire de mairie, garde champêtre, sergents de ville). L'on étudie ensuite le canton.

La Constitution de la France, l'élection du président de la République et des parlementaires (députés et sénateurs) sont abordées ainsi que la distinction entre les pouvoirs législatif, exécutif et judiciaire.

La justice et l'armée font l'objet d'une présentation plus précise (hiérarchie militaire et grades, service militaire).

Vaste programme, complexe et ardu pour des enfants de moins de 10 ans. En fait, il s'agit le plus souvent pour les élèves d'apprendre par cœur un résumé qui permettra d'avoir une bonne note en classe sans pour autant comprendre des notions étrangères à la vie quotidienne des élèves.

Les cours moyen et supérieur reprennent les mêmes thèmes en proposant une analyse plus détaillée s'appuyant sur des exemples concrets.

Le cours supérieur aborde également des notions de droit pratique (les actes de l'état civil, la minorité, la tutelle, la protection des mineurs, la propriété mobilière et immobilière, les successions, les contrats, la vente, le louage) et des notions d'économie politique (la production, la consommation et la distribution de la richesse, le travail, le capital, les caisses d'épargne, la loi de l'offre et de la demande, la monnaie, la liberté du commerce, le libre-échange et la protection, la rémunération du travail, le salaire, les grèves, les associations, les sociétés de secours mutuel, les caisses de retraite).

La lecture

L'arrêté du 18 janvier 1887 (article 19) précise que l'enseignement du français (lecture, lectures appliquées, écriture, grammaire, orthographe, dictées, analyses, exercices de rédaction, récitations...)

doit occuper environ deux heures par jour. Les auteurs de manuels pédagogiques comme Gabriel Compayré, rappellent que les maîtres doivent accorder une place essentielle aux exercices et passer ensuite des exemples concrets aux règles plus théoriques.

La lecture reste l'objectif prioritaire de l'école primaire. Dès la section enfantine (5 à 7 ans), les enfants abordent l'apprentissage de la lecture en étudiant d'abord les lettres, puis les syllabes et enfin les mots. Dès le cours élémentaire, les élèves doivent parvenir à la lecture courante d'un texte adapté à leur âge. De nombreux exercices permettent d'évaluer la compréhension des mots usuels de la langue française et des principales idées du texte lu.

Les textes proposés en lecture au cours moyen sont plus complexes. En outre, la lecture silencieuse devient de plus en plus fréquente. Elle est contrôlée par des questionnaires corrigés par le maître. Enfin, au cours supérieur, la lecture expressive doit être maîtrisée.

Les leçons de lecture courante sont complétées par des exercices de phonétique et la présentation de notions relatives à la prononciation.

L'ouvrage de lecture courante le plus souvent recommandé pour les jeunes filles est le manuel de madame Robert Halt, *Suzette,* publié par les éditions Paul Deleplane. Les exercices de lecture sont programmés avec précision. Ainsi, l'on conseille de prévoir au cours moyen trois exercices de lecture courante par semaine, un exercice de phonétique (prononciation) et un exercice de lecture expressive.

L'écriture

Pour l'apprentissage de l'écriture, la plupart des maîtres utilisent des cahiers avec modèles imprimés. D'autres se servent de cahiers ordinaires sur lesquels les enfants reproduisent des modèles tracés au tableau noir.

Dès la section enfantine, les premiers éléments de l'écriture sont maîtrisés par les enfants. Au cours élémentaire (sept à neuf ans), l'on étudie l'écriture « *en gros, en moyen et en fin* ». Au cours moyen, le programme prévoit l'étude de l'écriture cursive ordinaire. Enfin, au cours supérieur (onze à treize ans), les élèves doivent maîtriser « *la cursive, la ronde et la bâtarde* ». La grosse cursive (lettres de 6 à 7 millimètres au maximum) est abordée au premier trimestre du cours élémentaire. La moyenne cursive (lettres de 4 à 5 millimètres) est étudiée au 2e trimestre avec des exercices récapitulatifs de grosse cursive. Enfin, au troisième trimestre, les élèves doivent maîtriser la fine cursive (lettres de 3 millimètres) avec des exercices récapitulatifs de grosse et moyenne cursive.

Les cahiers des élèves sont présentés avec le plus grand soin. Ils sont fréquemment de véritables chefs-d'œuvre qui font rêver les enseignants de la Ve République !

Le vocabulaire

Les instructions officielles conseillent de « *s'attacher aux recherches étymologiques ainsi qu'à l'étude de familles de mots ; rien n'est plus propre à exercer chez les enfants l'esprit d'analyse, à enrichir leur vocabulaire, à ouvrir le champ à leur pensée, à leur faciliter en même temps l'explication des règles fondamentales de l'orthographe usuelle* ».

Au cours élémentaire, une première étude des noms propres et des noms communs est réalisée. Des exercices hebdomadaires permettent de rechercher le nom ou l'adjectif correspondant à une définition donnée et le contraire d'un adjectif, de former un nom avec un adjectif, de trouver les contraires de verbes donnés.

Au cours moyen, l'étude des principaux suffixes et préfixes conduit à une recherche de mots nouveaux. L'on commence à mettre en évidence des familles de mots. L'étude des synonymes à radical identique ou à radicaux différents ainsi que l'étude des homonymes est prévue du mois de mai au mois de juillet de l'année scolaire.

Au cours supérieur, l'on approfondit les exercices effectués au cours moyen en travaillant tout particulièrement les familles de mots, la définition des mots, des adjectifs et des verbes, des synonymes et des homonymes ou des paronymes (mots qui se rapprochent d'un autre par leur aspect extérieur ; exemple : conjecture et conjoncture).

La dictée

Les dictées occupent toujours une place centrale dans l'apprentissage de la langue française. Toutefois, les pédagogues les plus expérimentés soulignent « *qu'elles ne doivent être ni trop fréquentes ni trop longues ni trop difficiles* ».

Les dictées doivent être étroitement liées aux règles étudiées en classe au cours de la semaine. Les instructions officielles demandent que « *les textes en soient pris dans les manuels les plus classiques* » et recommandent de les corriger avec le plus grand soin.

Les textes proposés aux élèves doivent « *contenir des notions pratiques et utiles* ». Les premiers exercices d'orthographe doivent en outre rester « *simples et basés sur des pensées et des proverbes facilement compréhensibles* ».

La dictée devient rapidement un exercice quotidien dans l'ensemble des écoles primaires de France. Elle restera longtemps un exercice redouté des élèves, mais dont l'efficacité est quasiment mythique. Elle permit, sans nul doute, d'obtenir une bonne maîtrise de l'orthographe et de la langue écrite chez des élèves qui, très souvent dans les campagnes françaises, parlaient chez eux la langue régionale (langue d'oc, catalan, breton, basque, poitevin…).

La grammaire

Deux leçons par semaine doivent être consacrées à l'enseignement de la grammaire. Au cours élémentaire, l'on commence par l'étude des mots et des syllabes avant d'étudier la ponctuation, les propositions, le genre des noms, leur nombre (singulier et pluriel), l'article, l'adjectif et son accord, les verbes et leur conjugaison.

Au cours moyen, ces différentes notions sont reprises et approfondies. L'on étudie, en outre, le pronom, la conjugaison passive, l'accord du participe passé et l'orthographe des verbes les plus usuels.

Au cours supérieur, ces acquisitions de connaissances sont consolidées. En fin d'année, le maître doit insister plus particulièrement sur la construction des propositions et de la phrase.

Le livre de l'élève présente de nombreux exercices grammaticaux, des textes d'analyse logique et d'analyse grammaticale, ainsi que des exercices gradués d'orthographe d'usage. Ces derniers sont copiés sur le cahier de devoirs.

Les exercices de rédaction et de composition

Les responsables pédagogiques prévoient deux exercices par semaine. Les conseils donnés aux maîtres proposent une progression très précise dans un domaine qui reste cependant difficile à maîtriser. Octave Gréard, l'une des références pédagogiques les plus souvent citées, observe que « *les idées ne viennent pas d'elles-mêmes à l'esprit de l'enfant. Il faut lui apprendre à trouver...* ».

Le travail de rédaction doit être progressif et obéir à un programme rigoureux. L'on s'efforce tout d'abord d'obtenir de l'élève la rédaction de quelques phrases, quatre ou cinq au plus. La correction se fait en classe, au tableau noir. Chaque élève apporte ses suggestions pendant cet exercice parmi les plus difficiles pratiqués à l'école primaire. Peu à peu, au cours moyen et au cours supérieur, l'on parvient à la rédaction de textes plus longs et plus complexes.

La répartition mensuelle des exercices au cours élémentaire (7 à 9 ans) prévoit au mois de janvier « *des exercices de composition d'après une image* ». Gabriel Compayré conseille de reproduire par écrit, d'après un sommaire donné aux élèves, « *la substance de l'entretien sur image* », par exemple « *l'enfant au berceau ; l'intérieur d'une école ; une ruche ; un petit rouge-gorge en hiver* ».

Au cours de l'année scolaire, les élèves sont mis en situation de décrire « *un objet placé devant eux ou représenté en image* », de rédiger un texte à partir d'un récit, d'écrire un texte, présenté en vers ou en prose.

En fin d'année scolaire, les élèves doivent réaliser par écrit des comptes rendus de lecture ou de leçons de choses, rédiger des lettres à des camarades.

Au cours moyen et au cours supérieur, les exercices de rédaction sont plus complexes. Après une révision en début d'année scolaire des connaissances acquises, les premiers exercices sont consacrés à des rédactions d'après une lecture ou un sommaire. L'on aborde ensuite des rédactions historiques, des comptes rendus de lectures classiques, des descriptions (animaux, outils), la rédaction de textes relatifs à la morale et, enfin, la rédaction de lettres de famille.

Les répartitions mensuelles consacrées à l'enseignement du français sont toujours précises et contrôlées par l'inspecteur primaire. Rares sont les instituteurs ou les institutrices qui n'observent pas les consignes données et prennent le risque d'une sanction administrative ou pédagogique.

L'histoire

L'arrêté du 18 janvier 1887 (article 19) précise que l'enseignement de l'histoire et de la géographie, auquel se rattache l'instruction civique comporte environ une heure de leçon tous les jours. Sur les cinq heures consacrées à ces trois disciplines, il est conseillé d'en réserver deux ou trois à l'histoire.

L'enseignement de l'histoire reste un objectif prioritaire de l'école primaire. Ernest Lavisse, historien, professeur à la Sorbonne (1888), puis directeur de l'École normale supérieure (1904-1919) et auteur de nombreux manuels d'histoire, souligne que la leçon d'histoire doit être « *une école de patriotisme* ». Il faut que l'enfant apprenne le plus tôt possible « *quels sont les intérêts de la France, quels dangers la menacent, quelles espérances lui restent ouvertes* ». Les instructions officielles indiquent que l'enseignement de l'histoire « *contribue à l'éducation morale, parce qu'elle est une recherche de vérité* ». Le maître doit être « *un juge impartial des faits et des doctrines ; son équité doit être absolue* », rappellent les autorités pédagogiques les plus officielles.

Toute leçon d'histoire doit comporter un résumé aussi complet et aussi bref que possible qui doit être appris par cœur. Les programmes prévoient dès la classe enfantine (5 à 7 ans) la présentation à partir d'anecdotes, de biographies ou de récits, « *des mœurs gauloises* » puis des temps mérovingiens, carolingiens et médiévaux. L'on aborde également la découverte de l'Amérique et celle de l'imprimerie. À partir du mois d'avril, l'on découvre les temps modernes (XVIe, XVIIe, XVIIIe siècles), l'Empire napoléonien et la IIIe République. Le programme, ambitieux, est à l'évidence peu adapté à l'âge de jeunes enfants qui ne maîtrisent pas encore la lecture.

Au cours élémentaire, le programme prévoit une étude détaillée de l'histoire de France, de l'époque gallo-romaine à la IIIe République, en mettant en évidence les grands personnages qui ont marqué les différentes périodes historiques (Vercingétorix, Clovis, Charles Martel, Charlemagne…) et quelques événements marquants (conquête de la Gaule par les Romains, invasion des Arabes puis des Normands, les croisades, la guerre de Cent Ans…).

L'ensemble de l'histoire de France, des origines à la IIIe République, doit être vu au cours de chaque année du cours élémentaire. En revanche, au cours moyen, l'étude de l'histoire de France est limitée à la période comprise entre la guerre de Cent Ans et la IIIe République. Au cours supérieur, le programme est plus ambitieux. L'on rajoute en effet à l'histoire de France l'histoire de l'Antiquité (peuples de l'Orient, Athènes, Sparte, Rome).

Les méthodes pédagogiques mises en œuvre conduisent à une mémorisation systématique des grands événements de l'histoire de France et des dates de référence, qui restent gravées à jamais dans la mémoire des élèves. Toutefois, la présentation de chaque période historique et des personnages qui ont marqué chaque période de l'histoire de France reste caricaturale, proche de l'image d'Épinal !

Mais l'enseignement de l'histoire devient rapidement le meilleur ciment de l'esprit patriotique de plusieurs générations de citoyens français. L'école primaire devient alors réellement « *l'institutrice de la nation* ».

La géographie

« *L'étude de la géographie,* souligne Ferdinand Buisson, *ne se sépare pas de celle des civilisations ; c'est une sorte de monument universel où se grave l'histoire des influences de la nature sur l'homme et des conquêtes de l'homme sur la nature* ».

Octave Gréard recommande pour l'enseignement de la géographie une méthode intuitive : « *Employer au début la méthode intuitive, celle qui consiste à montrer aux enfants les accidents qu'ils ont sous les yeux et recourir sans cesse à la carte murale pendant la leçon... Exercer les enfants à tracer des cartes sur le tableau noir ou sur le papier.* »

La géographie, selon les instructions officielles, « *ne doit pas attacher une importance trop considérable à l'étude de la configuration physique du sol. Ce que l'enfant destiné au travail professionnel a besoin de connaître avant tout, c'est la vie agricole, industrielle et commerciale des différentes régions de la France et du monde entier, leurs richesses naturelles, les voies de communication qui permettent les échanges.* »

La géographie doit être une discipline vivante et concrète. Ferdinand Buisson s'exclame : « *Accuser la géographie d'aridité, autant accuser l'océan de sécheresse !* »

Les programmes de géographie sont aussi ambitieux que ceux d'histoire. En classe enfantine, l'on aborde dès le début de l'année scolaire la présentation du soleil et des étoiles, la révolution de la Terre autour du soleil, la révolution de la lune. Ces notions complexes sont évoquées à partir de causeries ou d'entretiens familiers. L'on procède ensuite à l'étude des montagnes, des volcans, des mers, des îles, des fleuves et des rivières. Les enfants étudient ensuite la ville et le village, le littoral de la France, les colonies françaises, les principaux pays d'Europe, les peuples d'Asie et d'Amérique.

Les programmes du cours élémentaire et du cours moyen sont encore plus ambitieux. Ils prévoient l'étude de l'univers, des points cardinaux et de la boussole, de la terre et des eaux, de la géographie locale, de la géographie physique de la France, de la France politique (départements, provinces), des colonies françaises, de l'Europe, de l'Afrique, de l'Amérique et de l'Asie.

Le programme du cours moyen est approfondi au cours supérieur avec des enfants de 11 à 13 ans.

L'arithmétique et la géométrie

L'arrêté du 18 janvier 1887 (article 19) prévoit que l'enseignement scientifique doit occuper « *en moyenne et suivant les cours, de une heure à une heure et demie par jour : trois quarts d'heure ou une heure pour l'arithmétique et les exercices qui s'y rattachent ; le reste pour les leçons de choses et les premières notions scientifiques* ». Il est recommandé « *d'améliorer les méthodes pédagogiques* » pour parvenir à des résultats efficaces.

Les maîtres doivent « *renoncer avec des débutants aux définitions abstraites* ». Dès le cours élémentaire, il est fortement recommandé « *d'exercer l'élève à résoudre de petits problèmes sur des données concrètes et simples se rapportant à la comptabilité d'un ménage, aux industries locales, aux travaux des champs* ».

Les instruction officielles recommandent « *d'employer, au début, pour la numération et les premières opérations de l'arithmétique, le boulier ou des objets usuels et de ne faire opérer que sur des nombres concrets* ». Les élèves doivent par ailleurs pratiquer de nombreux exercices de calcul mental sans recourir aux nombres écrits.

Le programme de la classe enfantine (5 à 7 ans) prévoit dès le début de l'année scolaire d'apprendre aux élèves à compter par unités, dizaines, centaines et d'étudier les nombres de 1 à 100. Une première découverte du mètre, du litre et de la monnaie (franc) doit être également réalisée.

Dans le domaine de la géométrie, les enfants étudient les lignes droites, brisées, courbes et parallèles ainsi que les angles droits, aigus et obtus.

L'on étudie au fil des semaines l'addition et la soustraction, les nombres entiers de 1 à 100. En géométrie, le programme prévoit le tracé d'arcs avec leurs cordes, la demi-circonférence, la circonférence, le rayon et le diamètre.

Dès le mois de décembre, l'étude de la multiplication et de la division est entreprise avec des exercices de calcul mental portant sur la multiplication de 2, 3, 4 par les mêmes nombres. En géométrie, des exercices sont consacrés au tracé de courbes simples.

Plus tard, l'on aborde les fractions et, en géométrie, le cercle, son diamètre et son rayon.

L'étude du système métrique est abordée au mois de mars ainsi que les notions de mètre carré et de décimètre carré. Des exercices concrets permettent d'apprendre à mesurer les longueurs, à les évaluer en mètres et en centimètres.

En géométrie, au même moment de l'année scolaire, l'on effectue une première découverte du cube et du parallélépipède.

Enfin, à la fin de l'année scolaire, l'on aborde les mesures de volume et de capacité, les unités adoptées pour la mesure du temps. En géométrie, l'on effectue une révision générale des notions abordées au cours des mois précédents.

Le cours élémentaire (7 à 9 ans) reprend les notions étudiées en classe enfantine en les approfondissant.

Le programme reste identique au cours moyen (9 à 11 ans) et au cours supérieur (11 à 13 ans). L'on y rajoute seulement en fin d'année scolaire, l'étude de l'intérêt de l'escompte et de quelques notions de comptabilité (livre de caisse).

Les sciences physiques et naturelles

Deux leçons hebdomadaires sont prévues par les programmes officiels pour l'enseignement des sciences naturelles. Paul Bert indique que pour l'histoire naturelle « *l'instituteur pourra trouver autour de lui beaucoup d'échantillons utiles de minéraux, végétaux et animaux* ». Les instructions pédagogiques recommandent la mise en place dans les écoles « *d'un petit musée scolaire* ».

Dans son *Dictionnaire de pédagogie*, Ferdinand Buisson indique la classification suivante pour les divisions et les subdivisions de ce musée :

– Produits alimentaires :
  - céréales et légumineuses ;
  - farines, fécules ;
  - café, cacao, thé, sucre ;
  - épices ;
  - boissons.

- Industries diverses :
  - matières textiles ;
  - matières colorantes ;
  - cuir ;
  - métaux et minerais ;
  - verres ;
  - porcelaine, faïence, poterie ;
  - papier.
- Matériaux de construction :
  - bois ;
  - pierre, plâtre, chaux ;
  - ardoises, tuiles.
- Chauffage et éclairage :
  - bois ;
  - houille ;
  - chandelles, bougies ;
  - pétrole ;
  - huiles, graines oléagineuses.
- Géologie et minéralogie :
  - principaux minéraux ;
  - fossiles, houille avec empreintes.
- Botanique :
  - herbier (plantes médicinales usuelles et plantes vénéneuses).
- Zoologie :
  - insectes (utiles et nuisibles) ;
  - mammifères et oiseaux (utiles et nuisibles).
- Agriculture :
  - instruments et machines agricoles.
- Chimie :
  - produits chimiques usuels.
- Physique :
  - petits appareils fabriqués par le maître et les élèves.

Dans le domaine des sciences naturelles, les programmes prévoient en classe enfantine l'étude de la vendange (vigne, raisin, vin, cuve, tonneau…) puis du labourage (charrue, semailles). Plus tard, l'on aborde l'éclairage (chandelle, bougie, lampes…), le chauffage, la mesure de la température (thermomètre).

Les leçons du deuxième trimestre de l'année scolaire sont consacrées à l'étude du mouvement de la terre autour du soleil, du corps humain, des abeilles, de la végétation, des insectes et des oiseaux, de l'eau et de la pêche, des fruits.

Les cours élémentaire et moyen ont pour objectif l'étude du monde vivant (corps humain, animaux, végétaux) et du monde minéral. Le programme de ces deux cours est approfondi au cours supérieur.

L'enseignement des sciences physiques fait l'objet d'une attention toute particulière. Deux leçons sont prévues chaque semaine si cette discipline est enseignée une année sur deux. En revanche, si cet enseignement est dispensé chaque année scolaire à chaque niveau (cours élémentaire et cours moyen), une seule leçon est prévue par les instructions officielles.

Au cours élémentaire, le programme prévoit l'étude des premières notions de physique (attraction, pesanteur), puis du levier simple et de la balance ordinaire, des propriétés des liquides, de l'atmosphère (vents, pesanteur de l'air, baromètre), de la lumière, de la chaleur et du froid (thermomètre). On aborde ensuite l'étude de la vapeur (nuages, pluie, rosée), de la gelée blanche, de la neige. Les premières notions concernant le son, l'électricité, la chimie sont enfin présentées.

Au cours moyen et au cours supérieur, les programmes reprennent les mêmes notions qui sont approfondies.

Enfin, une leçon par semaine doit être consacrée à l'étude de quelques activités artisanales et industrielles, des substances alimentaires (sucre, miel, cire, œufs, volailles). Les matières propres à l'industrie (cuir, fourrures, verre, bougie, caoutchouc, papier) et les machines utilisées pour la fabrication des objets sont également présentées.

L'agriculture et l'horticulture

Ces deux disciplines sont enseignées dans les écoles de garçons et les écoles mixtes.

Au cours élémentaire, le début de l'année scolaire est consacré à l'étude des notions sommaires concernant la culture des céréales (blé, orge, seigle…) et les instruments agricoles (charrue, herse, rouleau, semoir, houe). De plus, quelques leçons permettent de présenter les travaux à effectuer en octobre dans les jardins. Le mois de novembre est consacré à l'étude des qualités et des inconvénients des terrains argileux ou sablonneux ainsi que des techniques de drainage.

De nombreux conseils sont donnés pour cultiver un jardin. Les principaux outils du jardinier sont présentés aux élèves.

Le mois de décembre est consacré à l'étude des animaux (bœuf, vache, mouton, basse-cour). Dans le domaine de l'horticulture, les élèves étudient les différents arbres fruitiers.

En janvier, le programme prévoit l'étude des engrais, animaux ou végétaux, ainsi que des travaux à effectuer dans un jardin au cours de ce mois. Les élèves apprennent par ailleurs à tailler les arbres fruitiers, la vigne, le groseillier et le framboisier.

Plus tard, au printemps, les élèves étudient les prairies (prairies naturelles et artificielles), le trèfle, la luzerne, le sainfoin, le houblon et, dans les jardins, la culture de la carotte, de l'oignon, de l'ail. Les notions élémentaires de marcotte, de bouture et de greffe sont présentées à partir de travaux pratiques.

Par ailleurs, les élèves étudient la culture de la pomme de terre, de la betterave, du chanvre, des asperges, des choux, des haricots, des melons ainsi que la culture du colza, du maïs et du lin.

La fin de l'année scolaire est consacrée à l'étude des insectes utiles et inutiles et des outils de jardinage. Enfin, l'on apprend à cultiver les fraises et à conserver les fruits.

Ce programme est repris et approfondi au cours moyen et au cours supérieur.

Ainsi, à la sortie de l'école primaire, les jeunes élèves possèdent de solides connaissances en horticulture, qui leur permettront de devenir des jardiniers expérimentés.

L'économie domestique

Le programme d'économie domestique se substitue à celui de l'agriculture et de l'horticulture dans les écoles de filles. Deux leçons par semaine sont prévues par les programmes officiels.

Au cours élémentaire, les élèves sont sensibilisées à l'entretien d'une maison dès le début de l'année scolaire : maison bien tenue et maison mal tenue ; ce qu'il faut faire pour qu'une maison et une chambre soient propres. Comment doit-on ranger les meubles, les ustensiles, la vaisselle, le linge ?

Les filles doivent ensuite étudier le chauffage (avantages et inconvénients des cheminées et des poêles ; comment utiliser le bois, le charbon de bois, la houille). De même, l'on étudie l'éclairage dans la maison (huile, pétrole, gaz).

L'on aborde ensuite l'entretien du mobilier, des étoffes, du linge ainsi que des vêtements. L'on met par ailleurs l'accent sur les soins quotidiens de propreté, l'emploi de l'eau, du savon, les bienfaits des bains.

Plus tard dans l'année scolaire, en avril, l'on étudie l'art de la cuisine (soupe, œufs, pot-au-feu, potage, friture, salade), la fabrication du pain à la maison ainsi que de quelques pâtisseries et des confitures. L'on enseigne également les procédés pour conserver les fruits d'automne (pommes, poires, raisins) et l'on souligne les précautions à prendre pour obtenir de l'eau potable (inconvénients des eaux de puits et de citerne).

Les mêmes thèmes sont abordés et approfondis au cours moyen et au cours supérieur.

Le dessin

L'arrêté du 18 janvier 1887 précise que l'enseignement du dessin, commencé par des leçons très courtes dans le cours élémentaire, occupera dans les deux autres cours deux ou trois leçons chaque semaine.

Intégré dans les matières facultatives par la loi de 1850, le dessin n'est devenu obligatoire qu'à partir des programmes de 1882. La loi de 1850 ne parlait que de « *dessin linéaire* ». C'est la loi du 21 juin 1865 qui avait ajouté au dessin linéaire le dessin d'ornement et d'imitation.

Au cours élémentaire, le programme est consacré au dessin à vue. Il comprend les tracés de lignes droites, la division des droites en parties égales, l'évaluation des rapports des lignes droites entre elles, la représentation de la longueur d'une figure plane quelconque par comparaison avec sa hauteur.

Au cours moyen, les élèves abordent à la fois le dessin à vue et le dessin géométrique. Le programme de dessin à vue prévoit l'étude des principes élémentaires du dessin d'ornement, de la circonférence, des polygones réguliers, des rosaces étoilées, des courbes régulières autres que la circonférence, des courbes elliptiques et spirales, des courbes empruntées au règne végétal (tiges, fleurs, feuilles). Dans le domaine du dessin géométrique, les élèves doivent s'initier à l'utilisation des instruments pour le tracé des lignes droites et des circonférences, à l'emploi de la règle, du compas, de l'équerre, du rapporteur et des différentes échelles.

Au cours supérieur, ces différentes notions sont reprises et approfondies.

Le chant

Le chant, inscrit dans les matières facultatives dans les programmes de 1850, n'est lui aussi devenu un enseignement obligatoire qu'en 1882. Les instructions officielles prévoient alors que « *les leçons de chant occuperont de une à deux heures par semaine indépendamment des exercices de chant qui auront lieu tous les jours, soit dans les intervalles qui sépareront les autres exercices scolaires soit à la rentrée et à la sortie des classes* ».

Les instructions de 1887 reproduisent ces dispositions sans mentionner désormais les exercices de chant programmés en dehors des leçons proprement dites. Les conseils pédagogiques donnés aux maîtres sont précis :

– « *On s'attachera à former l'oreille de l'enfant et à lui inspirer le goût et le sentiment de l'art.*

– On accordera à cet enseignement autant de soin qu'aux autres.

– Dès le début, on s'efforcera d'obtenir une bonne émission de la voix, une articulation irréprochable, une respiration correcte, une intelligence exacte de la phrase musicale. Ici, plus qu'ailleurs encore, les principes doivent être fermement assurés ; il serait difficile, presque impossible, de corriger de mauvaises habitudes.

– On fera chanter avec douceur pour ne pas fatiguer la voix.

– On expliquera toujours au préalable le sujet et les paroles des chants mis à l'étude.

– On songera plus à enseigner la pratique que la théorie de la musique. »

Les instructions officielles recommandent, en outre, de se procurer des mélodies de différents caractères afin de varier l'enseignement et de donner toujours le ton avant de chanter un morceau, à l'aide du diapason normal. Les élèves doivent battre la mesure par des mouvements de la main mais, en revanche, le maître ne doit jamais tolérer que les temps soient marqués par des mouvements du pied !

Les travaux manuels

Les instructions officielles soulignent que l'enseignement du travail manuel ne doit pas être, à l'école primaire, un commencement d'apprentissage professionnel. Il doit conserver son caractère éducatif et préparer les enfants au maniement des outils, exercer la justesse du coup d'œil et la dextérité de la main.

L'organisation du travail manuel suppose, dans chaque école, l'installation d'un atelier. Les élèves peuvent alors travailler le bois à l'établi et au tour, ainsi que le fer à l'étau et à la forge. Il faut aussi que l'école possède des séries de modèles pour la menuiserie, pour le tournage et aussi pour le travail du fer.

Le nombre des ateliers aménagés dans les écoles reste cependant faible. À Paris, il reste encore 75 écoles de garçons à pourvoir d'ateliers.

Les élèves du cours moyen et du cours supérieur iront seuls à l'atelier. Le dessin étant cependant la base du travail manuel, aucun objet ne sera réalisé par l'élève sans qu'il en ait au préalable exécuté le dessin. Les élèves du cours élémentaire réalisent des exercices plus simples tels que la construction, le pliage, le découpage, le cartonnage et la vannerie.

Deux leçons d'un quart d'heure sont prévues chaque semaine au cours élémentaire, deux leçons de 30 à 40 minutes au cours moyen et deux leçons de 45 à 50 minutes au cours supérieur.

La gymnastique

L'arrêté du 18 janvier 1887 prévoit une séance quotidienne d'éducation physique. Le temps consacré chaque jour aux exercices physiques doit être de deux heures, sur lesquelles on réservera à la gymnastique une demi-heure au moins pour les enfants au-dessous de dix ans, trois quarts d'heure au moins pour les enfants au-dessus de dix ans. Les travaux manuels et les exercices militaires spéciaux (maniement d'armes) ne peuvent être considérés comme des leçons de gymnastique.

Dans les écoles de garçons, les programmes prévoient les exercices suivants :

– au cours élémentaire : évolutions, premiers mouvements rythmés, jeux variés (corde, balle, cerceau et jeux impliquant l'action de courir), premiers exercices d'ordre (formation des rangs, marches, ruptures et rassemblements), sauts divers à l'exception du « *saut en profondeur* » ;

– au cours moyen : jeux, mouvements élémentaires sans appareils, continuation des exercices d'ordre, marches rythmées, doublement et dédoublement, mouvements élémentaires de la boxe française, planche inclinée, natation ;

– au cours supérieur : jeux, promenades scolaires, évolution à la course cadencée, mouvements d'ensemble avec instruments appropriés à l'âge des enfants, suite des exercices de boxe, exercices deux à deux avec cordes ou barres, exercices aux échelles (échelle horizontale, échelle inclinée, échelle avec planche dorsale, échelles jumelles), perches verticales fixes par paire, poutre horizontale, mât vertical.

Dans les écoles de filles, les programmes officiels prévoient les mêmes exercices que dans les écoles de garçons, à l'exception de la boxe, du bâton et de la corde qui sont remplacés par la danse et des jeux spéciaux.

Ainsi, dans l'ensemble, les exercices programmés dans le domaine de la gymnastique apparaissent très techniques et peu adaptés à l'âge des enfants, notamment au cours moyen et au cours supérieur.

L'emploi du temps

Les programmes précisent les matières de l'enseignement et les répartitions mois par mois. Mais cela ne paraît pas suffisant pour une organisation satisfaisante du travail scolaire. Il faut que le maître sache comment les divers exercices de la classe sont distribués jour après jour, heure par heure.

Dans un article du *Dictionnaire de pédagogie*, Jacoulet souligne les avantages d'un emploi du temps : « *L'emploi du temps rend le travail plus facile et plus fécond ; par la succession des exercices, il introduit dans l'enseignement la variété, le mouvement et l'entrain ; il maintient chaque partie du programme dans les limites nécessaires ; il tempère l'ardeur des élèves qui seraient tentés de sacrifier certaines études à celle qui a leur préférence et, de même, il impose aux maîtres une salutaire contrainte qui les préserve de la tentation de prolonger, au détriment des autres, les leçons relatives à leur enseignement de prédilection ; enfin, il empêche les pertes de temps : il soulage le maître qui, sachant à chaque instant de sa classe ce qu'il va faire et ce qu'il lui faut dire, ne s'épuise plus en tâtonnements.* »

La rédaction des emplois du temps est laissée aux instituteurs. La circulaire du 18 novembre 1871 indique en effet que les règlements trop uniformes « *ont le tort de ne tenir compte ni de la situation morale ou matérielle des écoles, ni de l'aptitude des maîtres, ni des besoins réels des élèves* ». Elle invite donc les maîtres à établir eux-mêmes leur emploi du temps, tel qu'ils le jugeraient adapté à leur école. Les instructions du 27 juillet 1882 et l'arrêté du 18 janvier 1887 prescrivent que, chaque année, l'emploi du temps soit contrôlé par le directeur de l'école. Des modèles d'emplois du temps sont proposés aux enseignants par les inspecteurs des écoles primaires. L'arrêté du 18 janvier 1887 précise :

- *Article 18 : au commencement de chaque année scolaire, le tableau de l'emploi du temps par jour et par heure est dressé par le directeur de l'école et, après approbation de l'inspecteur primaire, il est affiché dans les salles de classe.*
- *Article 19 : la répartition des exercices doit satisfaire aux conditions ci-après :*

1. Chaque séance doit être partagée en plusieurs exercices différents, coupés par les récréations réglementaires ou par des chants ;
2. Les exercices qui demandent le plus grand effort d'attention, tels que les exercices d'arithmétique, de grammaire, de rédaction, seront

placés de préférence le matin ou, dans les écoles de demi-temps, au commencement de la classe.

L'ensemble des leçons représente trente heures de classe par semaine, non compris le temps que les élèves peuvent consacrer, soit à domicile, soit dans des études surveillées, à la préparation des devoirs et des leçons. L'enseignement du français (exercices de lecture, lectures expliquées, leçons de grammaire, exercices orthographiques, dictées, analyses, récitations, exercices de composition, etc.) occupe environ deux heures par jour. L'enseignement scientifique occupe en moyenne, suivant les cours, de une heure à une heure et demie par jour, dont trois quarts d'heure ou une heure pour l'arithmétique et les exercices qui s'y rattachent, le reste du temps étant consacré aux leçons de choses et aux premières notions scientifiques. L'enseignement de l'histoire et de la géographie auquel se rattache l'instruction civique comporte environ une heure de leçon tous les jours.

Dans les communes où les bataillons scolaires sont constitués, les exercices de bataillon ne peuvent avoir lieu que le jeudi et le dimanche. Le temps à y consacrer est déterminé par l'instructeur militaire, après concertation avec le directeur de l'école.

D'une manière générale, pour les garçons comme pour les filles, deux ou trois heures par semaine sont consacrées aux travaux manuels.

Le règlement scolaire de 1887 précise en outre :

- *Article 4 : pendant la durée de la classe, l'instituteur ne pourra, sous aucun prétexte, être distrait de ses fonctions professionnelles ni s'occuper d'un travail étranger à ses devoirs scolaires ;*
- *Article 6 : les classes dureront trois heures le matin et trois heures le soir ; celles du matin commenceront à 8 heures, celles de l'après-midi à 1 heure. Toutefois, selon les besoins des localités, les heures d'entrée et de sortie pourront être modifiées par l'inspecteur d'académie sur la demande des autorités locales et après avis de l'inspecteur primaire ;*
- *Article 8 : dans les écoles à plusieurs classes, les exercices seront coupés, pour les élèves du cours élémentaire et du cours moyen, par*

une récréation de cinq minutes qui aura lieu toutes les heures et, pour les élèves du cours supérieur, par une seule récréation d'une durée de quinze minutes.

La préparation de la classe

Les pédagogues distinguent deux sortes de préparation : la préparation générale qui permet à l'instituteur d'acquérir toutes les connaissances qui lui sont nécessaires et la préparation immédiate, celle de chaque jour, qui lui permet de mettre en œuvre concrètement son enseignement sans tâtonnements ni hésitations qui pourraient altérer la qualité des leçons programmées.

C'est à l'École normale que les institutrices et les instituteurs acquièrent la culture générale nécessaire pour maîtriser l'enseignement donné dans les écoles primaires. Elle doit cependant être consolidée pendant toute la carrière professionnelle de l'enseignant, par des lectures conseillées par l'inspecteur primaire et les responsables pédagogiques. Mais la culture générale ne suffit pas. Le travail quotidien de la classe comporte aussi une préparation précise. Avant d'entrer en classe, chaque jour, l'instituteur doit régler de nombreux détails nécessaires pour un bon déroulement de la journée de classe. Il doit choisir à l'avance les mots qu'il fera lire ou écrire au tableau noir, les lettres et les syllabes qui feront l'objet de la leçon. Il faut préparer le texte de la lecture du jour, les problèmes à résoudre et en chercher les solutions. Rien ne doit être négligé.

La circulaire ministérielle du 18 novembre 1871 insiste déjà sur la nécessité d'une réelle préparation de la classe : « *L'instituteur qui ne prépare pas les matières de son enseignement perd beaucoup de temps à chercher, pendant la leçon, dans les livres ou des cahiers, les textes à faire lire ou à expliquer, les devoirs d'arithmétique ou de français à dicter et il s'expose à mal les choisir. Les élèves, qui restent eux-mêmes oisifs, se dissipent et la discipline est en souffrance.* »

Pour assurer la préparation complète du travail journalier, l'administration avait prescrit en 1871 la tenue obligatoire d'un journal de classe, registre où l'instituteur devait inscrire chaque jour et selon l'ordre de l'emploi du temps l'indication des leçons, avec des détails sommaires sur la matière de chacune d'elles et les intitulés des exercices d'application.

L'obligation du journal de classe a été supprimée par l'arrêté du 14 octobre 1881. Mais la tenue de ce journal est toujours recommandée. En fait, c'est moins le journal en lui-même qu'on a supprimé que l'obligation officielle de le rédiger dans une forme convenue et sur un registre spécial. On laisse à l'instituteur toute liberté de choisir la forme qui lui conviendra, mais on l'engage à rédiger tout de même un cahier où il consignera, jour par jour, les divers exercices de la classe avec les explications essentielles que ces exercices comportent.

Le choix des devoirs est un des éléments essentiels de la préparation de la classe. L'instituteur peut trouver sans difficulté les sujets de devoirs qui conviennent dans les journaux pédagogiques dont il dispose.

Octave Gréard donne à cet égard des conseils très précis : « *Que les devoirs soient courts. Donnez à ces devoirs une application aux besoins et aux usages de la vie réelle ou une portée morale et intellectuelle en correspondance avec le milieu où vivent les enfants et avec l'état de leurs connaissances. Le choix des devoirs que le maître donne aux élèves est d'une grande importance pour la bonne direction des écoles. Le seul examen des cahiers dans lesquels ces devoirs sont écrits et conservés fournit la mesure du travail et des efforts de l'instituteur.* »

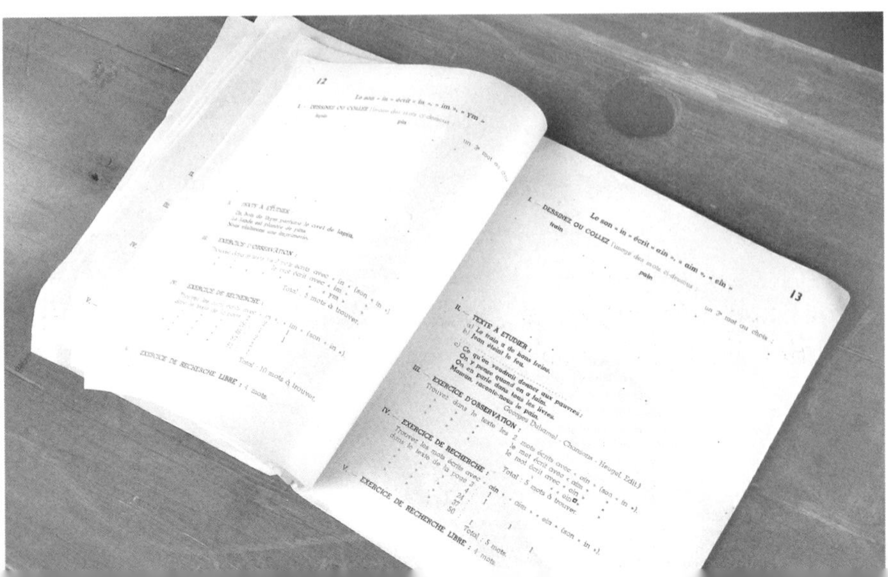

Les cahiers scolaires

Les élèves disposent en classe de plusieurs cahiers. Outre le cahier d'écriture, l'on affecte un cahier spécial à chaque catégorie d'exercices. Ainsi, le maître prévoit un cahier de dictées, un cahier de devoirs grammaticaux, un cahier de verbes, un cahier de composition française, un cahier de problèmes, un cahier de sciences naturelles, sans compter un cahier de brouillon, sur lequel on rédige la première rédaction de tous les devoirs. Dans certaines écoles, les élèves ne possèdent que trois cahiers : un cahier d'écriture, un cahier brouillon et un cahier de devoirs.

L'emploi du cahier de brouillon est souvent critiqué. De nombreux pédagogues pensent en effet que l'on habitue ainsi les enfants à rédiger leurs devoirs sans application, à écrire avec négligence et à ne pas se préoccuper des soins de propreté nécessaires dans la réalisation de tout exercice.

Dans la majorité des écoles, les élèves rédigent tout de suite leurs devoirs, datés avec précision, sur un cahier spécial, dit cahier unique : dictées, exercices de français, verbes, problèmes, comptes rendus de leçons et, d'une manière générale, tous les devoirs y figurent selon l'ordre dans lequel ils sont rédigés jour après jour. On ne fait exception que pour les solutions de problèmes et pour les exercices de composition française, pour lesquels on admet une rédaction préparatoire, soit sur l'ardoise soit sur des feuilles volantes.

Le cahier unique est fortement recommandé. Il met en évidence les progrès de chaque élève et ses lacunes.

L'administration impose bientôt le cahier de devoirs mensuels. Par arrêté du 27 juillet 1883, il est indiqué que « *chaque élève, à son entrée à l'école, recevra un cahier spécial qu'il devra conserver pendant toute la durée de sa scolarité. Le premier devoir de chaque mois, dans chaque discipline enseignée, sera écrit sur ce cahier par l'élève, en classe et sans secours étranger, de telle sorte que l'ensemble de ces devoirs permette de suivre la série des exercices et d'apprécier les progrès de l'élève d'année en année. Ce cahier restera déposé à l'école.* »

Une circulaire du 25 août 1884 précise les avantages de ce cahier de devoirs mensuels :

– *habituer les élèves et leurs parents à mesurer les progrès de chaque enfant par comparaison, non avec les autres, mais avec lui-même, de manière à proportionner le mérite non pas au succès, mais à l'effort ;*
– *habituer les maîtres à s'assurer périodiquement si la classe tout entière et non pas seulement l'élite de la classe suit bien le programme et profite bien des leçons dans toutes les parties de l'enseignement ;*
– *habituer enfin les inspecteurs à prendre pour base des appréciations qu'ils ont à porter sur le personnel non plus seulement les impressions recueillies au cours d'une visite* (...) *mais un ensemble de documents précis.* »

La collection des cahiers de devoirs mensuels de tous les élèves doit être conservée aux archives de l'école. Ils sont communiqués aux parents lorsque ceux-ci en font la demande. Quant aux autres cahiers, ils sont donnés aux parents d'élèves à la fin de l'année scolaire.

Les devoirs à la maison

De nombreuses raisons s'opposent à ce que l'on abuse des devoirs à préparer en dehors des heures de classe : d'abord, la durée de la journée de classe qui retient l'enfant à l'école pendant six heures ; ensuite, le jeune âge des élèves qui sont exposés à un surmenage intellectuel et, enfin, la condition précaire des familles qui ne peuvent offrir des conditions favorables de travail hors temps scolaire dans des locaux modestes et souvent exigus. Par ailleurs, dès qu'ils rentrent à leur domicile, les enfants sont occupés à des travaux domestiques ou à des travaux des champs.

Cependant, l'on ne renonce pas à l'usage des devoirs et des leçons à la maison. Les leçons à apprendre hors de l'école paraissent toujours utiles et efficaces pour consolider les connaissances acquises à l'école. Par ailleurs, la rédaction de devoirs écrits paraît possible dans la mesure où ils restent des exercices d'application qui ne sollicitent pas une recherche individuelle de l'élève : exercices de calcul pratique, tracé d'une carte, résumé d'histoire ou de géographie. L'on désire en outre associer les parents au travail de leurs enfants. La collaboration de la famille et de l'instituteur est toujours considérée comme essentielle.

Le matériel pédagogique

Un décret du 29 janvier 1890 indique ce que doit comprendre, au minimum, dans toute école publique, le matériel obligatoire à usage collectif et à usage individuel.

Le matériel à usage collectif comprend :

- Dans les écoles primaires élémentaires :
  - un tableau noir avec accessoires ;
  - une armoire-bibliothèque pour le dépôt des cahiers, des livres, des documents administratifs et des fournitures scolaires ;
  - un tableau du système métrique ;
  - une carte murale de la France ;
  - l'étoffe nécessaire à l'enseignement de la couture (écoles de filles).
- Dans les écoles maternelles :
  - des collections de jouets, d'images, de bâtonnets, de lettres, de cubes et autres objets nécessaires pour les exercices et les jeux ;
  - deux tableaux noirs, dont un quadrillé ;
  - deux ardoises à deux faces, dont une quadrillée ;
  - une méthode de lecture en tableaux ;
  - un boulier ;
  - un sifflet et un diapason.

Le matériel à usage individuel comprend dans les écoles primaires élémentaires :

- le cahier de devoirs mensuels prévu par l'article 15 du règlement du 18 janvier 1887 ;

– les objets de papeterie nécessaires pour rédiger les exercices et les devoirs écrits.

Par ailleurs, un matériel spécifique est exigé à chaque cours :

- Cours élémentaire (6 à 8 ans) :
  – une ardoise ;
  – un premier livre de lecture.
- Cours moyen (9 à 10 ans) :
  – des cahiers pour les devoirs journaliers ;
  – un livre de lecture courante ;
  – une grammaire élémentaire avec exercices ;
  – une arithmétique élémentaire ;
  – un petit atlas élémentaire de géographie ;
  – un livre d'histoire de France.
- Cours supérieur :
  – des cahiers pour les devoirs journaliers ;
  – un livre de lecture courante ;
  – une grammaire française avec exercices ;
  – une arithmétique ;
  – un livre d'histoire de France ou d'histoire générale conforme au programme ;
  – un atlas de géographie ;
  – un livre d'instruction morale et civique.

Les compositions et les examens

Les résultats obtenus par les élèves sont contrôlés par des compositions, des exercices oraux et écrits. Les compositions sont mensuelles, trimestrielles et annuelles.

Elles sont un moyen important pour susciter l'émulation. Elles sont redoutées des élèves et de leurs parents, car elles mettent en évidence les insuffisances des élèves.

Les corrections des compositions écrites sont effectuées avec précision. Les corrections sont indiquées en marge à l'encre rouge. Les notes sont inscrites dans un carnet spécial. Elles sont totalisées à la fin de chaque mois et permettent de réaliser un classement mensuel des élèves. Il est conseillé, afin de simplifier le travail de l'instituteur, de pratiquer un contrôle oral pour la morale, l'instruction civique, la lecture, la grammaire, l'histoire de France et les sciences naturelles. En revanche, un contrôle écrit est nécessaire pour l'orthographe, la composition française, le calcul et la géographie. L'instituteur proclame régulièrement le résultat des compositions à la suite du dernier exercice de l'une des classes du samedi.

Lorsque le contrôle est effectué sur l'ensemble du programme ou une partie importante de celui-ci, l'on parle d'examen ou de revue. Dans de nombreuses écoles, l'instituteur invite le délégué cantonal et quelques notables de la commune pour l'examen de fin d'année.

La discipline et la tenue de la classe

Dans son manuel *Organisation pédagogique et législation des écoles primaires*, Gabriel Compayré, recteur de l'académie de Poitiers, en 1892, souligne que « *le silence et l'ordre ne sont pas les seules règles de la discipline... Il y a des classes où règne un silence profond et où pourtant on n'écoute pas, on ne travaille pas ; il y a des classes qui, en apparence, présentent un ordre admirable, mais où il n'y a point de vie, point d'effort. L'instituteur se rappellera sans cesse qu'il ne doit se contenter de simulacres de l'obéissance et de l'application ; c'est l'obéissance, c'est l'application elles-mêmes qu'il lui faut obtenir.* »

Dans la conduite de la classe, l'instituteur doit obtenir une obéissance stricte, au premier signal indiquant un changement d'exercice.

La discipline doit être présente dans la cour de récréation où les jeux des élèves ne doivent pas dégénérer en désordre, en violence ou en brutalité. De même, le maître doit veiller à ce que tout se passe dans le plus grand ordre lors des mouvements de l'entrée en classe ou de la sortie. Les enfants ne sont pas autorisés à parler entre eux dans les rangs.

L'école utilise toujours les sanctions disciplinaires et les récompenses pour obtenir les meilleurs résultats. Gabriel Compayré remarque :

« Il y aurait quelque naïveté à espérer que l'on puisse par l'emploi des seuls moyens préventifs, par la persuasion, par la suggestion morale, assurer le maintien de la discipline dans l'école. La paresse de certains enfants, leur légèreté naturelle, parfois des instincts mauvais caractérisés obligent les meilleurs maîtres à faire usage soit des punitions soit des récompenses… C'est se faire de la nature humaine une conception chimérique, plus chimérique encore quand il s'agit de l'enfance que de prétendre conduire les hommes par le seul amour du bien, par la seule horreur du mal. Qu'on ne l'oublie pas, d'ailleurs, l'écolier d'aujourd'hui, c'est le soldat de demain ; et il est bon qu'il n'arrive pas au régiment où l'attend une discipline sévère, sans avoir déjà fait l'apprentissage de la punition, quand il le mérite. »

Les châtiments corporels ont depuis longtemps disparu des écoles. Le *Règlement scolaire modèle* pour les écoles primaires du 18 janvier 1887 précise dans son article 19 :

Les seules punitions dont l'instituteur puisse faire usage sont :
– les mauvais points ;
– la réprimande ;
– la privation partielle de la récréation ;
– la retenue après la classe sous la surveillance de l'instituteur ;
– l'exclusion temporaire.

Cette dernière sanction ne pourra dépasser trois jours. Avis en sera donné immédiatement par l'instituteur aux parents de l'enfant, aux autorités locales et à l'inspecteur primaire. Une exclusion de plus longue durée ne pourra être prononcée que par l'inspecteur d'académie.

Le maître doit appliquer les punitions avec gravité et avec l'impassibilité d'un juge qui rend une sentence. Le sentiment de la justice est très vif chez l'enfant ; le maître perdrait toute autorité s'il punissait à tort.

Le *Règlement scolaire modèle* n'évoque pas les récompenses pour les élèves des écoles primaires. Un certain nombre d'entre elles restent néanmoins traditionnelles et sont consacrées par l'usage : les bons points, les billets de satisfaction, l'inscription au tableau d'honneur, le classement d'après les notes et les compositions, les prix et les livrets de caisse d'épargne accordés en fin d'année en distribution solennelle.

Les bons points sont attribués pour une leçon bien lue ou bien sue, pour un devoir bien fait, pour la bonne tenue et l'attention silencieuse observée en classe. Au cours élémentaire, les bons points se présentent sous la forme de cartons coloriés ou de petites images, mais au cours moyen et au cours supérieur, il suffit d'inscrire les bons points sur un registre spécial dont la tenue est confiée au meilleur élève de chaque division.

L'élève collectionne ses bons points qui sont ensuite échangés contre des images, des objets divers ou contre des billets de satisfaction, petites cartes ornées que le maître signe. Dans certaines écoles, l'on attribue aux bons points, après entente avec les parents, une valeur quelconque, 1 ou 5 centimes par exemple. Les petites sommes ainsi obtenues sont déposées à la caisse d'épargne scolaire.

L'inscription au tableau d'honneur est également considérée comme une récompense de grande valeur. Le tableau d'honneur est une feuille de papier, encadrée, ornée et imprimée avec soin, partagée en trois ou quatre colonnes correspondant aux divisions de l'école ou de la classe. Dans ces colonnes, l'on inscrit pour un temps déterminé les noms des élèves qui se sont distingués par leur bonne conduite et par leur succès dans les compositions. Le tableau d'honneur est placé dans l'endroit le plus apparent de la salle de classe pour qu'il soit remarqué par les autorités académiques ou locales lors de leurs visites.

Les distributions de prix sont également recommandées. Elles doivent prendre en compte les résultats des compositions hebdomadaires et de l'examen de fin d'année. Le cérémonial des distributions de prix est souvent solennel. Celles-ci sont précédées de chants et de récitations de poésies enfantines. Toute représentation théâtrale reste cependant interdite dans les écoles primaires publiques (article 15 du *Règlement scolaire modèle des écoles primaires*).

L'attribution de livrets de caisse d'épargne est encouragée. À Paris, la valeur de certains livrets s'élève à 400 francs. Les conseils municipaux se montrent souvent très généreux dans ce domaine.

Les bibliothèques et les musées pédagogiques

Les bibliothèques scolaires jouent un rôle important dans la vie pédagogique des écoles. Il existe trois sortes de bibliothèques : pédagogiques, scolaires et populaires.

Les bibliothèques pédagogiques sont le complément des conférences pédagogiques instituées par l'arrêté du 5 juin 1880. Les maîtres y trouvent des livres, des recueils périodiques et des documents officiels. Les bibliothèques pédagogiques sont situées dans les chefs-lieux de canton et sont placées sous la responsabilité d'un directeur d'école.

Les conférences pédagogiques sont obligatoires pour les instituteurs titulaires de l'enseignement public. La présidence des conférences appartient de droit à l'inspecteur d'académie qui choisit les sujets à débattre pour chaque session sur une liste établie par les instituteurs. L'inspecteur primaire remplace l'inspecteur d'académie si celui-ci est empêché.

Les bibliothèques scolaires, destinées aux élèves, doivent être établies dans chaque école primaire publique (circulaire du 1er juin 1886). Elles comprennent les ouvrages donnés par les préfets au moyen de crédits votés par les conseils généraux et ceux qui sont acquis au moyen de ressources privées (dons et legs de particuliers). Les élèves, ainsi que leurs parents, sont libres d'emprunter gratuitement les livres de la bibliothèque scolaire et de les emporter chez eux pour un temps déterminé par le règlement de l'école. Au 1er janvier 1888, il y avait 35 329 bibliothèques scolaires en France dans les écoles primaires publiques comprenant plus de 4,4 millions d'ouvrages.

Les bibliothèques populaires sont installées dans les mairies. Elles sont destinées aux adultes et peuvent offrir des ouvrages de toute nature.

Le musée pédagogique situé dans l'école primaire n'est pas seulement un dépôt de matériel scolaire et d'appareils destinés à l'enseignement. Il est aussi une bibliothèque qui possède des livres d'enseignement théorique ou pratique dont les enseignants peuvent avoir besoin dans la conduite de la classe.

Le certificat d'études primaires élémentaires

Le certificat d'études existe depuis la circulaire du 20 août 1866. L'examen était alors organisé par l'instituteur en présence du curé et du maire. Le certificat d'études primaires élémentaires est établi par la loi du 28 mars 1882 (article 6). Il est réglementé définitivement par l'arrêté du 24 juillet 1888.

L'examen est organisé soit au chef-lieu de canton, soit dans une commune centrale désignée à cet effet. Le jury est composé d'une commission cantonale, nommée par le recteur sur proposition de l'inspecteur d'académie et dont l'inspecteur primaire est président de droit.

L'article 255 précise les conditions d'inscription des candidats à l'examen. Ils doivent avoir au moins 11 ans au moment de l'examen.

Les articles suivants de la loi déterminent la nature des épreuves que l'on a cherché à simplifier le plus possible.

Les épreuves écrites comprennent :

- une dictée évaluant le niveau orthographique (15 lignes au plus) ;
- deux questions d'arithmétique portant sur les applications du calcul et du système métrique avec solution raisonnée ;
- une rédaction d'un genre très simple (récits, lettres, etc.).

Les candidates exécutent en outre un travail de couture usuelle.

Les textes et sujets de composition sont choisis par l'inspecteur d'académie. Les candidats peuvent présenter, à titre d'information, un cahier de devoirs mensuels ou, à défaut, un cahier de devoirs courants. Les épreuves écrites sont éliminatoires.

Les épreuves orales sont réduites à deux :

- une lecture expliquée, accompagnée de la récitation d'un morceau choisi sur une liste présentée par le candidat ;
- des questions d'histoire et de géographie.

L'examen peut comprendre en outre, à la demande du candidat, un exercice de dessin et des interrogations sur l'agriculture.

Rapidement, le certificat d'études obtient une grande notoriété. C'est un examen très sélectif où le nombre de candidates et de candidats augmente chaque année. Dès 1884, il y a 168 812 candidats dont

95 701 garçons et 73 111 filles. Le nombre des candidats admis reste faible : 10 % de candidats admis sur 100 enfants de 11 à 13 ans. Le certificat d'études devient le symbole de la réussite scolaire dans les familles les plus modestes.

Les instructions et les nouveaux programmes du 23 février 1923

Les programmes établis en 1882 et en 1887 restent en vigueur pendant de nombreuses décennies. Il faut attendre l'entre-deux-guerres pour que de nouveaux programmes soient définis par deux arrêtés du 23 février 1923.

Les nouveaux programmes se proposent de mieux doser les connaissances que les élèves doivent acquérir à chaque niveau de l'école primaire. Désormais, l'objectif de l'école primaire « *n'est pas d'embrasser, sur les diverses matières auxquelles il touche, tout ce qu'il est possible de savoir, mais de bien apprendre, dans chacune d'elles, ce qu'il n'est pas permis d'ignorer* ».

À la méthode concentrique recommandée par les instructions de 1887, l'on préfère désormais une « *méthode progressive* ». Certes, les auteurs des nouveaux programmes recommandent les révisions mais ils soulignent également « *qu'il faut éviter la monotonie des redites, le dégoût du déjà vu* ».

L'enseignement primaire doit être intuitif et pratique, la méthode intuitive et inductive part des faits concrets pour aller vers les idées abstraites. La méthode active fait appel à l'effort de l'élève ; elle est inspirée des penseurs français de la grande tradition depuis Montaigne et Rousseau.

Les nouveaux horaires prévoient trente heures de classe par semaine, non compris le temps que les élèves peuvent consacrer, soit à domicile soit dans des études surveillées, à la préparation des devoirs et des leçons.

L'arrêté du 1er février 1924 définit en outre les nouvelles modalités pratiques de l'organisation du certificat d'études primaires. Désormais, chaque chef-lieu de canton est le siège de la commission d'examen présidée par l'inspecteur primaire. Les épreuves de l'examen sont divisées en deux séries. La première série comprend une rédaction (durée : 50 minutes), une dictée de dix lignes environ suivie de trois questions dont deux relatives à l'intelligence du texte et la troisième à la connaissance de la langue (durée : 40 minutes), deux problèmes d'arithmétique pratique et de système métrique (durée : 50 minutes), une composition ou des questions portant soit sur l'histoire et la géographie, soit sur les connaissances scientifiques usuelles pour les garçons ou la vie ménagère et la puériculture pour les filles (durée : 40 minutes), et enfin un exercice de dessin ou de travail manuel (durée : 50 minutes). La dictée sert, par ailleurs, d'épreuve d'écriture courante.

Les épreuves de la seconde série comprennent un exercice de lecture expressive suivi de questions, la récitation d'un texte choisi sur une liste d'au moins trois morceaux, un exercice de calcul mental, un exercice d'éducation physique.

Les instructions de 1923 et de 1924 cherchent à donner aux enfants du peuple une éducation à la fois utilitaire et désintéressée, réaliste et idéaliste, susceptible de former leur jugement, tout en servant à leur vie pratique.

·ECOLE - MAIRIE

La vie quotidienne dans les écoles primaires de la IIIe République

La politique conduite par les républicains en faveur des écoles primaires entraîne un effort sans précédent de l'État et des communes pour la construction de nouveaux groupes scolaires. La nouvelle école, souvent associée à la mairie, devient un symbole de la volonté républicaine de faire de l'école « *l'institutrice de la nation* ».

La vie quotidienne des maîtres et des écoliers est désormais rythmée par une réglementation précise qui reste immuable pendant plusieurs décennies.

L'école-mairie

Avant les lois Jules Ferry, l'école est souvent aménagée dans des locaux peu confortables, surtout à la campagne dans les communes sans ressources. Ainsi, à Varzay, en Charente-Inférieure, la salle de classe consiste en une chambre basse pour l'accueil des élèves et en un logement sommaire pour l'instituteur (une cuisine, une chambre, un grenier, un chai et un bûcher).

La IIIe République impose à chaque commune l'obligation d'avoir au moins une école primaire publique. La loi du 20 mars 1883 rend obligatoire la construction de « maisons d'école » dans les chefs-lieux de communes et dans les hameaux. Les règles de la création des écoles primaires publiques sont établies par le décret du 7 avril 1887. Qu'il s'agisse d'une école obligatoire ou d'une école facultative, c'est le conseil départemental qui décide s'il y a lieu de créer une école. Le maire est averti de cette décision par le préfet. L'architecture des écoles reproduit fréquemment un modèle établi après une réflexion architecturale qui prend en compte les prescriptions des hygiénistes.

L'école s'organise autour de sa cour de récréation en un espace clos. Les salles de classe, le logement de l'instituteur, le préau et les toilettes sont aménagés avec la volonté de créer un lieu de travail confortable et imposant.

L'école-mairie devient l'un des bâtiments essentiels des villages français. La loi du 20 juin 1885 règle l'intervention financière de l'État lorsqu'une commune construit une « maison d'école ». La subvention de l'État varie avec un maximum de 80 % et un minimum de 15 %. Elle est calculée en raison inverse de la valeur des centimes communaux. Les communes dont le centime dépasse 6 000 francs n'ont droit à aucune subvention. Les aides de l'État ne sont accordées que sous forme d'annuités d'un emprunt à contracter par la commune et remboursable en trente ans au moins et quarante ans au plus. La loi détermine en outre pour chaque catégorie d'école le chiffre maximum de la dépense à laquelle l'État s'engage à contribuer.

Ainsi, pour une école de hameau, l'État apporte une aide maximale de 12 000 francs, pour une école de chef-lieu communal à une seule classe (soit mixte, soit spéciale aux garçons et aux filles) 15 000 francs, pour une école maternelle 18 000 francs, tandis que pour le mobilier scolaire chaque classe reçoit une subvention de 500 francs.

Les délibérations des conseils municipaux témoignent de l'effort exceptionnel réalisé par les communes. Ainsi, à Breuil-Magné, en Charente-Inférieure, le projet de construction d'une école est accepté par le conseil municipal le 11 février 1880. Les travaux sont mis en adjudication le 14 mars 1880. Le marché du gros œuvre représente 13 985,54 francs. Le cahier des charges précise que la construction sera faite *« en moellons de pays pour les fondations en pierre de taille pour les murs* ». Les travaux sont conduits avec diligence ; l'inauguration a lieu à la fin de l'année 1881.

La commune a ainsi réalisé la construction d'une mairie, d'un groupe scolaire et d'un logement pour les instituteurs, pour une dépense totale de 36 712,50 francs. La subvention de l'État s'élève à 7 848 francs. La vente de l'ancienne école rapporte 5 040 francs. En Saintonge, où l'usage de la tuile est le plus fréquent pour la couverture des toitures, le toit des écoles-mairies est en règle générale couvert d'ardoises, ce qui constitue un signe extérieur de richesse. Les préaux et les toilettes sont en revanche couverts de tuiles « mécaniques » !

La salle de classe

L'aménagement de la salle de classe obéit à des normes administratives et architecturales précises. Ainsi, les fenêtres sont le plus souvent à l'ouest et à l'est. Les rayons du soleil levant facilitent les exercices d'écriture « sans ombre » pour les droitiers, c'est-à-dire pour l'ensemble des élèves à une époque où les gauchers sont « rééduqués » dès leur plus jeune âge. À Matha, en Charente-Inférieure, le bas des murs est peint en gris, alors que par ailleurs la plus grande partie de la surface des murs de la classe est blanchie à la chaux chaque année. Une frise au pochoir est dessinée sur les quatre murs à 2 mètres de hauteur. Le plancher en lames de bois est blanchi à l'eau de Javel ou parfois ciré. Le plafond est très haut pour assurer un volume d'air important aux élèves toujours nombreux. L'entretien est dès lors délicat.

Le bureau du maître est placé sur une estrade qui permet à la fois de dominer la classe et d'écrire au tableau noir mural situé derrière la chaise. Le bureau du maître est incliné dans sa partie supérieure, qu'il faut soulever pour ranger les objets personnels (règle, gomme, buvard, porte-plume…) et les registres obligatoires (registre matricule et registre d'appel). Des encriers en verre placés sur le bord de la chaire contiennent encre rouge et encre noire. Un taille-crayons à manivelle est fixé sur le bord du bureau. Les élèves viennent, chacun à leur tour, tailler leurs crayons si cela est nécessaire, après autorisation du maître.

Le poêle est l'un des éléments essentiels du mobilier. Il est en général en fonte unie ou ornée de dessins (modèle Godin), et alimenté en charbon en soulevant le couvercle avec un crochet. Cette opération délicate est réservée au maître pour éviter tout accident. En revanche, les élèves du cours moyen ou du cours supérieur sont chargés d'aller chercher le charbon nécessaire dans la réserve aménagée dans un coin du préau ou à la cave. Une grille amovible (garde-poêle) et une tôle placée sous le poêle assurent la sécurité. Tous les matins pendant les longs mois d'hiver, le maître doit procéder à l'allumage du poêle, une heure au moins avant l'entrée des élèves en classe pour obtenir une température correcte. Le poêle est une source de chaleur essentielle pour le bon fonctionnement de la classe. Le maître et les élèves en prennent un grand soin. Il arrive par temps de pluie que l'on fasse sécher les vêtements mouillés sur le « garde-poêle ».

Toute salle de classe possède plusieurs tableaux noirs, fixés au mur ou installés sur un chevalet. Chaque leçon a ainsi son tableau où le maître inscrit les exercices proposés aux élèves et les éléments importants de chaque leçon. Lorsqu'il est installé sur chevalet, le tableau a deux faces. Deux élèves sont désignés, à tour de rôle, pour faire pivoter le tableau.

Sur l'un des murs de la salle de classe est fixée la bibliothèque où sont rangés livres et fournitures scolaires. Une armoire, « l'armoire-musée », contient le matériel pédagogique nécessaire pour les leçons de choses : éprouvettes, bouteilles renfermant différents produits chimiques, une pince pour manipuler les tubes à essais et des boîtes de collections. Une carte de géographie est fixée au mur ; elle y reste en permanence. D'autres cartes sont rangées dans un coffre et seront utilisées pour faciliter le déroulement de chaque leçon prévue par les programmes officiels.

Les tables des élèves sont alignées sur plusieurs rangées. Des allées au milieu de la classe et sur les côtés permettent au maître de contrôler le travail de chaque élève. Les bancs et les tables sont solidaires. Chaque table possède un repose-pieds, un dossier pour maintenir le dos bien droit et un casier pour ranger les affaires. Un clou fixé sur le côté de la table permet d'accrocher le cartable et, parfois, un vêtement.

Chaque jour, avant la sortie des classes, les élèves rangent leur bureau et préparent leurs cartables avec tous les cahiers nécessaires pour faire leurs devoirs à la maison.

Les tables n'ont pas toujours la même dimension. Il y a des tables à 2 places que l'on réserve le plus souvent pour les élèves du cours préparatoire. Mais il y a également des tables à 3 ou 4 places et, parfois, à 5 ou 6 places, notamment au cours moyen et au cours supérieur. Chaque table possède des encriers où le maître verse l'encre violette ou bleue, préparée pour toute la classe dans une bouteille avec une poudre et de l'eau.

La maîtresse ou le maître affiche la liste des récitations et des chants, l'emploi du temps, les répartitions mensuelles et annuelles. La Déclaration des droits de l'homme et du citoyen est affichée sur l'un des murs de la classe, à un endroit qui ne gêne pas l'affichage pédagogique qui sert de support aux différentes leçons quotidiennes.

Un *compendium*, petit placard de bois, renferme les instruments de mesure : litre, demi-litre, décilitre, chaîne d'arpenteur. Un tableau présentant le système métrique est accroché au mur. Il sert de référence permanente au cours de l'année scolaire.

La vie quotidienne de la classe est rythmée par les différentes saisons, surtout dans les écoles rurales. L'hiver souvent rigoureux rend difficile la vie des écoliers qui doivent parfois, à la campagne, parcourir à pied deux ou trois kilomètres pour aller à l'école. Ils emportent avec eux leur déjeuner (un morceau de pain, quelques tranches de saucisson ou de la saucisse sèche, une pomme…), qui sera pris pendant la récréation après les heures de classe du matin, sous le préau.

Dans plusieurs communes, le bois servant au chauffage de la classe est apporté par les élèves qui partent en classe en apportant une bûche. Le conseil municipal refuse parfois de voter les crédits nécessaires au bon fonctionnement de l'école. Ainsi, en Charente-Inférieure, en 1887, à Saint-Mandé, le conseil municipal refuse de voter une somme de 40 francs pour le chauffage des classes de l'école. Le sous-préfet de l'arrondissement de Saint-Jean-d'Angely rappelle qu'en vertu de l'article 14 de la loi du 30 décembre 1886, cette dépense est bien à la charge de la commune. Mais le conseil municipal maintient son refus :

> « – *considérant que la commune se trouve dans une position tout à fait exceptionnelle pour la commodité du bois, tous les villages étant entourés de "bois-taillis" de la forêt d'Aulnay-de-Saintonge ;*
> *– considérant que, d'après les renseignements recueillis auprès des élèves, le bois apporté par ces derniers, même dans les jours les plus froids de l'année, est plus que suffisant pour le chauffage des classes et cela sans que les pères de famille se plaignent d'un usage qui a toujours existé dans la commune ;*
> *– considérant que cette mesure est mise en pratique pour la première fois, le conseil municipal, à l'unanimité moins deux voix des membres présents, se refuse de voter la somme déclarée.* »

Après un nouveau refus de vote des crédits de chauffage en 1888, le conseil municipal de Saint-Mandé vote enfin ces crédits en 1889 !

La salle de classe, malgré sa rusticité, est la plus souvent un lieu de travail agréable apprécié des élèves. Au fil des saisons, les élèves apportent en classe des fleurs des champs qui viennent égayer son décor sévère. Jonquilles, narcisses, coucous, tulipes sauvages, boutons d'or, coquelicots, marguerites viennent garnir les vases qui se trouvent sur le bureau du maître ou sur les étagères.

La salle de classe, c'est aussi une odeur inoubliable, mélange de craie, d'encre, de poussière, de vieux livres, de cire qui marque à jamais la mémoire des élèves.

Les maîtres

Dans un village, l'instituteur est un notable au même titre que le médecin, le notaire ou le curé. Il détient le savoir et les connaissances que rêvent d'acquérir toutes les familles modestes où le père de famille sait à peine lire et écrire.

L'instituteur et l'institutrice sont respectés et honorés. Ils ont souvent une influence importante dans leur commune. L'on trouve néanmoins parmi eux des personnalités d'une grande diversité. L'instituteur inspire parfois une réelle crainte. Ainsi, à Gourvillette, en Charente-Inférieure, l'instituteur, « le Grand Jean », est coléreux. « *Il est surprenant,* indiquent ses anciens élèves, *qu'il n'ait tué certains d'entre nous !* » Les punitions et les mauvais traitements physiques (gifles, coups de baguette sur les doigts ou les oreilles) rendent le maître redoutable, d'autant plus que les parents d'élèves ne s'émeuvent pas facilement de ces sanctions dont chacun s'accorde à vanter l'efficacité !

Le plus souvent cependant le maître reste un modèle. Il est compétent, dévoué, travailleur et consciencieux. Il suit scrupuleusement les recommandations qui lui ont été faites à l'École normale ou au cours des conférences pédagogiques.

L'instituteur a reçu des conseils précis pour organiser sa vie quotidienne. Tout d'abord, son logement doit être installé d'une manière exemplaire. « *Ordre et propreté doivent être les deux ornements de sa maison.* » Il a l'obligation d'entretenir le mobilier prêté par l'administration. Il est recommandé de prévoir des rideaux à chaque fenêtre, de la tapisserie dans les chambres. La femme de l'instituteur doit être digne de lui ; elle doit en toute circonstance avoir une attitude réservée et n'exciter ni l'envie ni la jalousie par les vêtements qu'elle porte dans le village. Ses enfants seront élevés avec autorité mais aussi avec humanité. Lecture, dessin, musique sont conseillés pour leurs loisirs. Les divertissements bruyants du village sont peu recommandés pour une famille qui doit être un modèle à tous égards. La « dame-institutrice », ou directrice d'école, doit être aussi irréprochable. L'on accepte volontiers qu'elle soit « *hautaine et guindée dans sa grande robe noire avec ses bottines et son chignon sévère* ».

Dans l'entre-deux-guerres, les institutrices portent une blouse, plus ou moins longue, à taille plus ou moins basse selon la mode. Pour les cérémonies officielles, l'institutrice porte un manteau et un chapeau à voilette.

Le maître et la maîtresse apparaissent le plus souvent austères, sévères et froids, mais ils cachent sous des aspects peu chaleureux un grand cœur. La majorité des instituteurs et des institutrices de la IIIe République est dévouée et intègre. Ils aiment leur métier et leurs élèves qui gardent toute leur vie une éternelle reconnaissance envers leur maître.

L'instituteur secrétaire de mairie

À la campagne, l'instituteur cumule très souvent les fonctions de directeur d'école et de secrétaire de mairie. Ce type de poste est très recherché par les enseignants qui sortent de l'École normale. Ainsi, Henri Villin, au début du XXe siècle, demande l'école de Saint-Barthélemy en dépit de son isolement. « *Il s'agit d'un poste avec secrétariat de mairie, comme dans beaucoup de communes rurales. Je tenais,* dit Henri Villin, *à exercer cette fonction financièrement intéressante pour un jeune couple : l'équivalent de deux mois de traitement avec une progression à l'ancienneté. Bien sûr, la tâche est lourde dans une commune de plus de 400 habitants et, après une classe fatigante, il est parfois pénible de se replonger dans les dossiers. Et puis les gens d'ici ont pris l'habitude, comme leur maire, de venir au secrétariat quand ça les arrange, surtout à l'heure du repas !* »

L'emploi du temps détaillé d'Henri Villin donne une idée assez précise des obligations multiples d'un secrétaire de mairie.

« *Le jeudi matin, la mairie ouvre à 10 heures mais j'ai déjà rédigé un acte de décès, préparé pour une signature du maire un extrait d'acte de naissance demandé par d'autres communes. La tenue scrupuleuse des registres d'état civil est une des obligations les plus strictes du secrétariat. Il serait grave d'omettre la mention "décédé le". Pour l'instant, je prépare des affichettes au duplicateur à alcool en vue des déclarations des surfaces emblavées.* »

Henri Villin doit le même jour traiter une contestation du bornage d'une parcelle de terrain appartenant à un agriculteur. La tâche est rude. Le cadastre date déjà de cinquante ans et il faut s'y retrouver ! Puis, c'est la visite du cantonnier auquel il faut remettre son mandat mensuel. Il compte sur le secrétaire de mairie pour le retirer plus rapidement à la perception…

On frappe à nouveau, c'est la brave mère Leroy du hameau des Farauds : « *Monsieur Villin, vous ne pourriez pas placer dix francs à la Caisse d'épargne ? Mon gars en aura bien besoin quand il ira au service.* »

et de la poche de son sarrau, elle tire une poignée de pièces de 25 centimes, « *le prix de chaque panier de pissenlits ramassés sur les éteules !* »

L'après-midi, Henri Villin se rend à vélo à La Ferté, les poches bourrées de petits papiers. D'abord, il ne faut pas oublier les courses à effectuer pour son épouse Zoé. Puis, il faut apporter des mandats à la perception et penser à la demande de réfection du chemin vicinal à présenter à l'agent voyer… Il y a aussi les commandes chez le libraire ; en effet, l'instituteur a le monopole de la vente des fournitures scolaires, un vieil usage dans les communes rurales, avec une soulte de 10 % consentie par le libraire sur les ouvrages de classe. Le maître fournit à ses élèves la papeterie, les plumes et les buvards. Il effectue ainsi des achats de 5, 10 ou 15 centimes qui exigent une comptabilité détaillée chaque mois. De plus, Henri Villin prend soin de ne pas oublier l'achat d'un journal de mode pour sa femme et un journal pour ses enfants, *L'Épatant*, car ils sont passionnés par les aventures des Pieds nickelés.

À son retour, sa femme lui fait part de la visite d'un paysan qui demande que l'on procède à l'arpentage de deux parcelles en location dont les bornes auraient été déplacées à son détriment. Cette intervention est urgente. Le bail est en suspens. Dès le dimanche matin, Henri Villin ajuste ses guêtres et se rend sur le terrain muni de sa chaîne, de sa mire et de son carnet de relevés de mesures. Toute la matinée, il lui faudra parcourir les prés et les labours, notant les décamètres et les relevés d'angles. Au retour, un croquis à l'échelle avec l'aide de l'équerre et du rapporteur sera établi. Un calcul est effectué en hectares, ares et centiares et leurs équivalents en arpents et journaux, les anciens restant très attachés à ce type de mesure ancestrale. Un arrangement à l'amiable sera trouvé qui évitera d'aller soumettre ce litige au juge de paix. Henri Villin ne demande aucun honoraire. Le paysan en reconnaissance du travail effectué lui livrera des œufs frais de sa ferme et une brouette de fumier pour son jardin !

L'instituteur secrétaire de mairie doit pouvoir faire face à tous les situations les plus délicates et trouver rapidement une solution que le maire approuvera en toute confiance.

Ainsi, un soir d'automne, après dîner, des coups répétés ébranlent la porte d'Henri Villin. « *Monsieur Villin, le feu ! Une meule qui flanche ; vite, il faut envoyer la pompe à incendie ; ou à l'eau de la mare ! Il y a danger pour les granges voisines !* »

En quelques minutes, la sonnerie alerte tout le village endormi ; les pompiers tirés du lit sortent l'un après l'autre, en veste de drap, et bouclent leur ceinture réglementaire, casque en tête. Deux jeunes gars costauds se sont attelés au timon de la pompe où hâtivement on a entassé les tuyaux... Sur place, des hommes et des femmes, mais aussi des enfants, font la chaîne depuis la mare voisine et l'on jette des seaux d'eau sur le brasier. Il faut, à la fin des opérations, lorsque l'incendie est maîtrisé, établir un procès-verbal.

Henri Villin, dans ses fonctions de secrétaire de mairie, est aussi chargé du bureau de bienfaisance. « *Des trimardeurs, des traîne-patins viennent parfois frapper à la porte de la mairie.* » Ils demandent un bout de pain que l'instituteur généreux leur accorde volontiers. Mais il ne peut donner de l'argent, à cause de la boisson qui reste une tentation permanente pour ces indigents sans travail.

Une journée d'un instituteur rural

La journée d'un maître d'école à la campagne, à la veille de la Première Guerre mondiale, se déroule selon un rythme immuable. Henri Villin, dans son école de Saint-Barthélemy, est réveillé dès l'aube. Sa femme Zoé, la première levée, a déjà préparé le petit déjeuner pris en famille avec leurs deux garçons. L'aîné, un livre ouvert à côté de son bol, récite un résumé à apprendre par cœur. Les enfants de l'instituteur doivent donner l'exemple et connaître leurs leçons !

Dès huit heures moins le quart, les écoliers commencent à arriver depuis les hameaux voisins. Les filles, grandes ou petites, portent « *un panier d'osier noir vernis qui contient, outre les livres et les cahiers, le déjeuner de midi soigneusement serré dans un linge propre* ».

À huit heures moins dix, les élèves s'agglutinent devant la porte du préau. C'est la rentrée. Henri Villin accueille 36 garçons et filles dans sa classe où ils passent 4 années de 9 à 13 ans, à la sortie de la classe enfantine dont sa femme Zoé a la responsabilité. Le maître d'école a achevé ses tableaux commencés la veille au soir. Chaque cours, chaque division a son panneau qui permet de commencer les exercices sans retard.

En ce début du XXe siècle, les élèves sont coulés dans le même moule dans toutes les écoles primaires de France. Les programmes, établis en 1887, sont étudiés et commentés à l'École normale. Ils sont la bible de référence pour tous les enseignants. Les seules modifications apportées de temps en temps sont dues au changement de manuel scolaire. L'instituteur reste conservateur sur le plan pédagogique.

À huit heures pile, les 36 élèves d'Henri Villin entrent dans la salle de classe en deux files parallèles, garçons et filles séparés.

Les jeunes du cours élémentaire sont devant ; ceux du cours moyen et du cours supérieur derrière. Dès l'entrée en classe, le silence se fait sans difficulté. Le maître n'aime pas le désordre ! Alors commence l'habituelle visite de propreté. Si les mains d'un élève ne sont pas propres, il doit aller sous le préau à la pompe pour les laver, pour être en conformité avec la réglementation sanitaire. Puis, vient le moment du chant de rentrée en classe.

…/…

Les élèves prennent place sur leur banc, parfois de 5 à 6 places. Les plus jeunes sont assis devant près de la chaire ; les plus anciens au fond de la classe, notamment les élèves du cours supérieur, la division des candidats au certificat d'études. Le rite veut que l'on commence par la correction des devoirs du soir. Puis le maître contrôle les exercices réalisés dans le cadre des punitions : devoirs à refaire, révisions de leçons à copier deux ou trois fois ! Les sanctions sont acceptées sans murmure. Tout oubli entraîne des réprimandes avec intervention des parents.

La classe commence réellement à 8 heures et quart par la leçon de morale. Il y a toujours un récit pour introduire une maxime. Les élèves des cours moyen et supérieur sont fiers de briller devant leurs camarades plus jeunes.

La leçon de calcul est programmée avec précision. L'on commence par la révision des tables d'addition et de multiplication qui sont imprimées au dos des cahiers des élèves. C'est un exercice quotidien et nécessaire pour les enfants du cours élémentaire avant d'affronter la résolution de problèmes plus complexes. Le maître peut reprendre alors son souffle et prendre un court repos assis sur sa chaise. Les enfants viennent à tour de rôle présenter les résultats obtenus sur leur ardoise. Si la solution est exacte, l'élève pourra recopier l'exercice sur son cahier. S'il y a une erreur, il devra poursuivre son effort pour trouver la bonne solution.

La récréation est un moment apprécié de tous les enfants, qui s'égaillent dans la cour avec un plaisir sans cesse renouvelé. Chacun attend d'abord son tour pour passer aux toilettes. Dans l'école d'Henri et Zoé Villin, il y a seulement 4 cabines pour 70 élèves. L'installation, au-dessus de la fosse vidangée une ou deux fois par an, est sommaire.

La surveillance de la cour de récréation est stricte. Il faut éviter les jeux violents pour prévenir les accidents. Des coups de sifflet fréquents et impératifs empêchent que les jeux ne dégénèrent. La pharmacie d'une école rurale reste rudimentaire et le médecin est souvent, à plusieurs kilomètres, difficile à joindre.

La récréation s'achève à 10 heures moins le quart. Il reste encore une heure et quart de classe avant la sortie de 11 heures. C'est l'heure consacrée au français et notamment à la lecture. Pour l'instituteur, il n'y a pas de repos pendant l'interclasse de la mi-journée.

Sur 70 élèves de l'école d'Henri Villin, une trentaine restent à l'école pour prendre leur déjeuner. Il n'y a pas de cantine. Chaque élève apporte son casse-croûte. Les élèves qui habitent près de l'école rentrent chez eux, où ils prendront leur repas en famille avant de reprendre le chemin de l'école, qui ouvre à nouveau ses portes à 13 heures.

L'après-midi est d'abord consacré à la dictée chez les grands du cours moyen et du cours supérieur. Quatre dictées par semaine : c'est le programme obligatoire pour préparer le certificat d'études dans les meilleures conditions.

À 14 heures 45, l'heure de la récréation est à nouveau arrivée, ainsi que le moment consacré à la gymnastique.

À 16 heures, la journée de classe s'achève. Plusieurs fois par semaine, les élèves du cours moyen et du cours supérieur assurent le ménage de la classe, balaient le parquet après l'avoir arrosé. L'hiver, les garçons sont de corvée de bois ; il faut préparer du menu bois d'allumage pour le lendemain, en utilisant les fagots entreposés dans les réserves de l'école.

Le jeudi, jour de congé hebdomadaire, est toujours attendu avec impatience par le maître et les élèves. Pour Henri Villin, c'est d'abord une journée consacrée en grande partie à ses fonctions de secrétaire de mairie.

« *La fenêtre éclairée du bureau dénote la présence du secrétaire et, quand les gens ont mangé la soupe, ils n'hésitent pas à venir à n'importe quelle heure demander au greffier un renseignement ou lui soumettre une affaire délicate ; bien sûr,* dit Henri Villin, *je les reçois aimablement mais ayant fini leur travail, ils prennent leur temps. Notre secrétaire est un homme bien serviable ! Ils en abusent parfois, mais la confiance qu'ils me témoignent me touche et conforte ma position. L'Angélus de 19 heures rappelle aux visiteurs trop bavards qu'il est temps de quitter la mairie. Cet Angélus du soir, sonné depuis des générations et qu'on entend à une demi-lieue à la ronde, est pour le village une sorte de couvre-feu, puisque, le soir, dans chaque cheminée, on couvre les cendres du foyer.* »

L'instituteur doit aussi accorder une attention permanente, très souvent le jeudi ou en fin d'après-midi de classe, à son potager.

D'après Marc Villin et Pierre Lesage, *La galerie des maîtres d'école et des instituteurs (1820-1945)*, Plon, 1987.

Les écoliers, leurs vêtements et leur matériel scolaire

En Saintonge, vers 1900, les garçons portent souvent un pantalon de velours côtelé qui va jusqu'à mi-mollet et un sarrau, tablier de couleur sombre resserré par une ceinture de cuir. Ils sont chaussés de galoches à semelle de bois. Une casquette et un cache-nez, en hiver, complètent la garde-robe de l'écolier. À Gourvillette, en Charente-Inférieure, les garçons portent des blouses bleues et des sabots ronds à brides. Les filles ont des bonnets de carton avec dentelle. Avant 1900, les écoliers portaient des blouses comme les paysans.

Après 1914, le sarrau est à manches longues de couleurs diverses, orné de plis plats à chaque manche. En été, les filles portent des espadrilles à semelles de corde et un chapeau blanc. Les écoliers ont souvent une cape qui les protège de la pluie et du froid en hiver.

Les photographies de classe montrent des élèves en tenue plus soignée : col marin ou col rond avec cravate lavallière. En fait, ce n'est pas là leur tenue vestimentaire habituelle. Le passage du photographe est toujours signalé et les enfants revêtent à cette occasion leurs habits du dimanche.

Lors d'un décès dans la famille, les enfants portent le deuil : brassard noir au bras ou couleur noire pour tous les vêtements, y compris le bonnet de laine et le chapeau de paille pour les filles.

Le matériel de l'écolier est modeste ; un plumier, parfois laqué et décoré, permet de ranger un crayon à papier, un porte-plume avec plume sergent-major et une gomme. L'ardoise que l'on essuie fréquemment, parfois avec son coude, est l'instrument de travail essentiel de l'écolier. Les livres sont peu nombreux et peu illustrés. Les livres de lecture, de calcul, d'histoire, de géographie et de sciences sont toujours en bonne place dans le cartable ou dans la musette.

La visite de l'inspecteur

L'inspecteur primaire visite fréquemment les écoles de sa circonscription. Les inspections sont obligatoires. L'inspecteur arrive sans prévenir les maîtres de l'école qu'il va inspecter. Henri et Zoé Villin racontent la visite de leur inspecteur en 1907 dans la Brie champenoise. L'inspecteur est en résidence au chef-lieu à Coulommiers ; il a la responsabilité pédagogique de cinq cantons qui regroupent deux cents maîtres. L'hiver, il visite les classes de la ville ; dès les beaux jours, il entreprend les visites des écoles rurales.

Le premier inspecteur d'Henri Villin n'avait pas de moyen de transport. Il se faisait véhiculer par le directeur de l'école du canton. Plus tard, le nouvel inspecteur dispose d'un phaéton automobile qui lui permet d'arriver dans une école à l'improviste. Le maître redoute toujours la visite de l'inspecteur un jour où, pris par d'autres préoccupations, il a négligé la préparation, et où la correction des cahiers est en retard. De même, la visite de l'inspecteur est peu appréciée « *en fin de semaine, quand les élèves fatigués ne peuvent plus répondre aux questions pièges* ».

Henri et Zoé Villin gardent en mémoire leur première inspection en 1907 :

> « *Un mercredi, vers une heure et demie, une silhouette apparaît à la porte vitrée. Quelqu'un en jaquette entre sans frapper. Comme mus par un ressort, tous les élèves se sont levés dans un remuement de galoches, couvrant le chuchotement des voix : c'est l'inspecteur. Celui-ci souhaite voir tout d'abord la classe enfantine dont Zoé Villin a la responsabilité. Cette visite inattendue surprend madame Villin qui paraît démontée. L'inspecteur n'apprécie pas l'aspect peu engageant de la salle de classe. Les murs sont "couleur marron sale" ; le mobilier est vétuste. Madame Villin est troublée ; elle a oublié d'enregistrer les élèves absents sur le registre d'appel ! Par chance, il n'y a aucun absent aujourd'hui. Depuis leur nomination sur ce poste en 1905, Henri et Zoé Villin font respecter avec rigueur l'obligation scolaire. Les absences pour aide aux travaux des champs n'existent plus. "Plus question de réintégrer l'école à la Toussaint après le ramassage des pommes et la récolte des pommes de terre ou des betteraves."*
>
> *La leçon de lecture se déroule sans difficulté majeure. Mais l'inspecteur trouve que "le ton n'y est pas !" Madame Villin est anxieuse,*

d'autant que les élèves de la division des grands ne connaissent pas parfaitement les tables de calcul. La leçon de récitation ne donne pas les résultats attendus. En présence de l'inspecteur, les élèves font les timides, balbutient ou même pleurnichent.
L'inspecteur s'en va, l'air froid, saluant Zoé Villin avec une condescendante inclination de la tête. "Nous nous reverrons bientôt", dit-il, en franchissant la seuil de la porte. Ce n'est pas cette fois-ci que madame Villin peut espérer une promotion récompensant ses efforts.
La visite d'inspection dans la classe d'Henri Villin commence mal. L'inspecteur interroge les élèves sur les fractions. Les résultats sont décevants ; un enfant interrogé devant tous ses camarades se montre incapable de dire que la fraction 1/3 est supérieure à 1/4. L'inspecteur baisse les bras, l'air découragé !
Par chance, le niveau en orthographe lui paraît satisfaisant. Les accords du participe passé sont parfaitement maîtrisés. L'exercice de récitation donne d'excellents résultats.
L'inspecteur examine tous les registres de la classe qui sont à jour. Il est très satisfait. Il remet son chapeau melon et quitte la salle de classe. "Au revoir, Monsieur Villin, dit-il, la classe a pris un bon départ !"
Pendant une heure, il s'est établi entre les élèves et l'instituteur une réelle connivence. Le maître a senti chez ses élèves un désir de coopération pour faire front devant l'inspecteur.
Zoé Villin est en revanche déçue. Elle ne peut s'empêcher de souligner l'attitude peu amicale de l'inspecteur à son égard. "Tu vois, Henri, on me l'avait bien dit, l'inspecteur n'apprécie guère les institutrices de classe enfantine ; à ses yeux, nous ne sommes que des sous-maîtresses, tout juste bonnes à enseigner le b.a.-ba ou à diriger des rondes dans la cour de récréation." »

L'école du soir

L'instituteur, dans de nombreux cas, ne se contente pas d'assurer l'instruction des enfants du village ou du quartier d'une ville. Il prend également en charge les cours du soir réservés aux jeunes de plus de quatorze ans. Il en est ainsi à l'école de Saint-Barthélemy dirigée par Henri Villin. Chaque mercredi et samedi soir de 7 à 9 heures, du 15 novembre au 15 mars, le maître reçoit ses anciens élèves qui, parfois, n'ont pu obtenir le certificat d'études élémentaires et ressentent la nécessité de consolider ou d'accroître leurs connaissances.

Henri Villin promet, pour rassurer tous ces adolescents qui ont parfois gardé un souvenir douloureux des exercices orthographiques, qu'il ne fera pas de dictées ! Il s'agit plutôt d'aborder des exercices pratiques : des lettres de commande, des modèles de contrats et de baux, des formulaires à remplir, les techniques d'arpentage, le calcul des intérêts des livrets de Caisse d'épargne.

Il faut parfois expliquer les termes techniques complexes : une vente à réméré qui se pratique dans le village pour la vente d'un cheval ou d'une terre ; un bail emphytéotique.

En mathématiques, de nombreuses connaissances acquises quelques années auparavant sont oubliées. Les unités de mesure, les principales figures géométriques sont revues dans une atmosphère détendue et amicale. Chacun a pris un cahier neuf où il a inscrit son nom ; il sera précieusement conservé en lieu sûr à la maison.

La lecture n'est pas oubliée. Henri Villin laisse choisir les textes lus, par exemple un extrait de *La Terre* de Zola.

Les fêtes civiques

Dans de nombreuses communes rurales, l'instituteur secrétaire de mairie a su gagner toute la confiance du maire et du conseil municipal. C'est lui qui est chargé de l'organisation des principales fêtes républicaines au cours de l'année.

Ainsi, Henri Villin est-il chargé d'organiser la fête nationale du 14 juillet dans son village de Saint-Barthélemy, en Brie champenoise. Pendant la matinée, avant la fête, il faut fixer aux fenêtres de la mairie des écussons garnis de drapeaux tricolores, veiller à ce que toutes les familles du bourg pavoisent. Il faut aussi organiser la revue des pompiers, porte-drapeau en tête et clique sonnant les cuivres.

Le moment venu, une vingtaine de pompiers en uniforme, casque à cimier astiqué, défilent devant le conseil au complet. Puis tout le village se retrouve à la mairie pour l'apéritif d'honneur. Les enfants de l'école, dans leurs habits du dimanche, chantent *La Marseillaise*. Le maître, diapason à la main, donne le ton. Les conseillers municipaux, le maire et les pompiers sont au garde-à-vous. Puis, dans un silence recueilli, un des élèves de l'école récite l'hymne dédié aux morts de la Révolution de 1789 : « *Ceux qui pieusement sont morts pour la patrie ont droit qu'à leur cercueil la foule vienne et prie…* »

Le maire félicite l'instituteur et les élèves de l'école. Le soir, se déroule un grand banquet civique, qui est organisé chaque année depuis 1889 dans la commune de Saint-Barthélemy. C'est encore Henri Villin qui en est l'organisateur. Tous les citoyens, hommes de la commune, y sont conviés. Un grand buffet campagnard est préparé avec l'aide du charcutier. Le gros rouge coulera à flot toute la soirée. Il n'y a plus alors de discours, mais des chants patriotiques repris en chœur.

L'instituteur et le curé

Émile Combes, président du Conseil de 1902 à 1905, fait appliquer d'une manière très restrictive la loi soumettant les congrégations à une autorisation gouvernementale pour enseigner. Une série de textes interdit d'enseignement tous les congréganistes. Ces mesures précèdent la séparation de l'Église et de l'État (1905), qui provoque à son tour une reprise de la guerre scolaire jusqu'à la Première Guerre mondiale. Bien qu'une partie des anciens congréganistes ait continué d'enseigner sous un statut laïque, l'enseignement confessionnel enregistre un net recul, notamment dans la scolarisation des filles. Les écoles laïques accueillent près de 75 % des filles en 1914, alors qu'en 1880, elles n'en scolarisaient que 30 %.

Dans chaque village, les relations entre l'école publique et l'école privée, entre le curé et les instituteurs, sont difficiles. La guerre scolaire prend des formes multiples. Il y a d'abord la lutte des inscriptions scolaires. Chaque école s'efforce de garder et même, si possible, d'accroître ses effectifs. Les familles sont l'objet de pressions plus ou moins amicales du curé, du maire ou de l'instituteur. Les traditions familiales jouent ici un rôle déterminant. Il y a, dans chaque hameau et chaque village, des familles laïques et des familles cléricales. Cette division du village en deux camps se retrouve dans la vie quotidienne. Il y a les « commerces laïques » et les « commerces cléricaux ». Les familles effectuent leurs courses (épicerie, boulangerie…) en accordant une préférence au commerçant qui se situe dans leur camp !

Les relations entre le curé et l'instituteur sont souvent courtoises, mais distantes. Quelques sujets de discorde apparaissent parfois. Ainsi, le curé reproche à Henri Villin de ne pas libérer assez tôt ses élèves pour les services religieux d'enterrement qui se déroulent pendant les heures de classe. Henri Villin exige que les parents donnent à leurs enfants l'autorisation de s'absenter pendant cet office religieux. De même, l'instituteur et sa famille ne fréquentent pas l'église. Le fils d'Henri Villin, Marc, ne suit pas les cours de catéchisme. « *Mon épouse et moi, instituteurs laïques, sommes convenus,* précise Henri Villin, *de ne pas lui imposer une instruction religieuse ; plus tard, quand il aura l'âge du libre-arbitre, il choisira sa propre vie ; pour l'instant, la morale que j'enseigne, à lui comme aux autres, doit suffire à son éducation ajoutée au bon exemple de la famille.* » Henri Villin résume parfaitement la situation la plus fréquente des relations entre le curé et l'instituteur lorsqu'il dit : « *Nous sommes voisins, nos deux portes se font face, restons chacun chez nous et ce sera la paix au village !* »

De nombreux instituteurs restent radicalement détachés de la religion jusqu'à leur mort. Leur fierté est d'être libres penseurs.

Des générations d'institutrices et d'instituteurs à jamais marqués par leur formation à l'École normale

L'École normale d'Auteuil en 1923, évoquée par Marc Villin et Pierre Lesage dans leur ouvrage *La galerie des maîtres d'école et des instituteurs (1820-1945)*, peut être considérée comme l'archétype de ces séminaires laïques où ont été formées des générations d'institutrices et d'instituteurs.

Les élèves-maîtres y sont soumis à une surveillance stricte et tatillonne. « *On sourit,* notent Marc Villin et Pierre Lesage, *à la lecture du cahier de rapport et du relevé des infractions : "X., surpris à regarder dans la cour pendant l'étude ; Y. a chanté aux douches ; Z. s'est levé quelques minutes en retard sur la cloche du réveil !"* »

L'École normale marque à jamais les futurs enseignants de l'école primaire. Dans les Écoles normales de province, des échanges fréquents existent entre l'École normale de garçons et l'École normale de filles. « *L'usage veut que chaque normalien choisisse, selon l'ordre de classement, une correspondante privilégiée et vice versa ; une fiancée pédagogique en quelque sorte !* » Il arrive que ces liens tissés à l'École normale se poursuivent par un mariage et ensuite la demande d'un « poste double ».

Les normaliens ont longtemps porté, jusqu'à l'entre-deux-guerres, la redingote, sévère uniforme de drap noir (« la touine »), ornée au col de palmes dorées, assortie d'une casquette où figurait une abeille, symbole de laborieuses études. Les « hussards noirs », évoqués par Péguy, étaient parfois pris pour des agents des pompes funèbres !

La vie quotidienne à l'École normale est spartiate :

- 5 h. Lever (5 h 30 en hiver). La toilette s'effectue torse nu aux lavabos où il gèle l'hiver. Pour garder une flanelle, il faut l'autorisation spéciale d'un médecin !
- 5 h 30-7 h. Étude.
- 7 h-8 h 30. Petit déjeuner et services collectifs (cirage des parquets du box).
- 8 h 30-11 h 30. Cours magistraux.
- 11 h 30-13 h. Repas par table de dix élèves toujours rangés par ordre alphabétique. Les conversations sont tolérées.
- 13 h-16 h. Cours magistraux alternés avec des cours de dessin, de travaux manuels à l'atelier ou d'éducation physique. Il n'y a pas de tenue de sport.

- 16 h-17 h. Temps libre (promenade dans le parc ou exercices au gymnase).
- 17 h-20 h. Étude ou colle par les professeurs.
- 20 h-20 h 45. Repas du soir, puis montée en rangs et en silence aux dortoirs.

Les normaliennes et les normaliens ont un double statut. Ils sont à la fois étudiants préparant le brevet supérieur, sanction des études de l'École normale, et élèves-maîtres apprenant leur métier d'enseignant dans les écoles annexes et d'application. Le brevet supérieur ne constitue pas par lui-même un titre professionnel, mais un examen évaluant un niveau d'instruction. Il est réglementé par les décrets et arrêtés organiques du 18 janvier 1887. Les candidats au brevet supérieur doivent avoir dix-huit ans révolus et doivent, en outre, justifier de l'obtention du brevet élémentaire.

Le certificat d'aptitude pédagogique, créé par le décret du 4 janvier 1881, est devenu obligatoire par la loi du 30 octobre 1886. Nul ne peut être nommé instituteur titulaire s'il n'est pourvu du certificat d'aptitude pédagogique (CAP). L'examen comprend trois épreuves : une épreuve écrite, une épreuve pratique et une épreuve orale.

En 1888, le certificat d'aptitude pédagogique a déjà été obtenu par 7 475 instituteurs dirigeant une école et par 20 000 institutrices ou instituteurs.

Lorsqu'ils sont mis en situation d'enseigner, le jeune instituteur et la jeune institutrice peuvent donc s'appuyer sur une solide formation professionnelle reçue à l'École normale. Les Écoles normales de filles et de garçons constituent le socle de l'école primaire laïque et républicaine de la IIIe République. Elles restent pendant plusieurs décennies des lieux d'excellence pédagogique où sont scolarisés des élèves recrutés le plus souvent dans des familles modestes après l'admission à un concours très sélectif. Les institutrices et les instituteurs de la IIIe République constituent une élite dont la nation est fière. Les intellectuels les plus brillants, au sommet de la gloire, ne manqueront jamais de rendre hommage à leur instituteur !

L'ouvrage de Marc Villin et Pierre Lesage, *La galerie des maîtres d'école et des instituteurs (1820-1945)*, présentant la vie quotidienne d'Henri et Zoé Villin dans le village de Saint-Barthélemy dans la Brie champenoise, permet de faire revivre d'une manière concrète la vie d'une institutrice et d'un instituteur en milieu rural sous la IIIe République.

Ce style de vie ne connaît aucune modification réelle pendant de nombreuses décennies. L'école primaire de la IVe République, après la fin de la Seconde Guerre mondiale, ressemble fortement à celle de la IIIe République. Les Écoles normales restent des pôles d'excellence pédagogique ; le certificat d'études garde tout son prestige. L'instituteur, dans son village, est toujours une personnalité respectée. Sur le plan social cependant, les directeurs d'école et les enseignants n'ont pas la même importance dans les villes. L'école publique républicaine a néanmoins partout la confiance des parents d'élèves. De plus, les instituteurs jouent un rôle sans cesse plus important dans la vie politique municipale.

Photo de classe en habits du dimanche et brassard noir pour un enfant portant le deuil. Riom (Puy-de-Dôme), vers 1900.

L'école primaire sous le gouvernement de Vichy (10 juillet 1940-20 août 1944)

La défaite militaire de la France ouvre la voie à une liquidation rapide de la IIIe République. Président du Conseil depuis le 16 juin 1940, le maréchal Pétain, après l'armistice, s'installe à Vichy le 2 juillet 1940 et obtient le 10 juillet de l'Assemblée nationale, par 569 voix contre 80 voix et 18 abstentions, le mandat de faire une nouvelle constitution, à ratifier ultérieurement par la nation. Pétain se proclame chef de l'État dès le 11 juillet et désigne Laval comme vice-président du Conseil. Des messages, diffusés en août et en octobre 1940, annoncent une « révolution nationale » et un ordre nouveau. Un acte constitutionnel du 1er décembre 1940 prononce la déchéance des parlementaires. Une loi du 22 janvier 1941 crée le Conseil national, composé de notables, qui remplace désormais le Parlement. Pouvoir législatif et pouvoir exécutif sont concentrés entre les mains du chef de l'État. La devise républicaine « Liberté, Égalité, Fraternité » est abandonnée par le nouveau régime qui lui substitue « Travail, Famille, Patrie ». Les hommes de Vichy profitent de la défaite pour supprimer le régime républicain et démocratique qu'ils avaient toujours honni.

Le principe de la laïcité de l'État est supprimé

Désormais, les droits de l'homme et du citoyen s'effacent devant les droits du travail, ceux de la famille et de la patrie. Le principe de la laïcité de l'État est supprimé. L'État exclut de nombreux citoyens de la vie publique, professionnelle et sociale du pays.

La loi du 3 octobre 1940 prend des mesures d'exclusion à l'égard des juifs. Sur la base d'une discrimination raciale, l'État interdit désormais à certains Français l'exercice de fonctions électives, publiques, militaires et judiciaires. La loi du 3 octobre 1940 marque l'alignement complet du régime de Vichy sur les thèses nazies. L'autorité allemande d'occupation avait, dès le 27 septembre, promulgué une première ordonnance concernant les juifs.

L'article 1er de la loi précise la nature de l'identité juive : « *Est regardé comme juif, pour l'application de la présente loi, toute personne issue de trois grands-parents de race juive ou de deux grands-parents de la même race si son conjoint lui-même est juif.* »

L'article 2 indique les fonctions publiques interdites aux juifs au sommet de l'État (chef de l'État, membre du gouvernement ou du Conseil d'État, etc.) ainsi que dans les corps intermédiaires : fonctions de secrétaires généraux des départements ministériels, directeurs généraux, directeurs des administrations centrales des ministères, préfets, sous-préfets, fonctionnaires de tous grades attachés à tous services de la police…

L'article 4 est entièrement consacré aux membres des corps enseignants qui désormais ne pourront être juifs.

La loi du 3 octobre 1940 fut remplacée et aggravée par celle du 2 juin 1941, qui en amplifiait le critère racial par la prise en compte de l'appartenance religieuse, et élargissait encore le champ des interdictions professionnelles.

L'article 1er de la loi du 2 juin 1941 précise : « *Est regardé comme étant de race juive le grand-parent ayant appartenu à la religion juive.* » L'article 2 indique : « *La non-appartenance à la religion juive est établie par la preuve de l'adhésion à l'une des autres confessions reconnues par l'État avant la loi du 9 décembre 1905.* »

Un commissariat général aux questions juives a été créé en mars 1941, dirigé par Xavier Vallat, ancien député nationaliste.

Au moment de la conférence de Wannsee en janvier 1942, où les nazis décident la solution finale, le dispositif législatif et administratif français est donc disponible. Il servira notamment les 16 et 17 juillet 1942 pour organiser la rafle du Vel d'Hiv, au cours de laquelle 12 000 juifs sont arrêtés avec la participation de la police française, et rassemblés au Vélodrome d'hiver avant d'être convoyés vers les camps d'extermination.

La suppression des Écoles normales et la politique scolaire

La loi du 18 septembre 1940 supprime les Écoles normales. La volonté de détruire ces établissements, piliers de l'école primaire républicaine laïque, est claire. Les instituteurs, syndicalistes et souvent pacifistes, sont accusés d'être les premiers responsables de la défaite. Les Écoles normales sont remplacées par des Instituts de formation professionnelle (IFP) créés par un décret de 1941. Les élèves y sont admis sur titres, parmi lesquels le baccalauréat, devenu un titre de capacité de l'enseignement primaire par un décret du 1er février 1941. Les élèves-maîtres doivent préparer le baccalauréat dans les lycées, puis recevoir une année de formation dans un institut de formation professionnelle. Les premiers élèves recrutés en 1941 ne devaient être accueillis dans les instituts qu'en octobre 1944 pour une année de formation. La victoire des Alliés ne permet pas le fonctionnement de ces instituts.

Jacques Chevalier, philosophe et catholique, nommé au poste de secrétaire d'État à l'Éducation nationale le 13 novembre 1940, indique clairement dès sa nomination la volonté du gouvernement de Vichy de remettre en cause la laïcité de l'école primaire. Par arrêté du 23 novembre 1940, Jacques Chevalier introduit à nouveau au programme de deuxième année du cours supérieur de l'école primaire les « devoirs envers Dieu ». Il est précisé désormais que le programme comporte des « *entretiens familiers et lectures sur les principaux devoirs envers nous-mêmes, envers nos semblables (familles et patrie) et envers*

Dieu ». La mention des « devoirs envers Dieu », qui avait été supprimée par Paul Lapie en 1923, est donc rétablie dans le texte même du programme.

Par ailleurs, l'arrêté du 23 novembre 1940 réintroduit une dimension religieuse dans le programme de morale du cours supérieur en inscrivant dans le texte officiel du programme : « *L'idéal moral. L'appel du héros et du saint. Dieu.* »

Autre brèche pratiquée par Jacques Chevalier dans la législation laïque, la loi du 6 janvier 1941 introduit, à titre d'enseignement à option, l'instruction religieuse dans les horaires scolaires. Le régime établi par la nouvelle loi limite à une heure et demie la partie de cet enseignement insérée dans le temps scolaire. Il s'agit cependant d'un enseignement facultatif laissé au libre choix des parents.

Le 23 février 1941, Jacques Chevalier est remplacé au secrétariat d'État à l'Éducation nationale par Jérôme Carcopino, latiniste connu, directeur de l'École française de Rome. Celui-ci revient en partie sur les mesures décidées par Jacques Chevalier. Par arrêté du 10 mars 1941, il supprime au programme du cours supérieur de deuxième année la mention des devoirs envers Dieu et la remplace par « *le respect des croyances religieuses* ». Le mot « Dieu » disparaît et, par ailleurs, l'instruction religieuse doit être donnée en dehors des édifices scolaires, mais elle reste cependant comprise en partie à titre d'enseignement facultatif dans les horaires scolaires. Jérôme Carcopino, dans une déclaration radiodiffusée le 16 mars 1941, indique qu'il a fait disparaître le mot « Dieu » des programmes « *par respect pour la liberté de conscience* ».

Les mesures de Carcopino soulèvent les protestations des catholiques les plus radicaux. Mais d'autres mesures sont favorables aux écoles confessionnelles. Des bourses d'État sont attribuées aux élèves des écoles catholiques. De plus, sous la pression de l'épiscopat, des subventions sont accordées aux établissements privés. La loi du 2 novembre 1941 prévoit 400 millions de subventions.

La loi du 15 août 1941 a l'ambition de procéder à une réorganisation générale des enseignements primaire et secondaire. L'enseignement primaire est réaménagé en deux cycles, sanctionnés chacun par un examen. Le premier cycle, qui va de la section préparatoire au cours moyen deuxième année, est sanctionné par un diplôme d'études primaires préparatoires (DEPP) qui permet l'accès aux Cours complémentaires mais aussi aux enseignements classiques, modernes ou agricoles. Le deuxième cycle en trois ans conduit au certificat d'études primaires. Les classes élémentaires sont rétablies dans les lycées et collèges où elles préparent également au DEPP.

Dans les nouveaux programmes, l'éducation morale et civique apparaît très marquée par l'idéologie du régime. Dans le premier cycle, du CP au CM2, l'on insiste d'abord sur la patrie, notamment au CE et au CM pour lesquels le programme s'intitule « *Éducation morale et patriotique* ». Privée désormais de toute référence républicaine, la dimension proprement civique a disparu, laissant place aux thèmes de « *tradition nationale* » et d'« *unité française* ». Les messages du maréchal Pétain sont étudiés au cours élémentaire. La dimension « *spirituelle* » est présentée au programme du cours élémentaire où l'on propose d'étudier « *les forces morales et leurs sources spirituelles* », et au cours moyen avec l'étude de « *la civilisation chrétienne* ».

Pour le deuxième cycle, qui prépare au certificat d'études, le programme prévoit dans la première partie l'« *Éducation morale, civique et patriotique* ». La seconde partie est consacrée à l'instruction civique.

Dans la première partie, l'on retrouve les thèmes essentiels du pétainisme : « *la Patrie* », « *le loyalisme envers le chef de l'État* », « *les devoirs des Français* ». Le thème du travail apparaît sous la rubrique « *le devoir social* ». Le « *respect de la pensée d'autrui et des croyances religieuses* » est indiqué alors que, par deux fois, en octobre 1940 et en juin 1941, le régime de Vichy vient d'écarter les juifs de nombreuses fonctions administratives. Il est cependant précisé que l'école doit faire de tous les Français « *les chevaliers d'un même idéal* ».

La seconde partie du programme ne comporte que « *l'organisation de la nation* », en évitant d'évoquer les institutions politiques, le suffrage universel et la Déclaration des droits de l'homme et du citoyen.

Des instructions pédagogiques rédigées par Jérôme Carcopino lui-même seront publiées en mars 1942.

La franc-maçonnerie dissoute (13 août 1940) – Les instituteurs francs-maçons sanctionnés

La loi du 13 août 1940, publiée au *Journal officiel* du 14 août 1940 interdit les associations secrètes.

L'article 1er précise :

« *Sont dissous de plein droit :*

1. *Toute association, tout groupement de fait dont l'activité s'exerce, même partiellement de façon clandestine ou secrète ;*
2. *Toute association, tout groupement de fait dont les affiliés s'imposent d'une manière quelconque l'obligation de cacher à l'autorité publique, même partiellement, les manifestations de leur activité.* »

L'article 2 de la loi indique que la nullité des groupements ou associations sera constatée par décret. Les biens mobiliers et immobiliers des associations et groupements dissous sont placés sous séquestre par ordonnance du président du tribunal civil (art. 3).

L'article 4 prévoit enfin un emprisonnement de six mois à deux ans et une amende de 16 à 5 000 francs pour toute personne ayant participé au maintien ou à la reconstitution directe ou indirecte des associations ou groupements dissous. Nul ne peut être fonctionnaire ou agent de l'État s'il a appartenu à une association ou à un groupement défini par la loi (art. 5).

Le complot judéo-maçonnique est l'un des thèmes permanents du régime de Vichy. Cette loi reste cependant volontairement imprécise. Le mot « maçon » n'y apparaît pas encore.

En revanche, le décret du 19 août 1940 est plus explicite. L'article 1er de ce décret précise : « *Est constatée la nullité des associations dites "La Grande Loge de France", 8 rue de Puteaux à Paris et "Le Grand Orient de France", 16 rue Cadet à Paris et de tous les groupements s'y rattachant situés en France, en Algérie, dans les colonies, pays de protectorat et territoires sous-mandat.* » Les instituteurs francs-maçons sont sanctionnés et exclus de l'Éducation nationale.

L'abolition de l'interdiction d'enseigner imposée aux congrégations depuis la loi du 7 juillet 1904

Trois jours après l'attribution des pleins pouvoirs au maréchal Pétain, le cardinal Gerlier, primat des Gaules, est reçu par le chef de l'État. Le 19 juillet, le journal *La Croix* exprime le point de vue de l'Église catholique de France : « *Pour le relèvement du pays, aucun problème n'est plus essentiel que celui de la formation intellectuelle et morale de la jeunesse. Il faut résoudre enfin, dans la clarté, dans la justice, la question scolaire. L'école publique doit respecter scrupuleusement l'âme de l'enfant. L'école libre doit être mise effectivement à la disposition des familles chrétiennes qui le désirent, par une attribution plus équitable des subsides scolaires.* »

Dès le 3 septembre 1940, le gouvernement de Vichy abolit l'interdiction d'enseigner, imposée aux congrégations au début du siècle par la loi du 7 juillet 1904. De même est supprimé l'article 14 de la loi du 1er juillet 1901, qui interdisait à tout membre d'une congrégation non autorisée, soit de diriger un établissement d'enseignement, soit d'enseigner. La remise en cause de la laïcité scolaire se porte sur la question religieuse et tout particulièrement sur les « *devoirs envers Dieu* ».

L'aide aux écoles privées est désormais officiellement autorisée. Jacques Chevalier, secrétaire d'État à l'Éducation nationale jusqu'au 23 février 1941, commence par étendre aux élèves des écoles privées le bénéfice de la caisse des écoles et celui des bourses (loi du 15 octobre 1940 ; décret du 22 février 1941). La loi du 5 janvier 1941 autorise les communes à subventionner les écoles privées. Mais cette aide ne suffisait pas. L'épiscopat propose la création d'un « bon scolaire » que chaque famille peut remettre à l'école de son choix. Cette solution est habile car elle concerne toutes les familles, mais elle est coûteuse sur le plan budgétaire. Par ailleurs, Jérôme Carcopino, secrétaire d'État à l'Éducation nationale à partir du 23 février 1941, ne souhaite pas subventionner trop visiblement les écoles privées. Finalement, le maréchal Pétain décide, malgré les réticences de son ministre, d'accorder une subvention de 400 millions de francs aux écoles privées, par la loi du 2 novembre 1941. Les crédits sont inscrits au budget du ministère de l'Intérieur. Les préfets sont chargés de répartir « *cette aide exceptionnelle adaptée aux circonstances* ».

L'épiscopat se montre satisfait mais reste conscient de l'aspect exceptionnel de ces aides financières.

La dissolution des organisations syndicales (9 novembre 1940)

La Confédération générale du travail (CGT) offre tout d'abord sa collaboration au gouvernement de Vichy. René Belin accepte de devenir ministre du Travail du maréchal Pétain. La CGT déclare renoncer à l'article premier des statuts de 1936 qui fixaient comme objectif au syndicat « *la disparation du salariat et du patronat* ». Elle se propose désormais de « *défendre les droits sacrés du travail, de protéger la famille et de collaborer à la prospérité nationale* ». Elle préconise une « *Communauté française du travail* » ouverte à tous les syndicats et à toutes les associations.

Le 9 novembre 1940, un décret signé par René Belin dissout la CGT, la CFTC et, en même temps, la Confédération générale du patronat français. En octobre 1941, le maréchal Pétain promulgue une Charte du travail. Le syndicat créé par le gouvernement de Vichy est unique et obligatoire.

De septembre 1939 à la fin mai 1940, le Syndicat national des instituteurs continue à subsister. *L'École libératrice* est toujours publiée. Le bureau du syndicat est réorganisé en raison du départ des responsables mobilisés. Georges Lapierre assure un moment l'intérim du secrétariat général, tout en conservant la responsabilité de *l'École libératrice*.

Un bureau national réuni le 19 septembre 1940 exclut tous les communistes occupant des fonctions au sein du SNI, à la suite du pacte germano-soviétique signé le 23 août 1939 entre l'Allemagne hitlérienne et l'URSS. Le pacte prévoyait le partage de l'Europe nord-orientale (Pologne notamment) entre les deux puissances. En fait, Hitler préparait déjà l'invasion de l'URSS déclenchée en juin 1941.

L'École libératrice paraît pour la dernière fois le 30 mai 1940. André Delmas, démobilisé le jour de l'armistice, reprend ses fonctions de secrétaire général du SNI en juin 1940. Mais les entretiens qu'il a avec André Belin à Vichy lui sont vivement reprochés. Dès le 13 septembre 1940, le ministre de l'Éducation nationale, Émile Ripert, propose la dissolution du SNI, qui devient effective le 15 octobre 1940. André Delmas sera arrêté et détenu au camp de Drancy à la Libération, mais relâché faute de preuves attestant une réelle collaboration. Il sera cependant, dès lors, tenu à l'écart par les responsables du SNI.

Le syndicalisme renaît au sein de la Résistance. Après l'agression hitlérienne contre l'URSS en juin 1941, les socialistes et les communistes décident de rétablir la CGT de 1936 à la suite des accords du Perreux. Le 27 juillet 1944, une ordonnance d'Alger déclare nulle la Charte du travail imposée par Pétain. Les syndicats sont rétablis dans leurs droits antérieurs par le gouvernement provisoire formé à Alger par le général de Gaulle en mai 1944.

La fin de l'année 1942 marque un tournant dans la Seconde Guerre mondiale. Le rapport des forces militaires commence à s'inverser au profit des Alliés, qui débarquent au Maroc et en Algérie le 8 novembre 1942. Par mesure de représailles, les Allemands occupent militairement la zone libre en vue de protéger la façade méditerranéenne. Encerclé avec son armée dans Stalingrad, le maréchal Paulus se rend aux Soviétiques à la fin du mois de janvier 1943. Trois mois après le débarquement des Alliés sur la côte normande le 6 juin 1944, le régime de Vichy est emporté avec la débâcle des troupes allemandes.

En mai 1944, De Gaulle forme à Alger le Gouvernement provisoire de la République française (GPRF), qui remplace le Comité français de libération nationale. Il assume le pouvoir en France après son entrée à Paris le 25 août 1944. Il démissionnera ensuite de la présidence du gouvernement provisoire en janvier 1946 et fondera en 1947 le Rassemblement du peuple français (RPF). En 1953, il se retirera pour quelques années de la vie politique (« traversée du désert »), avant d'être appelé, en 1958, par le président Coty à former un gouvernement (1er juin 1958) pour trouver une solution au problème algérien.

Pétain, enlevé par les Allemands en août 1944, reviendra volontairement en France en avril 1945 où il sera jugé. Sa condamnation à mort est commuée en détention perpétuelle à l'île d'Yeu, en Vendée, où il meurt en 1951. Avec la fin du régime Vichy se termine l'une des périodes les plus tragiques et les plus funestes de l'histoire de l'école primaire française. La IVe République permettra de reconstruire rapidement l'école républicaine et laïque de la IIIe République.

L'école primaire sous la IVe République (3 juin 1944-8 janvier 1959)

Le général de Gaulle transforme dès mai 1944 le Comité français de libération nationale en gouvernement provisoire de la République française à Alger. Après son entrée à Paris le 25 août 1944, il assume le pouvoir jusqu'au 20 janvier 1946, date à laquelle il démissionne. Félix Gouin lui succède. Il préside le gouvernement provisoire de janvier à juin 1946. Il est à son tour remplacé à la présidence par Georges Bidault de juin à octobre 1946, puis par Léon Blum d'octobre à janvier 1947. La mise en place de la IVe République se révèle difficile. Il faut attendre l'élection de Vincent Auriol à la présidence de la République le 16 janvier 1947 et la désignation de Paul Ramadier (SFIO) comme président du Conseil pour que la République soit clairement installée. Dès 1944, la commission créée le 21 janvier 1944 par René Capitant, commissaire à l'Éducation nationale et à la Jeunesse, est chargée d'élaborer un projet pour l'Éducation. Le rapport est présenté par Marcel Durry, maître de conférences à la faculté des lettres de l'université de Paris. La légalité républicaine est rétablie rapidement. Le *Journal officiel* publie dès 1944 la liste des lois du gouvernement de Vichy désormais abrogées.

Le plan d'Alger – Rapport présenté par Marcel Durry sur les travaux de la commission créée par René Capitant, le 21 janvier 1944

Le plan d'Alger, présenté par Marcel Durry au mois de janvier 1944, se propose de renouer le fil des réformes entreprises avant la Seconde Guerre mondiale, notamment par Jean Zay, ministre du Front populaire dirigé par Léon Blum.

Le plan d'Alger a pour objectif de restaurer la qualité de l'enseignement français dans son ensemble. Il souligne la nécessité d'assurer « *une égalité réelle devant l'enseignement* ».

Quelques principes essentiels concernant l'enseignement primaire sont clairement énoncés. L'enseignement donné à l'école primaire doit rester un « *enseignement complet, formé, achevé* ». Toutefois désormais, tous les élèves qui sortiront de l'école primaire devront ensuite suivre un cycle d'études du second degré. Aucun élève « *n'entrera d'emblée dans la vie* » ; par définition, l'enseignement élémentaire deviendra un « enseignement préparatoire », un enseignement ouvert sur l'avenir. Il y aura donc une évolution essentielle dans le cursus scolaire. L'école primaire était restée pendant la IIIe République la seule école pour une majorité de Français. Désormais elle doit devenir une étape dans la scolarité des élèves, où l'on acquiert « *les moyens de la connaissance : lire, écrire, compter* » et un ensemble de notions pratiques et théoriques qui serviront plus tard dans le cursus scolaire.

Le plan d'Alger préconise la disparition des classes élémentaires des lycées et des collèges.

Par ailleurs, le rapport présenté par Marcel Durry affirme la nécessité d'alléger les programmes de l'école primaire, notamment les programmes d'arithmétique et de géométrie.

Désormais, « *l'étude de la nature pourra se faire plus simplement, de façon plus concrète et moins hâtive, sans s'encombrer de nomenclatures* ». La commission indique que « *l'on pourra maintenir et renforcer les admirables traditions de soin et de scrupule qui sont les siennes dans le domaine de l'écriture, de l'orthographe, du calcul élémentaire* ».

En revanche, le rapport Durry indique que l'on « *devra améliorer l'enseignement de la lecture, de l'élocution, de la rédaction et renouveler ou introduire la pratique d'autres moyens d'expression tels que les travaux manuels, la musique et le chant, le dessin et la peinture, la danse, les jeux scéniques. On pourra donner enfin à la culture physique la place importante à laquelle elle a droit* ».

L'allègement des programmes doit permettre selon la commission Durry l'introduction « *d'enseignements hors programme* » dans le « *domaine artisanal, régionaliste ou scientifique* ».

Le plan d'Alger présenté par Marcel Durry demande que l'on utilise désormais dans l'enseignement élémentaire des méthodes actives. « *L'enseignement passif et collectif* » doit « *faire place graduellement à un enseignement actif et aussi individuel que possible* ».

La France, affirme la commission, doit pouvoir « *rejoindre et dépasser les pays qui l'ont devancée sur la voie de l'école active : la Belgique, la Suisse, la Russie et, plus récemment la Grande-Bretagne et une partie des États-Unis* ».

Marcel Durry et sa commission évoquent les essais pédagogiques tentés par de nombreux enseignants : « *Méthode des centres d'intérêt qui abat les cloisons entre les disciplines artificiellement séparées ; système des équipes, surtout dans les grandes classes… encouragement à l'imagination par la composition libre en rédaction, en dessin, en musique… emploi généralisé des maquettes, des graphiques, des modèles réduits* ».

La commission préconise également « *les contacts entre l'école et la vie quotidienne* ». Elle souhaite que l'on donne une « *part considérable à l'atelier, au jardin, au laboratoire* », que l'on utilise des « *méthodes plus scientifiques pour l'apprentissage de l'écriture, de la lecture et certaines parties du calcul* ».

D'une manière générale, la commission recommande « *un appel constant à la curiosité, à l'initiative, à l'effort des élèves* ». En conclusion de ces recommandations pour des méthodes actives, Marcel Durry souligne que « *le grand devoir de l'école élémentaire est de donner le goût d'apprendre* ».

La section préparatoire apparaît comme le moment le plus indiqué pour la mise en place de méthodes actives. La souplesse des programmes permettra un enseignement concret plus individuel que collectif.

Puisque tous les élèves sortis de l'école primaire suivront obligatoirement « l'école secondaire » jusqu'à 15 ans, il ne saurait y avoir d'examen de sélection à la fin des études primaires. L'examen du certificat d'études, selon la commission, doit être aboli ainsi que celui des bourses et celui d'admission en sixième. L'enfant, à la sortie de l'école élémentaire, possèdera un livret scolaire qui donnera une première idée de ses aptitudes et de ses connaissances. On l'examinera alors, non pas avec l'idée de l'accepter ou de le rejeter, mais en ayant le souci de l'orienter en fonction de ses capacités.

Le plan d'Alger présenté par Marcel Durry ne trouve pas d'application immédiate. Il pose néanmoins une série de questions et propose des solutions qui se retrouveront plus tard dans les réformes successives que connaîtra l'enseignement élémentaire.

Les premières décisions des gouvernements provisoires (1944-1947)

Dès le premier gouvernement provisoire présidé par le général de Gaulle (mai 1944-janvier 1946), les programmes de Vichy concernant l'école primaire sont supprimés et d'abord remplacés par des programmes provisoires pour l'année scolaire 1944-1945. Pour les différentes disciplines et notamment la morale et l'instruction civique, une circulaire du 12 octobre 1944 rédigée par René Capitant, ministre de l'Éducation nationale, remet en vigueur les programmes de 1923 et ceux de 1938 pour la classe de fin d'études. L'école primaire doit restaurer les valeurs de la République. Les programmes définitifs, publiés le 17 octobre 1945, tiennent compte de ces recommandations pour les cours élémentaire et moyen.

L'ordonnance du 3 mars 1945 supprime les classes primaires et élémentaires des lycées et collèges. Provisoirement, cependant, des écoles primaires publiques peuvent être installées en leur lieu et place dans les locaux des lycées et collèges.

La formation des maîtres est réorganisée, au moyen du décret du 6 juin 1946 et l'arrêté du 7 juin 1946, par le gouvernement provisoire présidé par Félix Gouin alors que Marcel-Edmond Naegelen (SFIO) est ministre de l'Éducation nationale.

L'article 57 du décret indique que les Écoles normales relèvent du recteur sous l'autorité du ministre de l'Éducation nationale. L'article 58 précise que le régime des Écoles normales est l'internat. À titre exceptionnel, elles peuvent admettre des élèves demi-pensionnaires ou externes. L'internat est gratuit. Il est alloué par l'État pour chaque élève-maître une bourse d'entretien inscrite au budget de l'École normale.

La durée des études (article 59 du décret du 6 juin 1946) est de quatre ans : deux années d'études générales pour la préparation des deux parties du baccalauréat à l'École normale et deux années de préparation professionnelle. Elle est réduite aux deux années de préparation professionnelle pour les élèves titulaires du baccalauréat recrutés par un concours spécial. À titre transitoire, la préparation au baccalauréat pourra être faite en trois ans, le temps réservé à la formation professionnelle étant alors réduit à un an.

L'article 60 du décret précise qu'à partir du 1er janvier 1951, les instituteurs et institutrices suppléants ou intérimaires pourvus du baccalauréat ou du brevet supérieur ne pourront être titularisés qu'après avoir reçu dans une École normale la préparation professionnelle prévue à l'article 59 du décret. Ces instituteurs et ces institutrices doivent avoir exercé pendant deux ans au moins.

Les élèves-maîtres et les élèves-maîtresses s'exercent à pratiquer l'enseignement dans des écoles annexes, instituées obligatoirement auprès des Écoles normales et qui constituent des centres permanents d'expériences pédagogiques, et dans des classes d'application choisies par l'inspecteur d'académie dans les écoles du département.

Les élèves-maîtres, pour l'entrée en première année (formation générale puis professionnelle), sont recrutés par concours. Chaque année, le nombre des élèves qui peuvent entrer dans les Écoles normales est fixé par la loi de finances.

Tout candidat (article 70 du décret) doit :
– être de nationalité française ;
– pour le concours d'entrée en première année, avoir plus de quinze ans et moins de dix-sept ans au 1er janvier de l'année où il est candidat. Pour le concours d'entrée en troisième année avoir plus de dix-sept ans et moins de dix-neuf ans au 1er janvier de l'année où il est candidat, aucune dispense d'âge n'est accordée ;
– posséder le brevet élémentaire pour l'entrée en première année, le baccalauréat pour l'entrée en troisième année ;
– justifier, par un certificat délivré par une commission spéciale de trois médecins et examen radiologique pulmonaire, qu'il n'est atteint d'aucune infirmité ou maladie le rendant impropre au service de l'enseignement ;
– s'être engagé à servir dans l'enseignement public pendant dix ans après sa sortie de l'École normale.

Aucun élève ne peut être admis ou maintenu dans une École normale s'il est marié. Cependant, à titre tout à fait exceptionnel, des dérogations pourront être accordées par le ministre.

L'article 89 de la section III de l'arrêté du 7 juin 1946 précise la nature des épreuves prévues pour le concours d'admission en première année des Écoles normales.

Les épreuves de la première série sont :

1. Une épreuve d'orthographe consistant en une dictée d'une vingtaine de lignes suivie de quatre questions : deux relatives au vocabulaire et à l'expression ; deux relatives à la grammaire. Le coefficient de l'épreuve est 3, dont 1 pour la dictée, 1,5 pour les questions ; 1,5 pour l'écriture ;
2. Commentaire d'un texte français. Coefficient 2 ;
3. Mathématiques : solution raisonnée de deux problèmes, l'un portant sur la géométrie, l'autre sur l'arithmétique ou sur l'algèbre ou sur ces deux matières. Coefficient 2 ;
4. Langues vivantes : une version simple. Coefficient 2.

Les épreuves de la deuxième série sont :

1. La lecture d'un texte français suivie d'interrogation sur le sens. Coefficient 3 ;
2. Une interrogation de mathématiques. Coefficient 3 ;
3. Le compte rendu écrit d'un exposé littéraire ou scientifique d'une demi-heure fait devant candidats. Ce compte rendu est rédigé sur-le-champ. Coefficient 3 ;
4. Une épreuve de dessin à vue. Coefficient 1 ;
5. Une épreuve de musique comportant un exercice simple de solfège et l'exécution d'un chant choisi sur une liste établie par l'académie. Coefficient 1 ;
6. Une épreuve de travail manuel pour les garçons et de travaux d'aiguille pour les filles comportant un croquis préalable. Coefficient 1 ;
7. Une épreuve d'éducation physique. Coefficient 1.

Le concours d'admission à l'École normale en première année est très sélectif. Les élèves-maîtres et les élèves-maîtresses recrutés constituent réellement une élite qui assurera l'excellence de l'enseignement élémentaire donné dans les écoles primaires pendant la IVe République.

Le préambule de la Constitution du 27 octobre 1946 garantit « *l'égal accès de l'enfant et de l'adulte à l'instruction, à la formation professionnelle et à la culture* ». L'organisation de l'enseignement public, gratuit et laïque à tous les degrés est un devoir de l'État.

Le plan Langevin-Wallon (1944-1947)

La commission, dont les travaux vont devenir une référence obligée du débat sur l'éducation pendant plusieurs décennies, est nommée par arrêté du 8 novembre 1944 par René Capitant, ministre de l'Éducation nationale. Elle rend son rapport, le 19 juin 1947, à Edmond Naegelen, ministre de l'Éducation nationale du 26 janvier 1946 au 12 février 1948 dans les cabinets Gouin, Bidault, Blum, Ramadier et Schumann. Elle est présidée par Paul Langevin, professeur au Collège de France, président du Groupe français d'éducation nouvelle (GFEN) puis après sa mort par Henri Wallon, également professeur au Collège de France, président de la société française de pédagogie.

Le plan Langevin-Wallon a pour objectif de réaliser l'école unique. L'âge terminal de la scolarisation obligatoire est porté de 14 à 18 ans. L'enseignement, selon le plan proposé, serait organisé en trois cycles. Le premier cycle doit regrouper tous les enfants jusqu'à 11 ans. Seuls y enseignent des maîtres polyvalents. Le second cycle, de 11 à 15 ans, est un cycle d'orientation où doivent enseigner à la fois des maîtres polyvalents et des professeurs spécialisés. Les enseignants polyvalents et spécialisés sont formés dans les Écoles normales, transformées en établissements pré-universitaires où l'on prévoit deux années de formation pratique et théorique, auxquelles viennent s'ajouter deux années de licence à l'université.

Ce plan ne sera jamais appliqué, mais il devient la référence de toutes les propositions de réforme de l'enseignement dans les décennies qui suivent la Seconde Guerre mondiale.

L'âge d'admission à l'école primaire élémentaire – Circulaire du 13 mars 1950

Yvon Delbos, ministre de l'Éducation nationale du 2e gouvernement Bidault, par circulaire du 13 mars 1950 précise les conditions d'admission à l'école primaire. Désormais, il est clairement indiqué que les enfants qui ont moins de 5 ans et 9 mois au 1er octobre doivent obligatoirement être maintenus à l'école maternelle pour la durée de l'année scolaire.

Les enfants qui n'ont pas 6 ans révolus au 1er octobre, mais qui ont plus de 5 ans et 9 mois, peuvent être maintenus à l'école maternelle pour la durée de l'année scolaire.

Les enfants qui ont 6 ans révolus au 1er octobre doivent passer directement à l'école primaire élémentaire, sauf autorisation spéciale, valable pour un an au plus, délivrée par l'inspectrice départementale des écoles maternelles ou l'inspecteur primaire.

Lorsque l'école maternelle (ou la classe enfantine) possède une section fonctionnant comme cours préparatoire, les limites sont augmentées d'un an.

Les élèves âgés de plus de 6 ans qui se trouvent dans une école maternelle sont soumis à la fréquentation scolaire obligatoire. Leur assiduité doit être contrôlée.

De 1947 à 1951, la situation politique en France évolue rapidement. Aucun texte important concernant l'enseignement primaire n'est publié avant la loi Marie du 21 septembre 1951 et la loi Barangé du 28 septembre 1951 concernant les aides apportées à l'enseignement privé. Jusqu'en mai 1947, date à laquelle Paul Ramadier, président du Conseil, exclut les communistes du gouvernement, une alliance entre les communistes, les socialistes et le Mouvement républicain populaire (MRP) avait assuré une base politique solide au gouvernement. L'accord se faisait sur un programme de nationalisations et une tradition proche de la Résistance.

Après le mois de mai 1947 et jusqu'en 1951, le tripartisme, basé sur un accord entre socialistes, MRP et radicaux, déplace le centre de gravité au centre. Le problème des subventions aux écoles privées creuse un fossé entre socialistes et MRP. La majorité reposera bientôt sur une association entre les radicaux, le MRP et les indépendants.

Les aides à l'enseignement privé – La loi Marie du 21 septembre 1951 et la loi Barangé du 28 septembre 1951

Le mois de septembre 1951 est consacré au Parlement à une longue discussion passionnée concernant le problème scolaire posé par le projet d'aides financières à l'enseignement privé. Deux projets de loi sont examinés et adoptés séparément : le projet gouvernemental concernant les bourses et les constructions scolaires présenté par André Marie, ministre de l'Éducation nationale du 2e gouvernement de René Pleven (UDSR), et le projet de loi concernant les allocations scolaires présenté par le député du Mouvement républicain populaire (MRP), Barangé.

La loi Marie du 21 septembre 1951 prévoit une ouverture de crédits pour l'attribution de bourses à des élèves des établissements d'enseignement public ou d'enseignement privé. L'article premier de la loi précise : *« Il est ouvert, au ministère de l'Éducation nationale, des crédits s'élevant à la somme de 850 000 000 de francs applicables au chapitre 4 010 : Bourses nationales du budget de l'Éducation nationale pour l'exercice 1951. Les crédits de ce chapitre bénéficieront aux élèves les plus méritants, qui pourront être inscrits selon la volonté des parents dans un établissement d'enseignement public ou d'enseignement privé, la bourse étant par priorité accordée aux élèves de l'enseignement public ayant satisfait au concours de 1951. »*

La loi Barangé est votée le 28 septembre 1951 alors qu'André Marie est ministre de l'Éducation nationale. La loi est présentée par trois députés, Barangé (MRP), Barrachin (RPF) et Baudry d'Asson (indépendant) ; elle est parfois désignée sous le nom de « loi des trois B ».

L'article premier de la loi Barangé prévoit un compte spécial du Trésor, chargé de mettre à la disposition de tout chef de famille ayant des enfants recevant l'enseignement du premier degré une allocation dont le montant est de 1 000 francs par enfant et par trimestre de scolarité. Pour les enfants fréquentant un établissement privé d'enseignement, cette allocation est mandatée directement à l'association des parents d'élèves de l'établissement. Cette association pourra déléguer aux œuvres éducatives désignées par les chefs de famille intéressés une partie qui ne doit pas excéder 10 % des sommes attribuées à la caisse de l'association. Le montant de l'allocation pour les établissements privés doit être affecté par priorité à la revalorisation du traitement des maîtres. Un amendement voté au mois de décembre 1952 permet d'affecter les crédits de la loi Barangé à la construction et à la réparation des bâtiments scolaires, ce qui rallie à la loi de nombreux maires et conseillers municipaux.

Le camp laïque s'organise aussitôt. La Fédération de l'Éducation nationale (FEN), le Syndicat national des instituteurs (SNI), la Ligue de l'enseignement et la Fédération des parents d'élèves, groupés dans un Comité national d'action laïque (CNAL), organisent une grève de

24 heures le 9 novembre 1951. À cette date, 46 % des Français seulement sont favorables à une subvention aux écoles privées. Le calme revient peu à peu dans l'opinion publique.

Le projet Billères (1956-1957)

René Billères (radical), ministre de l'Éducation nationale dans le cabinet Guy Mollet (du 1er février 1956 au 13 juin 1957), puis dans les cabinets Bourgès-Maunoury et Gaillard (du 13 juin 1957 au 14 mai 1958), succède à Jean Berthoin, ministre de l'Éducation nationale dans le cabinet Mendès-France (du 19 juin 1954 au 23 février 1955) puis dans le cabinet Edgar Faure (du 23 février 1955 au 1er février 1956). Il reprend l'essentiel de ses projets mais il échoue, comme lui, à les faire aboutir.

René Billères souligne dans son projet que « *la loi organique du 30 octobre 1886 n'articule pas l'enseignement primaire et ses prolongements divers (cours complémentaires, écoles primaires supérieures) avec les formes plus anciennes de l'enseignement secondaire* ».

René Billères souligne la nécessité de revoir l'orientation des élèves à l'issue de l'école primaire. Le système scolaire repose encore, note-t-il, « *trop étroitement sur le principe de la sélection d'une élite peu nombreuse choisie pour la plus grande part en dehors des couches populaires, ce qui ne répond pas au vœu unanime des constituants de 1946, selon lequel la nation garantit l'égal accès de l'enfant et de l'adulte à l'instruction, à la formation professionnelle et à la culture* ».

René Billières observe que parmi les élèves entrant en classe de sixième, 55 % en moyenne s'inscrivent dans les lycées et collèges, 30 % dans les cours complémentaires, dont le recrutement a un caractère nettement populaire ; 60 % des enfants d'ouvriers qui entrent en classe de sixième s'y inscrivent contre 12 % des enfants des cadres ou des professions libérales. 8 % seulement des enfants d'ouvriers accèdent à l'enseignement des lycées et des collèges.

René Billères préconise donc la mise en place, entre l'école élémentaire et les enseignements du second degré, d'une période complémentaire d'études communes à tous les enfants, destinée à déceler les différentes aptitudes des élèves en vue d'une véritable orientation juste et équitable.

En outre, René Billères souhaite la prolongation de la scolarité obligatoire jusqu'à seize ans.

Il supprime l'examen d'entrée en classe de sixième ainsi que les devoirs à la maison après la journée de classe mais il ne peut faire voter une loi qui permettrait de concrétiser les grands principes de son projet.

Dès le 14 mai 1958, Jacques Bordeneuve (MRP) succède à René Billères au ministère de l'Éducation nationale dans le cabinet de Pierre Pflimlin (MRP).

La réforme de Jean Berthoin (radical) (6 janvier 1959)

En 1958, à la suite des événements d'Algérie, le président de la République René Coty appelle le général de Gaulle à former un gouvernement (1er juin 1958). Celui-ci fait approuver par référendum le 28 septembre 1958 une Constitution qui instaure la Ve République. Le parlement élit De Gaulle président de la République en décembre 1958. La IVe République prend fin le 8 janvier 1959.

Dans les derniers jours de la IVe République, Jean Berthoin, ministre de l'Éducation nationale dans le cabinet De Gaulle, fait adopter une réforme de l'Éducation nationale par ordonnance et décret du 6 janvier 1959.

L'ordonnance n° 59-45 du 6 janvier 1959, dans son article premier, porte prolongation de la scolarité obligatoire jusqu'à seize ans à partir du 1er janvier 1959. L'instruction (article 3) peut être donnée soit dans les établissements ou écoles publics ou privés, soit dans les familles par les parents ou l'un d'entre eux ou toute personne de leur choix.

Le décret 59-57 du 6 janvier 1959 distingue trois phases dans l'enseignement obligatoire public :

1. Un cycle élémentaire ouvert à partir de la sixième année, en principe pendant une durée de cinq ans ;

2. Un cycle d'observation, ouvert après l'enseignement élémentaire d'une durée de deux ans et comportant, avec la progression normale des études, l'observation des aptitudes des élèves ;
3. Un cycle terminal jusqu'au terme de l'enseignement obligatoire.

La réforme de Jean Berthoin ne modifie pas l'organisation de l'enseignement primaire. Elle s'efforce surtout d'aménager une phase d'orientation à l'issue de l'école primaire.

L'œuvre de la IVe République dans le domaine de l'enseignement élémentaire est surtout importante par les décisions des gouvernements provisoires supprimant la législation du gouvernement de Vichy. Les principes de l'école républicaine et laïque sont réaffirmés et rétablis d'une manière durable. La formation des maîtres dans les Écoles normales, réorganisée par le décret du 6 juin 1946 et l'arrêté du 7 juin 1946, permet désormais un enseignement de grande qualité en assurant le recrutement d'une véritable élite souvent issue des classes populaires. En revanche, les lois Marie et Barangé (1951) posent désormais ouvertement le problème de la coexistence de l'enseignement public et de l'enseignement privé.

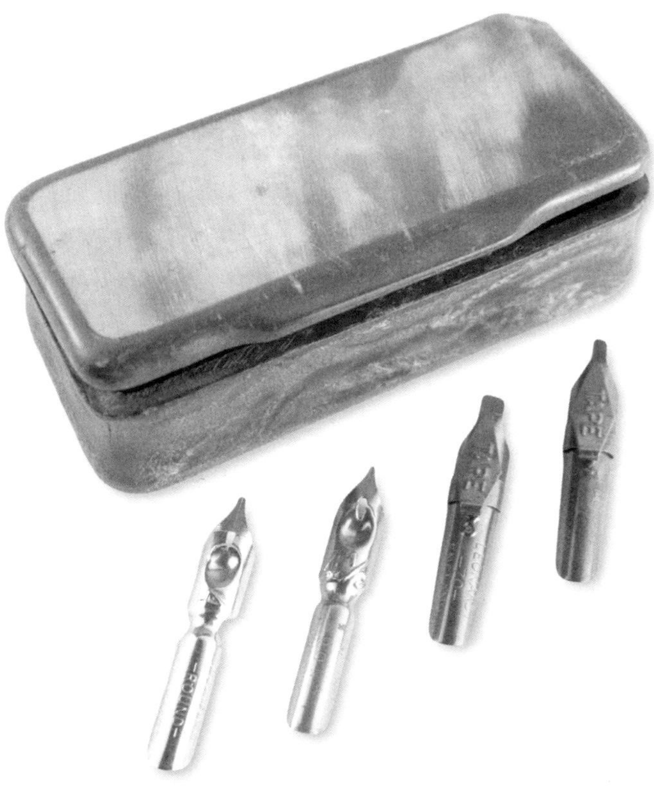

L'école primaire sous la Ve République (8 janvier 1959 à aujourd'hui)

PENDANT LA SECONDE MOITIÉ DU XXE SIÈCLE, l'école primaire connaît en France une profonde transformation. Dès 1962, les écoles deviennent mixtes. La pédagogie mise en œuvre dans les écoles primaires se transforme. Trois mouvements pédagogiques contribuent à cette évolution : le Groupe français d'éducation nouvelle (GFEN), le mouvement Freinet et l'Institut coopératif de l'école moderne (ICEM), et les centres d'entraînement aux méthodes d'éducation active (CEMEA). Le tiers-temps pédagogique introduit une nouvelle approche pédagogique dans les écoles. La mise en œuvre des mathématiques modernes à l'école élémentaire remet en question les pratiques pédagogiques traditionnelles et provoque une réelle anxiété chez les parents d'élèves.

La création des Instituts universitaires de formation des maîtres (IUFM) par Lionel Jospin (loi d'orientation du 10 juillet 1989) reste la décision la plus importante pour l'avenir de l'école primaire. Lionel Jospin valorise la fonction d'instituteur. Celui-ci devient professeur des écoles. Toutefois, le recrutement des instituteurs s'en trouve profondément modifié. Les enfants des familles modestes accèdent désormais plus difficilement au métier d'instituteur. L'on entrait autrefois à l'École normale à l'âge de 16-17 ans et, après admission au concours, l'on bénéficiait d'études gratuites. Désormais, les candidats au concours d'entrée à l'IUFM doivent posséder des diplômes universitaires qui supposent un cursus coûteux à l'université, que les familles modestes ne peuvent envisager. Les instituteurs des IUFM ne sont plus l'élite du peuple mais sont issus de classes sociales plus aisées. De plus, la parité hommes-femmes dans le recrutement des instituteurs disparaît. La très grande majorité des enseignants du premier degré est désormais de sexe féminin.

Les problèmes posés par l'enseignement privé marquent également cette période. D'importantes perturbations et de nombreux débats troublent l'opinion publique (loi Debré du 31 décembre 1959 ; loi Guermeur du 25 novembre 1977 ; projet Savary de décembre 1982).

Quelle que soit la nature de leurs projets, tous les ministres de l'Éducation nationale mettent l'accent sur la nécessité d'assurer plus solidement les acquisitions fondamentales à l'école primaire (lire, écrire, compter).

La loi Debré relative aux rapports entre l'État et les établissements privés (31 décembre 1959)

La loi Debré du 31 décembre 1959 précise que tout établissement privé qui sollicite une aide de l'État doit accepter un contrôle du ministère de l'Éducation nationale. La loi prévoit un « *contrat d'association* » où l'État supporte le traitement et les charges sociales des enseignants ainsi qu'une partie des dépenses de fonctionnement. Un contrôle pédagogique est exercé par le corps d'inspection de l'enseignement public.

L'établissement privé peut opter également pour un « *contrat simple* » où l'État supporte toujours le traitement et les charges des enseignants mais n'a pas à sa charge les dépenses de fonctionnement. De plus, dans ce cas, l'établissement scolaire choisit librement la pédagogie à mettre en œuvre. La loi Debré entend préserver, en toute hypothèse, le « *respect du caractère propre* » de l'enseignement privé, ce qui entraînera la démission du ministre socialiste de l'Éducation nationale André Boulloche le 23 décembre 1959. Le Premier ministre, Michel Debré, assure l'intérim du ministère de l'Éducation nationale jusqu'au

15 janvier 1960 et défend personnellement le texte devant l'Assemblée nationale.

Plus tard, la loi du 1er juin 1971, imposée par le président Pompidou, pérennise le « *contrat simple* ». Les contrats simples sont majoritaires dans l'enseignement secondaire.

Après avoir vainement, au cours de l'année 1959, demandé que le pays soit consulté, le Comité national d'action laïque (CNAL) décide d'organiser lui-même un référendum populaire par le lancement d'une pétition nationale. Après l'organisation, le 22 décembre 1959, d'une « *journée nationale de l'école républicaine* » le 24 décembre, le secrétaire général du CNAL, Clément Durand, responsable par ailleurs des questions laïques au Syndicat national des instituteurs (SNI), écrit aux responsables des comités départementaux d'action laïque : « *Le CNAL a décidé de consulter le pays sur sa volonté de maintenir la laïcité de l'école et de l'État. Cette consultation aura lieu sous forme de pétition.* »

Tenant compte de l'extrême division des organisations politiques et syndicales, le CNAL décide de rédiger seul le texte de la pétition.

La pétition connaît un grand succès. 10 813 697 signatures sont recueillies. Dans 64 départements, le nombre de signatures recueillies dépasse la majorité absolue des votants aux élections législatives du 30 novembre 1959.

Une grande manifestation nationale se déroule à Paris le 19 juin 1960. La journée est marquée d'abord par une assemblée des délégués de pétitionnaires de 25 000 à 30 000 personnes (un représentant par département) qui se réunit à la Porte de Versailles. Avant de séparer, les délégués prononcent le « serment de Vincennes ». L'après-midi un grand rassemblement a lieu sur la pelouse de Reuilly, dans le parc de Vincennes. Le serment de Vincennes installe pour deux décennies la question de l'école privée au cœur du programme de l'opposition.

La commission Rouchette et l'enseignement du français (1963-1970)

La commission Rouchette est créée en 1963. Elle a pour mission de préparer une réforme de l'enseignement du français. À la fin de ses travaux en 1966, la commission effectue une expérimentation avec le concours de l'Institut national de recherche pédagogique (INRP). En octobre 1970, le plan de rénovation de l'enseignement du français est arrêté définitivement. Il donne la priorité à la langue orale et introduit la notion de « *registres de langue* ». Désormais, l'on admet qu'il n'y a pas qu'un seul registre de langue. Le plan Rouchette suscite de vives polémiques. Pierre Gaxotte dénonce en 1970 une entreprise « *pour détruire la langue française* ». Finalement, les instructions du 4 décembre 1972 réalisent un compromis. Les enseignants restent fidèles aux pratiques pédagogiques traditionnelles. La majorité des instituteurs continue à enseigner séparément, avec un horaire précis, grammaire, écriture, orthographe ou lecture alors que les instructions prévoient un décloisonnement des disciplines.

Les événements de mai 1968 et leur répercussion dans la politique du ministère de l'Éducation nationale

Les événements de mai 1968 sont marqués par des manifestations d'étudiants, notamment à Paris dans la nuit du 6 au 7 mai, où des barricades apparaissent dans le quartier Latin. Ce mouvement de contestation provoque bientôt un véritable traumatisme en France avec 10 millions de grévistes. Les négociations de Grenelle avec le gouvernement de Georges Pompidou, voulues par le parti communiste et la CGT, aboutissent cependant à des accords. Le 30 mai 1968 la « majorité silencieuse » (700 000 personnes) défile sur les Champs-Élysées à Paris pour montrer son soutien à De Gaulle qui dissout l'Assemblée nationale. Aux élections des 23 et 30 juin, le parti gaulliste (UDR) remporte une victoire écrasante.

Ces événements laissent de profondes traces dans la vie politique de la France et notamment dans la politique du ministère de l'Éducation nationale. Edgar Faure, radical-socialiste, ancien président du Conseil (1952 et 1955-1956), est nommé ministre de l'Éducation nationale le 10 juillet 1968 dans le gouvernement dirigé par Maurice Couve de Murville (UDR). Il restera à ce poste jusqu'au 20 juin 1969.

Edgar Faure pendant les quelques mois où il reste en fonction au ministère, a pour mission de pratiquer une politique d'apaisement et de souplesse pour éviter tout conflit avec les enseignants ou les parents d'élèves. Sa circulaire du 6 janvier 1969 est à cet égard symbolique. Le texte ministériel remet en question les méthodes traditionnelles d'évaluation du travail des élèves à l'aide de notes de 0 à 20.

La circulaire précise clairement : « *Les trois notions essentielles de notre système d'appréciation des résultats scolaires, notions de composition, de note, de classement, doivent disparaître.* »

L'on invite les enseignants à prendre conscience de la relativité de la note. La circulaire ministérielle indique que « *la notation chiffrée de 0 à 20 peut être abandonnée sans regret* (...) *Des appréciations globales telles que "très satisfaisant", "satisfaisant", "moyen", "insuffisant", "très insuffisant" auxquelles on peut faire correspondre, si on le juge bon, les symboles A, B, C, D, E ou 1, 2, 3, 4, 5 constituent donc un système* (...) *plus rationnel et mieux adapté.* »

Cette remise en question du système traditionnel de notation est mal comprise des parents d'élèves, habitués eux-mêmes depuis leur plus tendre enfance à des appréciations chiffrées. Les instructions ministérielles sont désormais appliquées sous l'impulsion du corps d'inspection et des conseillers pédagogiques. Nombreux néanmoins sont ceux qui voient dans ces instructions prises après les événements de mai 1968 une première brèche ouverte dans les pratiques traditionnelles de l'école primaire mises en œuvre depuis la IIIe République.

Deux réformes d'Olivier Guichard (20 juin 1969 – 5 juillet 1972) : le tiers-temps pédagogique et l'aménagement de la semaine scolaire

Olivier Guichard, ministre de l'Éducation nationale dans le gouvernement de Jacques Chaban-Delmas (1969-1972), effectue une réforme des horaires de l'école élémentaire. Il introduit la notion de « *tiers-temps pédagogique* ». L'arrêté du 7 août 1969 définit le nombre d'heures hebdomadaires qui doit être consacré à chaque discipline enseignée : français, 10 heures ; calcul, 5 heures ; disciplines d'éveil, 6 heures ; éducation physique et sportive, 6 heures. Soit, au total, 27 heures hebdomadaires de cours.

Le « tiers-temps » pédagogique a pour ambition de souligner l'égale importance de trois domaines d'activités différents : l'apprentissage de la langue maternelle et des mathématiques, la découverte de l'environnement et l'éveil de la curiosité, enfin le développement du corps. En fait, les horaires consacrés à chacun des domaines ne sont pas d'égale importance. Les enseignants retiennent essentiellement de ces instructions ministérielles la nécessité d'accorder une place importante aux activités d'éveil. Cette nouvelle orientation pédagogique est cependant critiquée. Elle entraîne en effet un net recul, partout en France, de l'enseignement de l'histoire et de la géographie.

L'arrêté du 7 août 1969 définit en outre une nouvelle répartition des horaires hebdomadaires d'enseignement élémentaire. Les cours du samedi après-midi sont supprimés. De même, *« le jeudi est laissé libre de cours »*. Les écoles sont donc fermées désormais le jeudi, le samedi après-midi et le dimanche.

Par ailleurs, la circulaire du 13 janvier 1970 s'efforce de mettre en place de nouveaux dispositifs pour faciliter la scolarisation des enfants étrangers.

La commission Lichnérovitz et l'introduction des mathématiques modernes (2 juin 1970)

La commission créée par Christian Fouchet en 1966, alors ministre de l'Éducation nationale du gouvernement de Georges Pompidou, et présidée par André Lichnérovitz, professeur au Collège de France et président de l'Association d'études pour l'expansion de la recherche scientifique, a pour mission d'effectuer un bilan de l'enseignement des mathématiques en France et de proposer des solutions aux problèmes pédagogiques qui seraient mis en évidence.

L'arrêté du 2 janvier 1970, signé par Olivier Guichard, ministre de l'Éducation nationale du gouvernement Jacques Chaban-Delmas, et les instructions ministérielles publiées pour une application immédiate de l'arrêté, bouleversent profondément le contenu des programmes d'enseignement des mathématiques.

Les mathématiques modernes introduisent des notions nouvelles à tous les niveaux d'enseignement à l'école primaire. Dès le cours préparatoire, le jeune élève de six ans commence à appréhender les notions « *d'ensemble* » et « *d'appartenance à un ensemble* ». Les diagrammes de Venn et de Carroll, permettant de représenter les différents éléments d'un ensemble, font désormais partie des exercices quotidiens réalisés dans les classes. De même sont abordées, dès le cours préparatoire, les opérations que l'on peut effectuer sur les ensembles (inclusion, intersection, union ou réunion) et les relations binaires entre les éléments de deux ensembles. La pratique de la numération dans des bases variées autres que la base dix (base deux, base trois, base quatre, etc.) perturbe les habitudes pédagogiques des maîtres.

Par ailleurs, au cours élémentaire et au cours moyen, les notions d'opérateur et de proportionnalité constituent des nouveautés génératrices d'anxiété.

Malgré l'action volontariste du corps d'inspection et des conseillers pédagogiques de chaque circonscription d'enseignement, cette réforme se révèle très difficile à mettre en place. Les parents d'élèves acceptent avec réticence ce nouvel enseignement des mathématiques. Les enseignants eux-mêmes sont souvent anxieux et désorientés. En 1972, une enquête de l'Institut national de la recherche pédagogique (INRP) montre que plus de 80 % des instituteurs jugent leur formation insuffisante pour enseigner les mathématiques modernes avec une efficacité optimale.

La formation continue des instituteurs – Circulaire du 20 juin 1972

Avant son départ du ministère de l'Éducation nationale, Olivier Guichard, qui reste membre du cabinet Chaban-Delmas jusqu'au 5 juillet 1972, publie dans sa circulaire du 20 juin 1972 un texte important concernant la formation continue des instituteurs.

Le plan de formation mis en place par Olivier Guichard est fondé sur l'octroi à tout instituteur titulaire en position d'activité d'un crédit de formation à temps plein équivalent à une année scolaire, « *à répartir sur la carrière, à l'exclusion des cinq premières et cinq dernières années* ».

L'application de ce principe doit permettre, à terme, « *d'organiser la formation continue des maîtres d'une manière souple, notamment en proposant aux maîtres des formules différenciées en durée et en nature, de telle sorte qu'elle s'adopte sans cesse aux besoins réels* ».

L'objectif est d'assurer dans un délai de six ans le perfectionnement des maîtres titulaires, à l'exclusion de ceux qui ont reçu une formation en École normale depuis moins de cinq ans, à l'exclusion aussi, sauf cas exceptionnel, de ceux qui sont âgés de cinquante ans ou plus dans l'année de stage.

À la rentrée 1972, deux types d'opérations de formation sont offertes aux maîtres : d'une part, des opérations de longue durée correspondant au trimestre, pendant lequel les maîtres sont remplacés dans leurs classes par les élèves-maîtres de deuxième année de formation professionnelle, effectuant leur stage en situation ; d'autre part, des opérations de durée moyenne (six semaines) pendant lesquelles la suppléance des maîtres dans leur classe est assurée par les instituteurs remplaçants, dont les emplois ont été ou seront mis à la disposition des recteurs.

Le premier type d'opérations sera situé dans le premier trimestre de l'année scolaire. Les opérations du second type se dérouleront tout au long de l'année scolaire par stages successifs.

Ainsi, la formation permanente des instituteurs est désormais organisée d'une manière précise et cohérente dans chaque académie et chaque département, sous l'autorité des inspecteurs d'académie, des inspecteurs départementaux, des directeurs et professeurs d'École normale.

Le droit des handicapés à l'enseignement – Loi d'orientation de René Haby (30 juin 1975)

La loi du 30 juin 1975 présentée par René Haby affirme que « *la prévention et le dépistage des handicaps, les soins, l'éducation, la formation et l'orientation professionnelle, l'emploi, la garantie d'un minimum de ressources, l'intégration sociale et l'accès aux sports et aux loisirs du mineur et de l'adulte handicapés physiques, sensoriels ou mentaux constituent une obligation nationale* ».

Les enfants et adolescents handicapés sont soumis à l'obligation éducative. Ils satisfont à cette obligation en recevant soit une éducation ordinaire, soit, à défaut, une éducation spéciale, déterminée en fonction des besoins particuliers de chacun d'eux par la commission départementale de l'éducation spéciale.

L'éducation spéciale associe des actions pédagogiques, psychologiques, sociales, médicales et paramédicales. Elle est assurée soit dans des établissements ordinaires, soit dans des établissements ou par des services spécialisés. Elle peut être entreprise avant et poursuivie après l'âge de la scolarité obligatoire.

Dans chaque département, il est créé une commission de l'éducation spéciale, dont la composition et la fonctionnement sont déterminés par voie réglementaire, et qui comprend des personnes qualifiées. Le président de la commission est désigné chaque année soit par le préfet parmi les membres de la commission, soit, à la demande du préfet, par le président du tribunal de grande instance.

La réforme du système éducatif – Loi du 11 juillet 1975 de René Haby

La loi du 11 juillet 1975 définit quelques grands axes de la réforme voulue par René Haby, ministre de l'Éducation nationale du 28 mai 1974 au 5 avril 1978, qui a été successivement instituteur, professeur, proviseur, inspecteur général et recteur de l'académie de Clermont-Ferrand.

Le premier axe de la réforme a pour objectif de combler les handicaps initiaux des élèves dans leur cursus scolaire. « *Il s'agit d'abord de développer l'enseignement préélémentaire. Celui-ci permet le dépistage précoce et la correction des handicaps de toute origine.* » Il donnera aux enfants les moins aidés (directement ou indirectement) par leur milieu de meilleures chances d'aborder avec succès les apprentissages initiaux. « *Le même souci d'éviter que ne se creusent des écarts, que ne se ressentent durement les échecs, amène à prévoir une amélioration de l'articulation entre école maternelle et école primaire ainsi que l'assouplissement de l'organisation du cycle préparatoire, afin d'éviter les redoublements.* »

À l'école maternelle, la réforme prévoit de doubler avant 1980 l'accueil des enfants de deux ans, d'accueillir 90 % des enfants de trois ans et d'accueillir 100 % des enfants de quatre à cinq ans.

Un effort particulier sera fait dans les secteurs ruraux. Les regroupements de classes par niveau, remplaçant les classes uniques, doivent permettre chaque fois d'y ajouter une classe maternelle.

À l'école élémentaire, la réforme prévoit d'adapter la vitesse d'apprentissage de la lecture au rythme de chaque élève. À cet effet, la durée du cycle préparatoire pourra, pour certains élèves, s'étendre sur plus d'une année et déborder sur la première année du cours élémentaire.

Au cours élémentaire et au cours moyen, on utilisera une pédagogique différenciée, comportant notamment l'organisation d'un soutien pédagogique au profit des élèves en difficulté. Toutefois, ces actions de soutien ne concernent que les apprentissages proprement dits. Les activités d'éveil et les activités physiques restent communes à toute la classe. « *Une plus grande importance sera accordée à la formation artistique et à la formation sportive... le tiers-temps pédagogique sera partout institué (cinq heures d'éducation physique par semaine).* »

À la fin du cycle moyen, un bilan des résultats de la formation primaire permettra de vérifier que les objectifs de cette formation ont été atteints. S'il est favorable, l'élève reçoit le certificat d'études primaires.

Tout élève ayant terminé sa scolarité primaire entre de droit au collège. Si le maître de la classe primaire que fréquente l'élève estime qu'il a besoin de redoubler cette classe avant d'entrer au collège, la famille peut présenter un recours contre cette décision devant une commission départementale.

La loi du 11 juillet 1975 prévoit par ailleurs pour chaque école un conseil des maîtres, un comité de parents et un conseil d'école. Le conseil des maîtres est formé par le directeur et par tous les maîtres de l'école. Il est présidé par le directeur. Le comité des parents est formé par les représentants élus des parents. Le conseil d'école comprend les enseignants de l'école et les parents d'élèves élus.

L'inspecteur de la circonscription assiste de droit aux réunions. Peuvent également siéger au conseil d'école les psychologues scolaires, les rééducateurs, les médecins chargés du contrôle médical scolaire, les infirmières scolaires et les assistantes sociales. Le maire peut demander au directeur de l'école de réunir le conseil d'école, pour informer ou consulter ce dernier sur les problèmes de gestion matérielle et financière de l'école.

L'article 23 du chapitre III de la loi précise l'organisation des enseignements d'adaptation, des classes ou groupes d'aide pédagogique pour répondre aux besoins d'élèves en difficulté, notamment sur prescription des commissions de l'éducation spéciale prévue par la loi du 30 juin 1975 en faveur des enfants handicapés.

La loi Guermeur (25 novembre 1977) relative à la liberté de l'enseignement

La loi Guermeur du 25 novembre 1977 est votée alors que René Haby est ministre de l'Éducation du deuxième gouvernement de Raymond Barre. Il s'agit à l'origine d'une proposition de loi d'origine parlementaire déposée par le député du Finistère, Guy Guermeur.

L'article premier de la loi Guermeur rectifie l'article 4 de la loi du 31 décembre 1959. Désormais, le contrat d'association peut porter sur une partie ou sur la totalité des classes d'un établissement privé. Dans les classes faisant l'objet du contrat, l'enseignement est dispensé selon les règles générales et les programmes de l'enseignement public. Il est confié, sur proposition de la direction de l'établissement, soit à des maîtres de l'enseignement public, soit à des maîtres liés à l'État par contrat. Les maîtres assurant cet enseignement sont tenus au respect du caractère propre de l'établissement.

Par ailleurs, l'article 2 de la loi Guermeur précise que « *les établissements d'enseignement privés, ayant passé avec l'État un contrat d'association, reçoivent de l'État dans la limite des crédits inscrits à cet effet dans la loi de finances, une subvention pour les investissements qu'ils réalisent au titre des constructions, de l'aménagement et de l'équipement destinés aux enseignements complémentaires préparant à la formation professionnelle* ».

L'article 3 de la loi indique que « *les règles générales qui déterminent les conditions de service et de cessation d'activité des maîtres titulaires de l'enseignement public ainsi que les mesures sociales et les possibilités de formation dont ils bénéficient, sont applicables également et simultanément aux maîtres justifiant du même niveau de formation, habilités par agrément ou par contrat à exercer leur fonction dans des établissements d'enseignement privés liés à l'État par contrat. Ces maîtres bénéficient également des mesures de promotion et d'avancement prises en faveur des maîtres de l'enseignement public* ».

L'égalisation des situations sera conduite progressivement et réalisée dans un délai maximum de cinq ans. Les conditions d'accès à la retraite des maîtres de l'enseignement seront fixées par un décret du Conseil d'État avant le 31 décembre 1978. Les charges afférentes à la formation initiale et continue des maîtres sont financées par l'État dans des conditions identiques à celles de l'enseignement public.

Enfin, l'article 4 de la loi Guermeur précise que « *les dépenses de fonctionnement des classes sous contrat d'association sont prises en charge sous la forme d'une contribution forfaitaire versée par élève et par an* ».

Les personnels non-enseignants demeurent de droit privé.

Les responsabilités administratives et pédagogiques des directeurs d'écoles élémentaires – Décret du 18 mars 1981

Alors que Christian Beullac est ministre de l'Éducation du troisième gouvernement de Raymond Barre, le décret du 18 mars 1981 précise les fonctions et les responsabilités des directeurs d'écoles élémentaires.

« *Le directeur d'école a des responsabilités administratives et pédagogiques. À ce titre, il veille au bon fonctionnement de l'école et à l'application du règlement de l'école. Il répartit les élèves entre les classes et les groupes, organise le service des maîtres après avis du conseil des maîtres et répartit les moyens d'enseignement. Il anime la vie de la communauté scolaire en réunissant notamment le conseil des maîtres, le comité des parents et le conseil d'école.* »

Par ailleurs, le directeur d'école organise la surveillance des élèves et assure les rapports entre l'école et la commune.

Il joue également un rôle important sur le plan pédagogique en conseillant les jeunes maîtres et en « *suscitant au sein de l'équipe pédagogique, dont il est l'animateur, toutes initiatives en vue de l'amélioration de l'enseignement dans le cadre de la réglementation* ».

Enfin, le directeur « *rend compte aux autorités académiques* » auxquelles il adresse toutes informations d'ordre administratif et pédagogique demandées par elles.

Le décret n° 81-253 également daté du 18 mars 1981 précise les conditions de nomination des directeurs d'école.

La nomination dans un emploi de directeur est prononcée après avis de la commission administrative paritaire départementale des instituteurs.

« *Peuvent être inscrits sur les listes d'aptitude de directeur d'école, les instituteurs titulaires qui justifient d'au moins cinq années de services effectifs en cette qualité préalablement à l'accomplissement d'un stage de formation… L'inscription sur la liste d'aptitude doit être demandée avant l'expiration des trois années qui suivent l'accomplissement du stage.* »

Les directeurs d'école de deux, trois ou quatre classes exerçant ces fonctions depuis au moins deux ans et justifiant au total d'au moins cinq ans de services en qualité d'instituteur peuvent également être inscrits sur la liste d'aptitude de directeur.

Ainsi, l'on voit apparaître nettement la volonté ministérielle d'attribuer un statut de chef d'établissement du 1er degré, qui conserve toutefois des heures d'enseignement. En fait, le directeur d'école est le « chef de file » de l'équipe pédagogique. Il reste avant tout un enseignant malgré les fonctions administratives précises et importantes qui lui incombent désormais officiellement.

Le directeur a obligation de respecter les instructions que lui adresse sa hiérarchie et de faire preuve d'une entière loyauté. La révocation peut être décidée dans des cas exceptionnels. L'emploi de directeur est alors retiré par le recteur après avis de la commission administrative paritaire départementale des instituteurs.

Les zones d'éducation prioritaire – Circulaire du 1er juillet 1981 d'Alain Savary

Alain Savary, premier secrétaire du Parti socialiste de 1969 à 1971, devient ministre de l'Éducation nationale le 21 mai 1981 dans le gouvernement de Pierre Mauroy, après l'élection de François Mitterrand à la présidence de la République.

Dès le 1er juillet 1981, la circulaire n° 81-238 du ministère de l'Éducation nationale démontre la volonté du gouvernement socialiste de lutter contre l'inégalité sociale.

La création par le gouvernement de 11 625 nouveaux emplois dans l'Éducation nationale a pour but prioritaire de contribuer à corriger cette inégalité par « *le renforcement sélectif de l'action éducative dans les zones et les milieux sociaux où le taux d'échec scolaire est le plus élevé* ».

Il est demandé aux autorités académiques de définir des zones géographiques, en milieu rural et en milieu urbain, où des actions éducatives pourraient être mises en œuvre d'une manière urgente. Il est recommandé de prendre en compte la composition socio-économique des familles, la présence d'enfants étrangers ou non francophones, les retards scolaires.

La circulaire du 19 mars 1982 encourage la mise en place de projets pédagogiques et d'actions d'innovation tendant à la réussite scolaire.

Le projet Savary (mai-juillet 1984)

Le programme commun de gouvernement signé par les partis de gauche le 27 juin 1972 prévoyait déjà la création d'un service public unique et laïque dépendant du ministère de l'Éducation nationale.

Dès l'arrivée du Parti socialiste au pouvoir avec le gouvernement Mauroy (21 mai 1981), Gaston Defferre, ministre de l'Intérieur, et Alain Savary, ministre de l'Éducation nationale, demandent aux préfets de ne pas inscrire d'office les crédits municipaux destinés aux écoles primaires sous contrat.

Dès le 25 janvier 1982, Alain Savary engage des négociations difficiles avec les responsables de l'enseignement privé. Les partisans de l'école privée, pour exercer une pression sur le gouvernement, se mobilisent. L'UNAPEL réunit 100 000 personnes à Pantin dans la région parisienne.

Le 9 mai 1982, Pierre Mauroy prononce un discours devant 250 000 personnes réunies par la Comité national d'action laïque (CNAL), regroupant tous les défenseurs de l'enseignement public. Alain Savary annonce que la réflexion du gouvernement portera à la fois sur l'enseignement public et privé. Le CNAL réagit négativement et Alain Savary abandonne cette idée.

Pendant les mois de novembre et de décembre 1982, les défenseurs de l'enseignement catholique privé manifestent à Paris contre le refus d'autoriser l'ouverture d'un centre de formation des maîtres de l'enseignement privé à Amiens. Par ailleurs, des manifestations sont organisées à Brest, Nantes et Pontivy contre les municipalités socialistes hostiles au paiement de crédits en faveur des écoles privées.

Le 20 décembre 1982, Alain Savary expose son plan dont l'objectif est « *l'insertion du secteur privé au sein du service public d'enseignement* » à partir de la transformation des écoles privées en établissements d'intérêt public (EIP). Il propose comme modèle les groupements d'intérêts publics, prévus par la loi Chevènement concernant la recherche et assurant une prédominance de l'État sur l'initiative privée. Ces propositions précisent également certaines contraintes. Tout d'abord, la carte scolaire serait définie essentiellement par les autorités académiques, après concertation. Pour bénéficier d'une aide publique, les initiatives privées devront s'insérer dans cette carte.

Le 10 janvier 1983, le Comité national de l'enseignement catholique propose de négocier « *une harmonisation des rapports État-école privée* », accompagnée de garanties pour l'autonomie des établissements et de la liberté de constituer un projet éducatif.

Alain Savary ouvre une phase de contacts confidentiels avec, notamment, le chanoine Paul Guiberteau, secrétaire général de l'enseignement catholique, et Pierre Daniel, président de l'UNAPEL. Le 21 avril 1983, Alain Savary demande, par circulaire adressée aux préfets et aux recteurs, de faire preuve de rigueur dans l'octroi de l'aide aux écoles privées sous contrat. Il décide d'accorder « *des moyens limitatifs* » et « *non-évolutifs* » à ces écoles.

Le 26 juin 1983, 20000 maîtres et directeurs de l'enseignement catholique venus de toute la France se réunissent à Vincennes pour manifester leur hostilité au plan d'Alain Savary. Dès lors, celui-ci clôt la phase des contacts confidentiels. Pierre Mauroy, le 2 septembre 1983, lance un appel à la titularisation de 15 000 maîtres volontaires.

Le 18 octobre 1983, le Comité national d'action laïque (CNAL) refuse le nouveau plan Savary. Le 29 décembre 1983, le Conseil constitutionnel annule les dispositions budgétaires de titularisation.

Le 13 janvier 1984, Alain Savary fait de nouvelles propositions. Il reprend les notions « d'établissement d'intérêt public » (EIP) et de carte scolaire unique. Il propose, en outre, l'idée d'une décentralisation du financement. Enfin, il envisage de titulariser « sur place » des maîtres volontaires rémunérés en prenant comme référence des grilles indiciaires de titulaires ou d'auxiliaires. Un contrat de droit public est offert aux non-volontaires.

Le 5 février 1984, les responsables de l'enseignement catholique acceptent de discuter de la carte scolaire et de la décentralisation mais rejettent les propositions du gouvernement concernant la situation des enseignants et les établissements d'intérêt public (EIP). Ils proposent en revanche qu'un groupement public d'intérêt éducatif (GPIE) collecte les fonds publics affectés au fonctionnement de ces établissements privés associés par contrat au service public et les répartisse. Les contre-propositions ne sont pas retenues par le gouvernement.

D'importantes manifestations sont alors organisées en France par les défenseurs de l'école catholique privée et ceux de l'école publique.

Le 24 avril 1984, le Comité national d'action laïque (CNAL) rassemble 60 000 défenseurs de l'école laïque à Paris (75 000 selon la préfecture de police). De même, le CNAL rassemble 30 000 personnes à Lille et 16 000 à Marseille.

Pour sa part, le Comité national de l'enseignement catholique organise également de nombreuses manifestations contre le projet Savary : 70 000 personnes manifestent à Bordeaux le 22 janvier 1984 ; 160 000 à Lyon le 29 janvier ; 300 000 à Rennes le 18 février ; 350 000 à Lille le 25 février ; 600 000 à Versailles le 4 mars et 1 000 000 à 1 400 000 (1 800 000 selon le secrétariat de l'enseignement privé) à Paris le 24 juin 1984, ce qui représente la plus importante manifestation de masse depuis les événements de mai 1968. Le 12 juillet 1984, le projet de loi du gouvernement est retiré. Alain Savary démissionne aussitôt du ministère de l'Éducation nationale. Le 17 juillet 1984, Pierre Mauroy remet la démission de son gouvernement à François Mitterrand, président de la République.

Les instructions de Jean-Pierre Chevènement pour l'école élémentaire – L'arrêté du 23 avril 1985

Jean-Pierre Chevènement est ministre de l'Éducation nationale dans le gouvernement de Laurent Fabius du 19 juillet 1984 au 20 mars 1986. Il arrive rue de Grenelle au ministère après le retrait du projet Savary sur l'école privée.

Les instructions pour l'école élémentaire, précisées dans l'arrêté du 23 avril 1985, affirment quelques principes essentiels qui déterminent les axes principaux de la réforme de Jean-Pierre Chevènement pour l'école élémentaire.

Le ministre souhaite « *donner au pays une école forte, active, ouverte sur le futur* ». « *L'école que l'on appelle élémentaire parce qu'elle apporte les éléments fondamentaux du savoir, joue un rôle décisif dans le progrès de la démocratie*, souligne le nouveau ministre de l'Éducation nationale. *Sa perspective, comme pour l'école maternelle, est celle de la réussite pour tous les élèves. Ceux-ci doivent y acquérir les connaissances de base pour suivre avec succès l'enseignement du collège et apprendre à penser par eux-mêmes. L'École, en instruisant, éduque à la liberté.* »

En soulignant cette importance citoyenne de l'école primaire, Jean-Pierre Chevènement renoue avec les grands principes énoncés par les républicains de la IIIe République.

Les instructions ministérielles du 23 avril 1985 mettent l'accent sur la réussite des apprentissages initiaux, particulièrement pour la lecture. « *Son apprentissage préparé dès la grande section de l'école maternelle s'instaure au cours préparatoire et, le cas échéant, selon une continuité désormais reconnue, se poursuit au cours élémentaire première année.* » Sur ce point, Jean-Pierre Chevènement reprend les directives de la loi Haby du 11 juillet 1975.

Le choix des méthodes et des démarches pédagogiques relève cependant de l'initiative et de la responsabilité des maîtres. L'évaluation des travaux des élèves et des exercices « *dépasse le simple contrôle* ». Elle est dynamique « *en ce qu'elle fait voir comment les élèves se situent les uns par rapport aux autres et comment leur progression peut être améliorée* ».

L'arrêté du 23 avril 1985 précise que la durée hebdomadaire de la scolarité à l'école élémentaire est fixée à 27 heures. Ces 27 heures sont réparties sur 9 demi-journées.

L'enseignement du français et des mathématiques bénéficie d'un horaire important :

– français : 10 heures au cours préparatoire, 9 heures au CE1, 8 heures au CE2, 8 heures au CM ;
– mathématiques : 6 heures au cours préparatoire, 6 heures au CE, 6 heures au CM.

L'enseignement de l'histoire et de la géographie est conforté : 1 heure au CP, 2 heures au CE, 2 heures au CM.

De plus, 1 heure est consacrée à chaque niveau à l'éducation civique.

Les sciences et la technologie bénéficient de 2 heures au CP et au CE1, 3 heures au CE2 et au CM.

L'éducation artistique (éducation musicale et arts plastiques) s'effectue à chaque niveau dans le cadre de 2 heures de cours (1 heure hebdomadaire pour l'éducation musicale ; 1 heure pour les arts plastiques).

Enfin, 5 heures hebdomadaires doivent être consacrées à l'éducation physique et sportive, soit 18,5 % de l'ensemble de l'horaire hebdomadaire de classe.

L'enseignement du français et des mathématiques occupe cependant une place essentielle dans l'horaire global d'enseignement prévu à l'école élémentaire : 37 % de l'horaire global pour le français au CP, 33 % au CE1, 29,6 % au CE2 et au CM, et, par ailleurs, 22,2 % de l'horaire global pour les mathématiques.

Un effort budgétaire important est fait en faveur de l'Éducation nationale. En 1985, le gouvernement Fabius consacre 32,2 milliards de francs à l'enseignement du 1er degré, dont 31,8 milliards pour le personnel et 3,3 milliards en supplément budgétaire destinés à la formation des instituteurs.

5 773 400 élèves ont été accueillis dans les établissements publics du 1er degré en France métropolitaine à la rentrée 1984-1985, dont 2 196 000 dans l'enseignement pré-élémentaire et 3 483 300 dans l'enseignement élémentaire.

21 000 élèves sont scolarisés dans des classes d'initiation et d'adaptation ; 73 100 dans des classes d'enseignement spécial.

Les effets de la baisse démographique se font cependant sentir dans l'enseignement élémentaire. En 1984-1985, les effectifs baissent de 120 000 élèves.

La taille des écoles reste encore très variable. 12 000 écoles sont à classe unique ; 28 000 environ comptent de 2 à 4 classes ; 20 000 ont cinq classes et plus. Au total, 51 % des écoles élémentaires publiques ont moins de trois classes.

La carte scolaire a fortement évolué au cours des décennies qui ont suivi la Seconde Guerre mondiale. De nombreuses communes rurales ont perdu leur école avec la baisse démographique consécutive à l'exode rural. 20 % des communes n'ont pas d'école.

Les 5 773 400 élèves sont encadrés par 170 000 instituteurs dans les écoles élémentaires (72 000 dans l'enseignement préélémentaire). 24 000 institutrices ou instituteurs enseignent dans l'enseignement spécial.

Un fait essentiel marque désormais le corps enseignant : 73,8 % des enseignants du 1er degré sont de sexe féminin. L'on accorde alors une grande importance à la formation des enseignants. La formation des instituteurs est passée en effet de deux à trois ans en 1979 ; elle est portée à quatre ans après le baccalauréat avec recrutement, dès 1986, au niveau du diplôme d'études universitaires générales (DEUG). Les Écoles normales, devenues établissements d'enseignement supérieur, coopèrent désormais plus étroitement avec les universités.

Depuis 1972, les instituteurs peuvent bénéficier d'actions de formation continue. Chaque enseignant a droit à l'équivalent d'une année de formation à répartir sur l'ensemble de sa carrière.

La lutte contre les inégalités est poursuivie et encouragée. Les zones prioritaires (378 zones prioritaires en France, soit 8,9 % des écoles et 8,6 % des élèves) bénéficient d'un soutien important.

La prévention des inadaptations à l'école et l'aide psychopédagogique sont assurées par les groupes d'aide psychopédagogique (GAPP), équipes d'enseignants spécialisés intervenant dans chaque circonscription dès que le besoin apparaît. Un effort important est réalisé pour compléter les effectifs des GAPP en procédant à des nominations de psychologues scolaires.

Jean-Pierre Chevènement s'efforce enfin de pacifier les relations entre l'enseignement public et l'enseignement privé. Après les turbulences connues au cours du ministère Savary, l'objectif du gouvernement est de rétablir la paix scolaire.

Le ministère de l'Éducation nationale établit des prévisions budgétaires pour les établissements d'enseignement public et privé (crédits limitatifs cependant pour les établissements privés). La carte scolaire est gérée selon des critères identiques dans l'enseignement public et l'enseignement privé. La création de classes nouvelles est conforme aux précisions des cartes et des schémas de formation des départements. La nomination des maîtres de l'enseignement privé s'effectue conformément aux règles de la loi du 31 décembre 1959.

Jean-Pierre Chevènement prend en compte la nouvelle réglementation consécutive à la décentralisation. L'accord des communes est nécessaire pour établir des contrats d'association que l'État officialisera ensuite. Les dépenses de fonctionnement des écoles privées sous contrat d'association sont à la charge des communes qui peuvent apporter leur contribution en nature. L'enseignement privé garde désormais sa place traditionnelle, conformément aux vœux des parents d'élèves qui soutiennent les établissements privés. 13,7 % des élèves sont scolarisés en France dans l'enseignement privé. La quasi-totalité des établissements privés ont signé un contrat avec l'État dans le cadre de la loi du 31 décembre 1959, modifiée par la loi du 25 janvier 1986. L'État prend en charge la rémunération des personnels enseignants.

La loi de décentralisation du 22 juillet 1983 a confirmé le rôle essentiel des communes dans le domaine de l'enseignement élémentaire. Ce rôle s'exerce surtout en matière de création, d'implantation des classes et des écoles, et de financement, tant au niveau de la construction que de l'entretien, du fonctionnement et de l'équipement. Mais le rôle des communes est élargi par les responsabilités nouvelles confiées aux maires dans le domaine de l'utilisation des locaux scolaires, de la fixation des heures d'entrée et de sortie des élèves, et de l'organisation d'activités complémentaires au temps scolaire (activités périscolaires).

Par ailleurs, les instructions ministérielles prévoient une coopération financière entre les communes afin de favoriser, dans la mesure du possible, la liberté des parents quant au choix de l'école fréquentée par leurs enfants.

René Monory (1986-1988) – Le statut de maître-directeur et l'assouplissement de la carte scolaire

René Monory succède à Jean-Pierre Chevènement comme ministre de l'Éducation nationale le 20 mars 1986 dans le gouvernement de Jacques Chirac. Il occupe ces fonctions ministérielles jusqu'au 10 mai 1988, date à laquelle Michel Rocard devient Premier ministre.

René Monory souhaite conforter les directeurs d'école dans leur fonction administrative. Par décret du 2 février 1987, il crée le statut de maître-directeur. Tout en restant chargé d'une classe, le directeur d'une école assume des fonctions administratives dans les écoles de plus de deux classes (gestion des locaux, emploi du temps...), des fonctions pédagogiques (admission des enfants, suivi des élèves) et des fonctions sociales (relations avec les parents d'élèves...). Les maîtres-directeurs sont recrutés après inscription sur une liste d'aptitude, après un an d'ancienneté et avis favorable de l'inspecteur de l'Éducation nationale. Un stage de formation est prévu pour ces personnels, et également une évaluation. La titularisation dans le cadre de ce nouveau statut intervient après un an probatoire et une inspection.

Cette décision ministérielle est mal accueillie par les syndicats et les enseignants. L'on y voit une tentative de division du personnel enseignant et la volonté de reprendre en main l'encadrement des écoles primaires.

René Monory souhaite par ailleurs faciliter l'accueil des enfants de trois ans et de deux ans en classe maternelle. Tous les pédagogues s'accordent en effet pour affirmer que la scolarité en école maternelle, dès la plus jeune âge, est essentielle pour assurer une réussite optimale dans le cursus scolaire de l'enfant.

Le ministère Monory assouplit également la carte scolaire. Les familles ont désormais le choix de l'établissement du second degré (collège) pour l'inscription des enfants en classe de sixième. En fait, cependant, ce choix est limité par les capacités d'accueil des collèges des différents secteurs scolaires d'un arrondissement ou d'une ville. Mais les dérogations pour l'inscription des élèves hors des secteurs scolaires de leur école primaire sont accordées plus fréquemment qu'auparavant.

Enfin René Monory modifie le calendrier des congés scolaires. Les vacances intermédiaires sont plus courtes (Toussaint : 8 jours ; février : 10 jours ; Pentecôte : 5 jours). En revanche, les congés de Pâques et de Noël restent inchangés.

Au total, René Monory ne parvient pas à modifier réellement le fonctionnement des écoles primaires. Le statut de maître-directeur ne transforme pas les fonctions habituelles du directeur d'école. La liberté de choix d'un établissement du second degré à l'issue de l'école primaire reste limitée.

Lionel Jospin et la loi d'orientation sur l'éducation (10 juillet 1989)

Lionel Jospin, ministre de l'Éducation nationale du 10 mai 1988 au 2 avril 1992 dans les gouvernements de Michel Rocard (1988-1991) et d'Edith Cresson (1991-1992), transforme profondément le fonctionnement de l'école primaire.

La loi d'orientation sur l'éducation du 10 juillet 1989 réorganise la scolarité élémentaire en cycles. L'article 4 de la loi précise : « *La scolarité est organisée en cycles pour lesquels sont définis des objectifs et des programmes nationaux* (...) *comportant une progression annuelle ainsi que des critères d'évaluation. Pour assurer l'égalité et la réussite des élèves, l'enseignement est adopté à leur diversité par une continuité éducative au cours de chaque cycle et tout au long de la scolarité.* »

Trois cycles sont définis. Le cycle des apprentissages premiers comprend, à l'école maternelle, la petite et la moyenne section. « *C'est une période privilégiée pour une observation vigilante exercée par les maîtres, qui doit permettre de déceler, sans référence toutefois à une norme absolue, les premiers indices de différence, de difficulté, voire de handicap.* »

Le cycle des apprentissages fondamentaux s'étend de la grande section de l'école maternelle à la fin du cours élémentaire première année. Il a une fonction essentielle : « *assurer la structuration des apprentissages fondamentaux et instrumentaux* ». L'organisation en cycles permet d'introduire plus de souplesse dans la gestion des étapes de construction d'une scolarité.

Le cycle des approfondissements recouvre le cours élémentaire deuxième année ainsi que le cours moyen première année et le cours moyen deuxième année.

La circulaire du 15 février 1990 définit les principes, les contenus et les modalités d'élaboration du projet d'école. Le projet d'école a valeur de contrat entre l'équipe de l'école et les autorités académiques. Un conseil des maîtres est créé pour chaque cycle. Il définit les outils de suivi des élèves à l'intérieur du cycle et la progression des élèves. Pour aider les enseignants dans leur travail, des instruments d'évaluation sont proposés par le ministère de l'Éducation nationale. Des évaluations nationales sont prévues à l'entrée du cycle des approfondissements et à l'entrée du cycle d'observation du collège.

La loi d'orientation du 10 juillet 1989 (titre II ; article 17) crée par ailleurs dans chaque académie, à partir du 1er septembre 1990, un Institut universitaire de formation des maîtres (IUFM) rattaché à une ou plusieurs universités de l'académie. Ces instituts sont des établissements publics d'enseignement supérieur qui, pour la formation des institutrices et des instituteurs, remplacent les Écoles normales. Le recrutement des enseignants du premier degré se fait désormais par concours au niveau de la licence d'enseignement avec quelques dérogations. Les instituteurs deviennent progressivement professeurs des écoles. Leur rémunération est alignée sur celle des professeurs du second degré. Cette réforme valorise les institutrices et les instituteurs qui bénéficient désormais des mêmes grilles indiciaires que les enseignants du second degré titulaires du CAPES (professeurs certifiés). Toutefois, le recrutement des professeurs des écoles dans les IUFM est modifié désormais d'une manière importante. Alors que les enfants des familles modestes pouvaient être admis dans les Écoles normales dès l'âge de 16 ans et bénéficier d'études gratuites, les professeurs des écoles titulaires d'une licence obtenue à l'université ne sont plus issus des mêmes classes sociales. Entreprendre un cursus universitaire de plusieurs années pour obtenir une licence est souvent hors de portée pour les familles dont les ressources sont faibles. Les professeurs des écoles, sauf rares exceptions, sont issus des classes sociales aisées de la nation. De plus, pendant des décennies l'existence de deux Écoles normales dans chaque département (École normale de garçons et École normale de filles) avait assuré la parité entre les sexes au sein du corps des enseignants du premier degré. Le concours d'entrée dans les IUFM ne permet pas de préserver cette parité. Désormais, le corps des professeurs d'école comporte une très large majorité d'enseignantes.

Enfin, cette nouvelle politique définie par Lionel Jospin prévoit également dans le cadre de l'aménagement des rythmes scolaires la mise en place de contrats d'aménagement du temps de l'enfant (CATE).

La loi d'orientation sur l'éducation du 10 juillet 1989 provoque une grande effervescence chez les enseignants et les parents d'élèves. Conduite avec le concours actif et volontariste du corps d'inspection et des conseillers pédagogiques, cette nouvelle politique implique de nouvelles stratégies pédagogiques et un renouvellement progressif mais en profondeur des pratiques traditionnelles. Elle se heurte rapidement à de réelles difficultés dues essentiellement à la structure des classes, qui reste la référence des parents. Pour un parent d'élève, son enfant est au cours préparatoire (CP) avant d'être au cycle des apprentissages fondamentaux ! De plus, la mise en place de la réforme nécessite l'organisation de nombreuses réunions professionnelles de concertation alourdissant considérablement les contraintes quotidiennes des enseignants qui, pour la plupart, ne résident pas dans la commune où ils enseignent.

Ambitieuse, la loi d'orientation de Lionel Jospin marquera profondément la vie quotidienne des écoles primaires et la formation des maîtres.

Le ministère Jack Lang (2 avril 1992-29 mars 1993) et la paix scolaire avec l'enseignement privé

Jack Lang devient ministre de l'Éducation nationale dans le gouvernement de Pierre Bérégovoy, le 2 avril 1992. François Mitterrand lui confie la mission de régler les problèmes qui se posent encore avec acuité dans les relations avec l'enseignement catholique privé.

Le 13 juin 1992, un accord est conclu entre Jack Lang et le père Max Cloupet, secrétaire général de l'enseignement catholique. Il fixe de nouvelles modalités de participation aux dépenses de fonctionnement et établit une parité enseignement public et enseignement privé concernant les personnels, pour le recrutement, la formation, la promotion et les retraites.

L'État s'engage à payer 1,8 milliard de francs à l'enseignement catholique pendant six ans, sur les 11 milliards d'arriérés pour le forfait d'internat de 1982 à 1989.

La paix scolaire est ainsi rétablie. Les relations entre l'enseignement privé et l'enseignement public retrouvent une sérénité nouvelle. En une décennie, les passions suscitées par le projet d'Alain Savary ont fait place à une cohabitation soucieuse d'éviter les affrontements du passé. Les militants de l'école publique acceptent désormais cette cohabitation.

François Bayrou et le « nouveau contrat pour l'école » (16 juin 1994)

François Bayrou devient ministre de l'Éducation nationale dans le gouvernement d'Édouard Balladur, le 29 mars 1993. Il restera dans ces fonctions ministérielles dans le gouvernement d'Alain Juppé de 1995 à 1997.

Le premier ministre Édouard Balladur lance le 27 janvier 1994 l'idée d'un « nouveau contrat pour l'école ». François Bayrou, ministre de l'Éducation nationale, engage alors une concertation, notamment avec les organisations syndicales. Le 9 mai 1994, il présente à la Maison de la Chimie les 155 propositions issues des premières étapes de la réflexion. C'est le 16 juin 1994 que le Premier ministre et le ministre de l'Éducation nationale précisent, à la Sorbonne, le catalogue des mesures envisagées. Certaines sont destinées à une mise en œuvre immédiate ; d'autres sont renvoyées à l'adoption d'un texte législatif ultérieur (loi de programmation discutée pendant l'été 1995).

François Bayrou affirme sa volonté de clarifier les missions de l'école pour renforcer l'adhésion de tous les Français. Des objectifs simples sont fixés pour l'école primaire : lecture silencieuse et orale correctement maîtrisée ; maîtrise des nombres, des opérations écrites ou mentales. Les programmes de l'école primaire sont réécrits. Ils sont mis en cohérence avec les cycles, allégés et recentrés sur l'essentiel. Les enseignants sont associés à la préparation des nouveaux programmes.

À partir des programmes est déterminée une liste d'objectifs indiquant le niveau qui doit être atteint par chaque élève à la sortie de l'école primaire.

La langue française, orale et écrite, est la première priorité. « *Toutes les disciplines doivent s'ouvrir et contribuer à ce travail sur la langue, l'expression, le vocabulaire, la syntaxe et l'orthographe.* » La méthodologie pour « *apprendre à apprendre* » est introduite dans tous les programmes et à tous les niveaux.

Les élèves de l'école primaire n'ont plus désormais de devoirs écrits à faire chez eux mais uniquement des leçons à apprendre (réhabilitation de la mémoire).

L'enseignement du français dans les zones d'éducation prioritaire peut s'inspirer des méthodes d'enseignement du « français-langue étrangère ».

L'apprentissage des langues vivantes est encouragé : « *Dès le cours élémentaire, tous les élèves sont initiés chaque jour pendant quinze minutes à une langue vivante étrangère en utilisant les techniques audiovisuelles.* » Une formation continue spécifique des enseignants est prévue à cet effet.

La prévention des difficultés scolaires est renforcée. Les écoles maternelles en zone d'éducation prioritaire font l'objet d'un plan social. L'accueil des handicapés doit être favorisé.

Enfin une aide quotidienne aux devoirs de 30 minutes doit être assurée par les enseignants en fin de journée lors de chaque jour de classe.

Avec les 150 propositions faites par François Bayrou à la suite de la concertation nationale engagée dès le 27 janvier 1994, le ministère de l'Éducation nationale a l'ambition de modifier en profondeur la vie scolaire et les pratiques pédagogiques.

En fait, cette réforme ambitieuse montra rapidement ses limites. Les enseignants, certes, veillent à accorder une place importante à l'enseignement du français, ce qui était déjà le cas dans la majorité des classes, mais l'enseignement des langues vivantes étrangères à l'école reste peu efficace en raison du manque de compétence des maîtres. Seule l'aide aux devoirs est une nouveauté très appréciée des parents d'élèves.

Le ministère de François Bayrou est marqué également par la publication de la circulaire du 20 septembre 1994 relative au port de signes ostentatoires dans les établissements scolaires. L'idéal laïque et national de l'école de la République est réaffirmé. « *C'est pourquoi*, affirme clairement le ministre, *il n'est pas possible d'accepter à l'école la présence et la multiplication de signes si ostentatoires que leur signification est précisément de séparer certains élèves des règles de vie communes de l'école. Ces signes sont, en eux-mêmes, des éléments de prosélytisme, à plus forte raison lorsqu'ils s'accompagnent de remise en cause de certains cours ou de certaines disciplines.* » Toutefois, « *le port par les élèves de signes discrets, manifestant leur attachement personnel à des convictions, notamment religieuses, est admis dans l'établissement.* » Cette circulaire met fin rapidement aux perturbations qui s'étaient manifestées dans certaines écoles.

Claude Allègre et la « Charte pour bâtir l'école du XXIe siècle (1997-2000)

Claude Allègre devient ministre de l'Éducation nationale dans le gouvernement dirigé par Lionel Jospin après la victoire de la gauche aux élections législatives de 1997. Ségolène Royal est ministre déléguée à l'enseignement scolaire.

Dès qu'il prend ses fonctions au ministère de l'Éducation nationale, Claude Allègre annonce qu'il pratiquera une nouvelle gestion de l'Éducation nationale. « *Le ministère*, déclare-t-il, *ne sera plus géré avec les syndicats.* »

Une forte tension se fait jour dès les mois qui suivent, notamment lorsque Claude Allègre dénonce, le 4 septembre 1997, l'absentéisme des enseignants qu'il évalue à 12 % (estimations officielles 6 %). De même, les enseignants n'apprécient guère qu'il déclare le 19 septembre 1997 que le temps consacré à la formation professionnelle doit être pris sur les congés des instituteurs « *qui ont 4 mois de vacances alors que les agents de la fonction publique bénéficient seulement d'un mois de vacances* ».

En revanche, la création de 30 000 postes « d'emplois-jeunes » dans les écoles le 6 juillet 1997 est bien accueillie. Les jeunes gens, recrutés après entretien devant un jury présidé par l'inspecteur de l'Éducation nationale de la circonscription, permettent un meilleur fonctionnement des écoles (aide dans le domaine informatique, fonctionnement des bibliothèques centres documentaires...).

De même, est apprécié la création, au mois de septembre 1997, d'un fonds social pour le paiement des cantines. En outre, une circulaire au mois d'octobre 1997 modifie en milieu scolaire la composition des repas dont la définition des normes datait de 1971.

Au mois de novembre 1997, Claude Allègre annonce sa volonté de voir tous les établissements scolaires dotés d'ordinateurs mis en réseau sur internet. Cette décision est bien accueillie ; elle ouvre en effet de nouvelles perspectives qui laissent espérer une modernisation rapide des supports pédagogiques.

Le 23 janvier 1998, Claude Allègre présente la Charte pour bâtir l'école du XXIᵉ siècle, en vue de réformer en profondeur l'école primaire. Il souhaite adapter les programmes et les rythmes scolaires. De même, il a l'ambition de redéfinir le métier d'enseignant.

La politique volontariste et brutale de Claude Allègre est mal acceptée par les syndicats d'enseignants. D'importantes grèves sont organisées au mois de mars 2000 (67,9 % de grévistes dans l'enseignement primaire).

Ségolène Royal, ministre déléguée à l'enseignement scolaire, n'est pas impliquée aussi fortement que Claude Allègre dans la mise en place de cette nouvelle politique scolaire. Elle se préoccupe essentiellement de l'aménagement des rythmes scolaires et crée en 1998 les Contrats éducatifs locaux (CEL) pour mieux articuler les temps scolaire, périscolaire et extrascolaire.

Claude Allègre est contraint de démissionner, à la suite de l'opposition très forte qu'il rencontre, le 28 mars 2000.

Le retour de Jack Lang au ministère de l'Éducation nationale – Un nouvel élan pour l'enseignement des disciplines artistiques (2000-2002)

Le retour de Jack Lang au ministère de l'Éducation nationale en 2000, après la démission de Claude Allègre, a essentiellement pour objectif de faire renaître la confiance et la sérénité après les relations tumultueuses entretenues par Claude Allègre avec le corps enseignant et les parents d'élèves.

Le nouveau ministre démontre rapidement qu'il est prêt à établir un dialogue constructif avec les différents partenaires de l'école. Il conforte les points positifs de la politique initiée par Claude Allègre et Ségolène Royal, notamment la mise en place des « emplois-jeunes » et la modernisation de la vie pédagogique en encourageant l'introduction des ordinateurs à l'école.

Jack Lang, de plus, donne un nouvel élan à l'enseignement des disciplines artistiques à l'école (éducation musicale, arts plastiques). Les inspections académiques disposent de crédits importants pour encourager les actions pédagogiques des écoles.

En revanche, la Charte pour bâtir l'école du XXIe siècle mise en place par Claude Allègre sombre progressivement dans l'oubli.

Luc Ferry et la lutte contre l'illettrisme (2002-2004)

Le 17 avril 2003, Luc Ferry, philosophe et nouveau ministre de l'Éducation nationale dans le gouvernement de Jean-Pierre Raffarin, adresse à 800 000 enseignants une « *lettre à tous ceux qui aiment l'école* ».

Dès son avant-propos, le ministre affirme que son action « *s'inscrit dans le cadre des missions fondamentales de l'école : instruire, c'est-à-dire transmettre des connaissances et une culture ; éduquer, c'est-à-dire former le futur adulte et le futur citoyen dans une société démocratique ; enfin, préparer à la vie professionnelle. Ces objectifs ne peuvent être réellement atteints qu'en réduisant les inégalités devant l'école, inégalités qui sont aggravées par la mise en cause de la légitimité des savoirs scolaires par de nombreux élèves* ». « *Notre priorité,* souligne Luc Ferry, *est bien en tout premier lieu de revaloriser les savoirs en leur redonnant sens et autorité.* »

Luc Ferry souhaite, à l'école primaire, « *centrer l'enseignement sur l'exercice de la lecture et de l'écriture* ». Il demande que l'on accorde un temps important chaque jour à l'enseignement du français. « *Il s'agit d'une part de faire lire et écrire obligatoirement les élèves au moins 2 h 30 par jour au cycle 2, et 2 heures par jour au cycle 3 ; d'autre part, de faire lire aux élèves au moins dix ouvrages par an au cycle 3 sur la base d'une liste indicative de livres de littérature de jeunesse.* »

Un plan de lutte contre l'illettrisme est mis en place. L'édition d'un guide *Lire au CP – Repérer les difficultés pour mieux agir* est prévu. L'expérimentation de nouveaux modes de prise en charge des élèves les plus défavorisés est conduite avec une centaine de classes de cours préparatoire, à dix élèves, et fonctionne dans plusieurs académies dont Aix-Marseille, Lille, Lyon, Paris et Versailles.

Enfin, une aide périscolaire est prévue dès l'été 2002 dans les centres de vacances de vingt départements pour les élèves de 4 à 12 ans. L'objectif est de faire découvrir et aimer la lecture.

Luc Ferry désire par ailleurs améliorer la formation des enseignants. Il souligne combien « *une décennie après leur création, les Instituts universitaires de formation des maîtres (IUFM) peinent à trouver le bon équilibre entre formation théorique et formation professionnelle* ».

Toutefois, Luc Ferry ne pourra disposer du temps nécessaire pour mettre en place sa réforme. Son projet de loi sur la décentralisation de l'Éducation nationale du 28 février 2003 provoque un vif mécontentement. Luc Ferry doit quitter le ministère au mois de mars 2004.

François Fillon – La loi d'orientation et de programme pour l'avenir de l'école (2004-2005)

S'appuyant sur le rapport de la commission de Claude Thélot, issu de 20 000 débats organisés partout en France en 2003, « *la loi d'orientation et de programme pour l'avenir de l'école* » prévoit la mise en place d'un socle commun de connaissances et de compétences à l'école primaire (maîtrise du français et des principaux éléments de mathématiques, pratique d'au moins une langue vivante étrangère, maîtrise des techniques usuelles de l'information et de la communication).

L'apprentissage d'une première langue vivante étrangère est programmé dès le cours élémentaire première année.

Un programme personnalisé de réussite éducative est proposé aux élèves rencontrant des difficultés dans leur scolarité.

Enfin, la loi prévoit l'apprentissage obligatoire de l'hymne national, *La Marseillaise*, ainsi que l'étude de son histoire.

Pour assurer une meilleure cohérence des activités pédagogiques, un projet d'école défini par les membres de la communauté éducative est établi pour 3 à 5 ans.

La réforme du baccalauréat prévue dans le rapport annexe de la commission Thélot provoque l'hostilité des syndicats d'enseignants. La réforme est suspendue. François Fillon quitte le ministère de l'Éducation nationale. Il est remplacé par Gilles de Robien qui lui succède le 2 juin 2005.

Gilles de Robien – Le retour au calme (2005-2007)

Gilles de Robien, ministre de l'Éducation nationale dans le gouvernement de Dominique de Villepin, qui succède à Jean-Pierre Raffarin en juin 2005, a pour mission essentielle de rétablir le calme à tous les niveaux de l'Éducation nationale. Il évite donc de proposer toute nouvelle réforme, notamment à l'école primaire, susceptible de faire naître la contestation dans les rangs des enseignants et des parents d'élèves.

Gilles de Robien reprend donc quelques objectifs essentiels qui sont de nature à consolider un consensus non contestable.

La commission de Claude Thélot, qui a organisé plusieurs centaines de débats en France en 2003, parvient à quelques conclusions qui se trouvaient déjà au cœur des réformes proposées par les différents ministres de l'Éducation nationale depuis la fin de la Seconde Guerre mondiale.

Le nouveau ministre affirme donc sa volonté de préserver un socle commun de connaissances dans les domaines de l'enseignement du français et des mathématiques. Cet objectif ne peut être contesté.

En revanche, Gilles de Robien ne donna aucune directive contraignante dans les méthodes pédagogiques à mettre en œuvre, notamment dans le domaine sensible de l'apprentissage de la lecture. Chaque enseignant reste libre du choix des pratiques pédagogiques qui lui paraissent les plus efficaces.

De même, après les critiques formulées par Luc Ferry envers les IUFM, qui laissaient prévoir une nouvelle organisation de la formation initiale des enseignants du 1er degré, le ministère évite de prendre des initiatives qui pourraient faire naître une opposition déterminée des syndicats des enseignants.

De 2005 à 2007, le calme est donc effectivement rétabli. Les tensions redoutables observées lorsque Claude Allègre dirigeait le ministère de l'Éducation nationale ont disparu. L'école primaire recentre ses objectifs sur les apprentissages fondamentaux. Les techniques pédagogiques évoluent au fil des années avec l'introduction de l'informatique dans les classes des écoles primaires.

Xavier Darcos (2007-2009) – Un projet volontariste de réorganisation de l'école primaire

Dès la rentrée scolaire 2007, Xavier Darcos, ministre de l'Éducation nationale dans le gouvernement François Fillon, assouplit la carte scolaire. Une liberté nouvelle est donnée aux familles dans le choix du collège à l'issue de la scolarité à l'école primaire. Désormais, davantage d'élèves pourront s'inscrire dans un établissement du second degré hors de leur secteur scolaire dans la limite des places disponibles. Il s'agit de donner une liberté plus grande dans le choix de l'établissement tout en renforçant la diversité sociale et géographique des collèges. Toutefois, la règle commune reste l'inscription des élèves issus du CM2 dans le collège du secteur où se trouve le domicile de leurs parents. Des critères sont définis pour l'affectation des élèves hors de leur secteur scolaire. Sont prioritaires les élèves souffrant d'un handicap, les élèves boursiers au mérite, les élèves boursiers sur critères sociaux, les élèves nécessitant une prise en charge médicale importante à proximité de l'établissement demandé, les élèves ayant un frère ou une sœur déjà scolarisé dans l'établissement souhaité.

Cet assouplissement de la carte scolaire, qui répond aux souhaits des parents d'élèves, reprend en fait la politique déjà définie par René Monory (1986-1988). Malgré les contraintes imposées par la capacité d'accueil des établissements, cette décision ministérielle est bien accueillie.

Xavier Darcos procède à une nouvelle répartition des heures de cours hebdomadaires à l'école primaire. Les cours du samedi matin sont supprimés pour répondre aux souhaits d'une partie des parents d'élèves qui espèrent ainsi disposer de week-ends de liberté et de loisirs avec leurs enfants.

Les instructions ministérielles demandent cependant que l'on respecte les horaires annuels attribués à chaque discipline dans chaque cycle. Ainsi, au cycle des approfondissements (CE2-CM1-CM2), 288 heures annuelles sont consacrées à l'enseignement du français, 180 heures à l'enseignement des mathématiques. La déclinaison de l'horaire hebdomadaire est fonction du projet pédagogique des enseignants dans le respect des volumes annuels.

Deux heures hebdomadaires sont consacrées aux devoirs dans le cadre d'études dirigées dès la rentrée scolaire 2008, notamment dans les écoles situées dans les zones d'éducation prioritaire. Par ailleurs, il est proposé aux élèves de CM1 et de CM2 la possibilité d'effectuer des stages de soutien pendant les vacances de printemps, au début du mois de juillet et à la fin du mois d'août.

L'objectif des nouveaux programmes présentés en juin 2008 est de permettre de réduire le nombre d'élèves qui sortent de l'école primaire en situation d'échec scolaire. Le ministre en conséquence décide *« de repenser l'équilibre entre le volume horaire consacré à l'apprentissage commun, bien plus élevé que dans la plupart des pays comparables et le temps dédié au soutien aux élèves en difficulté »*.

Les horaires hebdomadaires des enseignements publiés dans le bulletin officiel du 19 juin 2008 prévoient, au cycle des apprentissages fondamentaux (CP-CE1), 10 heures pour le français, 5 heures pour les mathématiques, 9 heures pour un ensemble de quatre domaines d'enseignement (éducation physique et sportive, langue vivante, pratiques artistiques et histoire des arts, découverte du monde), soit au total 24 heures hebdomadaires d'enseignement.

Au cycle des approfondissements (CE2-CM1-CM2), les horaires hebdomadaires comportent 8 heures pour le français, 5 heures pour les mathématiques et 11 heures pour l'ensemble des autres domaines d'enseignement (éducation physique et sportive, langue vivante, sciences expérimentales et technologie, culture humaniste : pratiques artistiques et histoire des arts, histoire-géographie, instruction civique et morale), soit au total 24 heures hebdomadaires d'enseignement. La politique volontariste conduite par Xavier Darcos n'entraîne aucune modification fondamentale de l'orientation des élèves à l'issue du CM2 vers un établissement du second degré. L'assouplissement de la carte scolaire ne donne pas aux parents d'élèves une liberté de choix complète pour le collège où ils souhaitent inscrire leurs enfants. Les contraintes d'accueil des élèves restent toujours un frein à cette liberté, comme pendant le ministère de René Monory.

La réorganisation de la semaine scolaire, avec la suppression des cours le samedi matin, est vivement critiquée, malgré la volonté ministérielle d'affecter ces heures de cours à des moments de soutien pour apporter une aide aux élèves qui rencontrent des difficultés.

Les syndicats d'enseignants reprochent également à Xavier Darcos de vouloir ficher tous les enfants en âge de scolarité à travers une base de données informatiques. Enfin, la loi du 20 août 2008 créant un droit d'accueil pour les élèves des écoles maternelles et élémentaires pendant le temps scolaire rencontre une réelle opposition chez les élus municipaux et les enseignants. La loi impose en effet aux communes d'organiser l'accueil des élèves des écoles primaires publiques ou privées sous contrat lorsque la proportion des enseignants grévistes dans une école dépasse 25 % de l'effectif.

Dans un souci d'apaisement, le ministère décide que les résultats de l'évaluation des acquis des élèves en français et en mathématiques, au CE1 et CM2, seront publiés au niveau des académies et des départements, et non école par école, pour éviter les risques d'une mise en concurrence des écoles dénoncée par les syndicats des enseignants.

Enfin, le 12 mars 2009, Xavier Darcos et Valérie Pécresse, ministre de l'Enseignement supérieur et de la Recherche, annoncent une réforme du recrutement et de la formation des enseignants des écoles primaires. Ceux-ci vont être désormais recrutés au niveau du master.

Le ministère Luc Chatel – La suppression des IUFM

Luc Chatel succède en 2009 à Xavier Darcos au ministère de l'Éducation nationale dans le gouvernement dirigé par François Fillon.

Il a pour mission de rétablir un climat de confiance entre le ministère et les différents partenaires de l'école (enseignants, parents d'élèves, élus).

Il publie en 2010 un ouvrage qui présente les programmes d'enseignement, avec les objectifs à atteindre à la fin de chaque cycle ainsi que des informations pratiques destinées à répondre aux questions des parents d'élèves.

La structure du cursus élémentaire, définie par Lionel Jospin, est désormais validée définitivement. Une pédagogie par objectifs à atteindre à la fin de chaque cycle est réaffirmée.

Le ministère poursuit l'effort initié par Claude Allègre pour doter les écoles des technologies de l'information et de la communication ou TIC (ordinateurs, réseaux informatiques, internet). La maîtrise des techniques usuelles de l'information et de la communication est inscrite dans le socle commun de connaissances et de compétences que tout élève doit maîtriser au terme de la scolarité obligatoire. Le « B2i - école » est une première validation de l'acquisition de ces compétences, mais ce n'est pas un examen. En principe, chaque élève l'obtient à la fin de son parcours à l'école primaire.

L'effort déjà entrepris par les ministres précédents pour favoriser la scolarisation des élèves handicapés est poursuivi. Cette scolarisation s'effectue soit en classe ordinaire avec l'attribution, si nécessaire, d'un « auxiliaire de vie scolaire » qui pourra aider à la scolarisation de l'enfant handicapé, soit dans une classe d'inclusion scolaire (CLIS). Les CLIS répondent à plusieurs situations de handicap : déficience visuelle, auditive ou motrice ; troubles des fonctions cognitives. Limitées à 12 élèves, ces classes sont situées dans des écoles ordinaires.

Dans l'ensemble des domaines d'enseignement, les programmes et les objectifs définis pour chaque cycle donnent aux enseignants toute liberté de choix des méthodes pédagogiques pour obtenir les meilleurs résultats.

Le ministère de Luc Chatel restera marqué cependant par la suppression des Instituts universitaires de formation des maîtres (IUFM) mis en place par Lionel Jospin dans sa loi d'orientation sur l'éducation du 10 juillet 1989. Luc Chatel, conformément aux décisions prises par Xavier Darcos et Valérie Pécresse le 12 mars 2009, supprime les IUFM. Le recrutement et la formation des enseignants sont profondément modifiés. Les futurs professeurs des écoles sont recrutés au niveau du master. La formation des enseignants ainsi recrutés apparaît clairement insuffisante. Les syndicats d'enseignants et les associations de parents d'élèves dénoncent cette formation trop rapide et peu structurée.

Enfin, la suppression de nombreux postes d'enseignants fait l'objet chaque année de critiques de plus en plus vives. 8 967 postes seront encore supprimés à la rentrée 2011 selon le syndicat d'enseignants majoritaire (le SNUIPP), alors que le nombre d'élèves augmente. Un sondage réalisé pour son compte par le CSA montre que 82 % des Français estiment que le non-remplacement d'un enseignant partant à la retraite sur deux est défavorable au bon fonctionnement de l'école primaire.

Le ministère Vincent Peillon et la « refondation » de l'école primaire

Après l'élection de François Hollande à la présidence de la République le 6 mai 2012, Vincent Peillon devient ministre de l'Éducation nationale dans le gouvernement dirigé par Jean-Marc Ayrault. Son ambition est de procéder à la « *refondation de l'école primaire* » en assurant la « *réussite pour tous* ».

Le précédent ministre de l'Éducation nationale, Luc Chatel, avait prévu la suppression de 5 700 postes dans l'enseignement primaire pour la rentrée scolaire en septembre 2012, alors que l'on attendait 5 300 élèves de plus dans les écoles primaires.

Vincent Peillon décide dès son arrivée au ministère la création de 1 000 postes en urgence pour remédier aux difficultés les plus importantes. Trois critères sont définis pour effectuer la répartition de ces nouveaux postes : le niveau d'encadrement des enseignants en fonction des effectifs attendus, la difficulté scolaire et sociale ainsi que la ruralité.

Sur les 1 000 postes créés, 557 doivent permettre la réouverture de classes fermées, 104 sont affectés aux réseaux d'aides spécialisées aux élèves en difficulté (RASED), 152 sont destinés à faciliter le remplacement des enseignants absents, 79 sont prévus pour l'accompagnement des élèves et, enfin, 108 postes sont répartis dans les académies pour résoudre les problèmes les plus aigus.

Après consultation des différents partenaires de l'école, Vincent Peillon souhaite réaménager les rythmes scolaires (semaine et année scolaires). Dès 2012, les congés d'automne (Toussaint) sont programmés sur deux semaines au lieu de 10 jours. Ces deux jours supplémentaires de congé seront rattrapés au cours de l'année scolaire. Les congés d'été commenceront le 6 juillet 2013 au lieu du 4 juillet.

La semaine scolaire comportera désormais 4 jours et demi. La demi-journée de classe supplémentaire est prévue le mercredi matin.

Les collectivités locales (communes ou communautés de communes) ont deux ans pour mettre en application cette décision ministérielle. La semaine de quatre jours et demi sera mise en place dès la rentrée scolaire de septembre 2013 si la collectivité locale le décide ou au plus tard en septembre 2014.

Vincent Peillon souhaite consacrer un effort particulièrement important pour restaurer la formation des enseignants. D'après la Cour des comptes, 70 % des nouveaux enseignants se trouvent devant une classe sans véritable formation. Dès l'année scolaire 2012-2013, une décharge de 3 heures est attribuée aux maîtres débutants pour se former en attendant la mise en place d'une année de formation initiale. Un accompagnement ainsi qu'un tuteur sont prévus pendant l'année scolaire. Les maîtres débutants ne seront pas nommés dans des classes difficiles ou délicates, notamment en cours préparatoire.

En 2013, 9 000 postes seront proposés aux concours externes des professeurs d'école pour compenser les départs à la retraite. Pour faciliter les recrutements nécessaires, un pré-recrutement est envisagé dès la 2e année de licence, qui s'adressera aux étudiants désireux de devenir enseignants. Un pécule de 900 euros (bourse comprise) est prévu pour financer leurs études. En retour, les étudiants s'engageront à passer les concours de recrutement des enseignants.

La formation des enseignants du 1er degré doit être complètement repensée dans le cadre des Écoles supérieures du professorat et de l'éducation, qui doivent voir le jour à la rentrée scolaire de 2013.

L'évaluation du niveau scolaire des élèves sera revue. Le dispositif mis en place en 2009, qui concernait 1,5 million d'élèves de CE1 et de CM2 pendant une semaine en fin de chaque année pour évaluer le niveau en mathématiques et en français, ne doit plus avoir lieu en 2013. En toute hypothèse, l'évaluation des élèves devrait désormais être effectuée par un organisme indépendant qui ne soit pas juge et partie du système scolaire. L'on s'orienterait vers une évaluation par sondage sur des échantillons représentatifs.

Par ailleurs, un effort tout particulier sera réalisé concernant la scolarisation des enfants souffrant d'un handicap. Selon une estimation effectuée par les associations accueillant des handicapés, il y aurait 5 000 élèves âgés de 6 à 16 ans handicapés non scolarisés.

Dans l'immédiat, la totalité des contrats aidés pour l'accompagnement des élèves handicapés a été reconduite. De plus, 1 500 nouveaux emplois d'auxiliaires de vie scolaire (AVS) ont été créés.

Vincent Peillon souhaite enfin mettre en place un enseignement de la morale, qui serait introduit dans la formation des enseignants dès 2013 pour être dispensé depuis l'enseignement primaire jusqu'aux classes terminales des lycées. Le ministre évoque un enseignement qui mettrait en évidence les « *notions de morale universelle* », fondées sur les « *idées d'humanité, de raison et de justice* ».

ECOLE
COMMUNALE

Conclusion
Six défis pour l'école primaire au XXIe siècle

EN CE DÉBUT DE XXIE SIÈCLE, l'école primaire doit relever de nombreux défis pour rester fidèle à sa mission. Aux yeux de la majorité des Français, l'école reste « l'institutrice de la nation », apportant à chaque enfant les savoirs fondamentaux et préservant l'égalité des chances de tous les élèves.

Le premier défi est donc de continuer à assurer avec efficacité les apprentissages fondamentaux, notamment la maîtrise de la langue française orale et écrite qui est le premier pas vers la liberté, la réussite sociale et professionnelle.

Le deuxième défi est la prise en compte, chaque jour plus importante, des différences. L'école doit rester le lieu privilégié qui favorise l'intégration de tous les enfants dans la société française. Une politique volontariste de prévention et d'adaptation en vue de favoriser les réinsertions est plus que jamais nécessaire.

Le troisième défi est d'adapter l'école au monde nouveau en mutation que nous observons autour de nous. L'école rurale, présente autrefois dans la majorité des communes de France, devra se regrouper en « pôles pédagogiques » intercommunaux. L'école urbaine aura la responsabilité de plus en plus difficile d'organiser la scolarisation des enfants d'origine étrangère et d'assurer la réussite de tous les élèves.

Le quatrième défi est d'intégrer les nouvelles technologies dans les méthodes pédagogiques mises en œuvre dans les classes (ordinateurs, réseaux informatiques, internet).

Le cinquième défi est le défi européen. La construction de l'Europe doit commencer à l'école élémentaire. Les textes et les instructions officielles publiés en 1985 évoquaient pour la première fois « *l'édification européenne* ». Les programmes fixés par l'arrêté du 22 février 1995 pour chaque cycle de l'école primaire sont encore plus explicites.

Le sixième défi de l'école primaire en France, en Europe et dans le monde, est de contribuer à préserver les droits de l'homme, de l'enfant et les libertés fondamentales. L'école doit, plus que jamais, garder sa mission essentielle de sauvegarde des droits de chaque citoyen. La Déclaration universelle des droits de l'homme élaborée par l'Assemblée générale des Nations Unies le 10 novembre 1948, la Convention européenne de sauvegarde des droits de l'homme et des libertés fondamentales du 4 novembre 1950 et son protocole additionnel signé à Paris le 20 mars 1952, et, enfin, la Déclaration universelle des droits de l'enfant du 20 novembre 1959 doivent rester des références permanentes pour tout enseignant de l'école élémentaire. La Déclaration universelle des droits de l'enfant précise dans son principe 7, 1er alinéa : « *L'enfant a droit à une éducation qui doit être gratuite et obligatoire au moins aux niveaux élémentaires. Il doit bénéficier d'une éducation qui contribue à sa culture générale et lui permette, dans des conditions d'égalité de chances, de développer ses facultés, son jugement personnel et son sens des responsabilités morales et sociales…* »

La Déclaration universelle des droits de l'enfant rejoint les grands principes de l'école républicaine de Jules Ferry.

Bibliographie

ALBERTINI P., *L'école en France (XIXe-XXe siècles) de la maternelle à l'université*, Hachette, Paris, 1992.

ALLAIRE M., FRANK M.-Th., *Les politiques de l'éducation en France de la maternelle au baccalauréat*, La Documentation française, Paris, 1995.

ARIÈS Ph., *L'enfant et la vie familiale sous l'Ancien Régime*, Seuil, Paris, 1973.

BAUBÉROT J., GAUTHIER G., LE GRAND L., OGNIER P., *Histoire de la laïcité*, CRDP, Besançon, 1994.

BUISSON F., *Dictionnaire de pédagogie et d'instruction primaire*, Hachette, Paris, 1887.

– COMBES J., *Histoire de l'école primaire élémentaire en France*, collection « Que sais-je ? », PUF, Paris, 1997.

COMBES J., *L'école primaire sous la IIIe République*, Éditions Sud-Ouest, Bordeaux, 2002.

COMBES J., FORTIN J., *En Charente-Maritime, notre école au bon vieux temps*, Horvath, 1995.

COMPAYRÉ G., *Organisation pédagogique et législation des écoles primaires*, Éditions Delaplane, Paris, 1892.

DUPRAT J.-Cl., *Les instituteurs de la Charente-Inférieure, de la loi Guizot à la loi Falloux (1833-1850)*, Mémoire de maîtrise, Poitiers, 1972.

FLOURET J., *L'enseignement mutuel en Charente-Inférieure (1817-1837)*, Revue de la Saintonge et de l'Aunis, tome 28, La Rochelle, 2002.

GAULUPEAU Y., *La France à l'école*, Gallimard, Paris, 1992.

GEORGEL J., THOREL A.-M., *L'enseignement privé en France du VIIIe au XXe siècle*, Dalloz, Paris, 1995.

GIOLITTO P., *Histoire de l'enseignement primaire au XIXe siècle*, Nathan, Paris, 1983 et 1984.

GROSPERRIN B., *Les petites écoles sous l'Ancien Régime*, Ouest-France, Rennes, 1984.

LACOTTE F., *L'enseignement primaire en Charente-Inférieure sous le Second Empire (1851-1870)*, Mémoire de maîtrise, Poitiers, 1979.

LAPRÉVOTÉ G., *Les écoles normales primaires en France (1879-1979)*, Presses Universitaires de Lyon, 1984.

LEBRUN F., QUÉNIART J., VENARD M., *Histoire de l'enseignement et de l'éducation*, tome II, 1480-1789, Perrin, Paris, 2003.

LELIÈVRE C., *Histoire des institutions scolaires (1789-1989)*, Nathan, Paris, 1990.

LÉON A., *Histoire de l'enseignement en France*, collection « Que sais-je ? », PUF, Paris, 1990.

MARROU H.-I., *Histoire de l'éducation dans l'Antiquité*, tome 2, le monde romain, Seuil, Paris, 1948.

MAYEUR F., *Histoire de l'enseignement et de l'éducation*, tome III, 1789-1930, Perrin, Paris, 2004.

PROST A., *L'enseignement en France (1800-1967)*, A. Colin, Paris, 1981.

PROST A., *Histoire de l'enseignement et de l'éducation*, tome IV, depuis 1930, Perrin, Paris, 2004.

REBOUL-SCHERRER F., *La vie quotidienne des premiers instituteurs (1833-1882)*, Hachette, Paris, 1989.

RECLUS M., *Jules Ferry (1832-1893)*, Flammarion, Paris, 1947.

RÉMY D., *Les lois de Vichy*, Ed. Romillat, 1992.

ROUCHE M., *Histoire de l'enseignement et de l'éducation*, tome 1, ve siècle av. J.-C. – xve siècle, Perrin, Paris, 2003.

TARDY P., *L'éducation des jeunes Rétais sous l'Ancien Régime*, Cahiers de la Mémoire, n° 67, 1997.

VILLIN M., LESAGE P., *La galerie des maîtres de l'école et des instituteurs (1820-1945)*, Plon, Paris, 1987.

WEIL G., *Histoire de l'idée laïque en France au XIXe siècle*, Alcan, Paris, 1929.

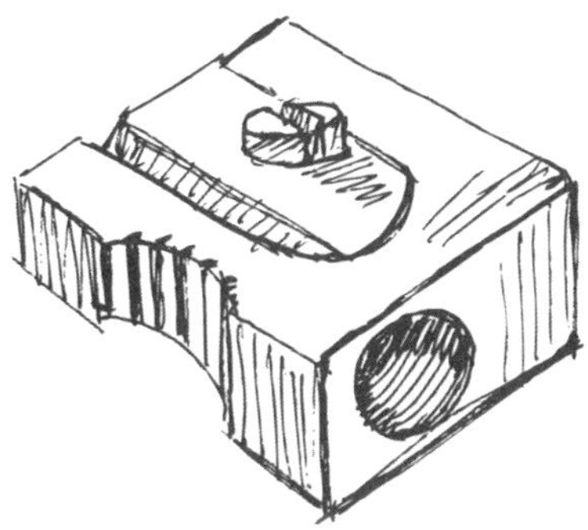

Table des matières

Iconographie

J'adresse tous mes remerciements aux responsables du musée départemental de l'École publique en Charente-Maritime, situé à Vergné, pour leur amicale contribution à l'iconographie de cet ouvrage.

Iconographie complémentaire :
collections particulières et fotolia.com

Achevé d'imprimé février 2013
Dépôt légal : mars 2013
ISBN : 978-2-8129-0805-7